AF285260

Erstveröffentlichung 1985

Neudruck als Paperback 1986

Routledge & Kegan Paul Ltd

29 West 35th Street, New York, NY 10001

ISBN 0-7102-0371-3 {c}

ISBN 0-7102-0027-7(p)

Impressum

Bibliographische Information der Deutschen Nationalbibliothek: Die Deutsche Nationalbibliothek verzeichnet diese Publikation in der Deutschen Nationalbiografie; detaillierte bibliographische Daten sind im Internet über dnb.dnb.de abrufbar.

© 2021 Manfred Schwenzfeier

Herstellung und Verlag: BoD - Books on Demand, Norderstedt

ISBN: 9783753442525

Der Autor:

Norman Davidson wurde 1933 in Edinburgh geboren und starb am 14. April 2007 in der Nähe von Spring Valley, New York. Er war 10 Jahre lang Journalist, auch als Fleet Street Korrespondent für den Scotsman und dessen Dramen- und Filmkritiker. In den folgenden 16 Jahren unterrichtete er Astronomie, Geometrie, Literatur und Geschichte an Rudolf Steiner Schulen und hielt danach Kurse in Grundstudien und in der Lehrerbildung am Waldorf Institut in Spring Valley ab, dessen Leitung er innehatte. Er war Amateurastronom und ein Mitglied der Britischen Astronomischen Gesellschaft sowie der Königlichen Astronomischen Gesellschaft von Kanada.

Vorwort:

J. Leslie White, der Autor des Vorworts, war Astronomie-Korrespondent des Daily Telegraph und Präsident der Britischen Astronomischen Gesellschaft.

Manfred Schwenzfeier: Übersetzung ins Deutsche, Umschlagbild und Erstellung der Abbildungen für die deutsche Ausgabe

EINLEITUNG

Es gibt heute einen auffälligen Mangel an Veröffentlichungen zur Astronomie, die sich ohne Scheu mit dem Himmel beschäftigen, so wie er von dem gewöhnlichen Beobachter mit bloßem Auge erlebt wird, wenn er unter den Sternen steht. Die Astronomie als Wissenschaft ist so kompliziert geworden, dass ein ernsthaftes Studium der Himmelsphänomene, wie sie allen zugänglich sind, für überflüssig gehalten wird, abgesehen von Schulbüchern und rein beschreibenden Sternführern zur Auffindung von Sternbildern, etc. Selbst in diesen Darstellungen verläßt man oft schnell den Bereich, der von der Erde ausgehenden Erfahrung und geht über das unbewaffnete Auge hinaus zu den riesigen Teleskopen, Radiosignalen und anderen bewunderungswürdigen modernen Instrumentierungen.

Nirgends konnte ich in England eine zufriedenstellende Veröffentlichung über beobachtende Astronomie finden, die sie als einen Bestandteil der Kultur und eine fruchtbare Wissenschaft an sich behandelt. Das vorliegende Bändchen möchte diesen Mangel beheben und richtet sich an diejenigen Mitbürger, die empfinden, dass die Sternenwelt ein bedeutungsvoller Teil ihrer weiteren Umgebung ist und die darüber, innerhalb der Grenzen ihrer eigenen Beobachtung, mehr lernen möchten, und es richtet sich an den beobachtenden Astronomen, der sich ein Buch mit einem frischen genauen Blick für die Bewegungen und Erscheinungen, die sich seiner nächtlichen Wache zeigen, wünscht. Darüber hinaus hat diese Darstellung des Themas eine Bedeutung für viele Bereiche der Kultur, einschließlich der Philosophie, Psychologie, Geschichte, Literatur und Mythologie. Das Ziel war, das menschliche Kulturelement in eine grundlegende Wissenschaft wieder einzuführen. Dem entspricht, dass moderne Autoren die Geschichte der Naturwissenschaft und die Evolution des Bewusstseins in ihre Studien z.B. der Geschichte und der Literatur mit aufnehmen. In diesem Zusammenhang bietet das vorliegende Buch einen Beitrag zum Verständnis früherer Kulturen, die sehr stark von beobachtender Himmelskunde durchdrungen waren.

Was es zudem für den Leser auf jedem Niveau bietet, ist ein neuartiger Zugang zur Astronomie, herausentwickelt aus Goethes naturwissenschaftlicher Methode. Als eine literarische Persönlichkeit von beträchtlichem Ansehen wandte Goethe (1749-1832) sein synthetisches Denken und seine Imagination den Wissenschaften zu, darunter auch der Optik, die Anlass gab zu seiner weitreichenden und wenig verstandenen (wenn nicht mißverstandenen) Theorie der Farben. Seine naturwissenschaftlichen Schriften wurden von Rudolf Steiner (1861-1925) herausgegeben, dessen weitere Werke und Vorträge Goethes Weltanschauung wieder aufrichten als die Grundlage für eine Erneuerung der Kultur, Steiners „Grundlinien einer Erkenntnistheorie der Goetheschen Weltanschauung" und „Goethe als Naturwissenschaftler" markieren eine tiefgreifende wissenschaftliche Revolution, die bis heute noch nicht ansatzweise verstanden wurde und die ihre

Wurzeln in einem inneren Bedürfnis des modernen Menschen hat.

Ein Erfordernis in der Astronomie ist ein Studium, das den beobachteten Phänomenen treu ist, innerhalb einer menschlichen Gesamterfahrung, die es den Phänomenen erlaubt, sich als eine Schrift zu offenbaren. Dies ist ein kreativer Prozess, bei dem der Studierende aufgerufen ist, Neuanfänge zu setzen, wobei alles auf seine eigene Aktivität ankommt. Das erste Kapitel des vorliegenden Textes beginnt mit einer Auswertung der Grundfrage nach dem geozentrischen oder heliozentrischen System. Das sonnenzentrierte System und seine Ableitungen hält die bevorzugte Position in den Wissenschaften und der populären Vorstellung. Aber die Erde als Zentrum ist das archetypische System, welches im Unterbewußten weiterwirkt - trotz Kopernikus - weil es die kosmische Ordnung des 'direkten Eindrucks' gibt. In diesem Sinne ist es die 'effektivste' Ordnung. Dantes Hierarchien und Jungs Synchronizitäten haben hier ihren Platz.

Der geozentrische Ansatz erscheint in der heutigen Literatur vielfach mißverstanden und falsch wiedergegeben. Man realisiert nicht, wie sehr er in unsere irdische Existenz hineinspielt. (Husserls Text, der im 1. Anhang zitiert wird, untersucht die Erfahrung und den Begriff der Bewegung von einer geozentrischen Position aus). Für den Erdbewohner ist die Erde das Zentrum und wird nicht als bewegt erlebt, aber dies schließt eine Erde, die sich bewegt, nicht aus, so wie sie von irgendeiner anderen Position aus oder aus anderem Blickwinkel verstanden wird. Für jemanden, der auf dem Mars lebt, ist das Universum 'marszentrisch'. Solange wir Bewohner der Erde sind, können wir den geozentrischen Blickwinkel nicht ignorieren - oder anders gesagt - wir können ihm nicht entkommen, selbst wenn wir ihn ignorieren.

Ich saß in einem Planetarium und wurde belehrt über die veraltete Natur der illusorischen geozentrischen Ansicht und darüber, wie der moderne Mensch darüber hinausgewachsen ist, aber der unglückliche Vortragende konnte es nicht vermeiden, einen ganz modernen Knopf zu drücken, um das Auditorium zu verdunkeln und den Nachthimmel um die Zuhörerschaft zu drehen. Phänomenologisch gesehen war sein Handeln ganz korrekt.

Eine Frage, die sich dem Studenten der Astronomie stellt, der ein Auge für die Qualität der Erscheinungen hat, ist die nach dem Ort der Astronomie in den Wissenschaften. In einer Hinsicht ist sie anorganisch und mathematisch in einer anderen, in ihrer 'Ganzheit', organisch und lebendig. Thomas von Aquin ordnete sie den 'Zwischenstudien' zu, zusammen mit der Musik und der Optik, zwischen der Mathematik und den Naturwissenschaften (in: Die Aufteilung und Methoden der Wissenschaften, ein Kommentar zu Boethius: 'De Trinitate'). Gewisse Wissenschaften nannte er „Künste, weil sie nicht nur Wissen erfordern, sondern auch eine Arbeit, die direkt ein Produkt der Vernunft selbst ist" - wie z.B. Gespräch, Komposition oder 'das Berechnen des Gangs der Sterne'.

Mir scheint, dass die Astronomie sich, wie ein Grundstudium auf alle Wissenschaften und viele andere Aspekte des menschlichen Lebens beziehen kann. In der hier vorgelegten Form ist sie in der Vergangenheit sehr vernachlässigt worden und muß wieder in die Erziehung und Kultur eingeführt werden. Viel wird heute gesagt und geschrieben über Kosmologien und Sternenkunde in Vergangenheit und Gegenwart. Damit dies wirklich zur Entfaltung kommen kann, braucht es eine feste Grundlage in der Erfahrung der kreisenden Sterne.

Das Wort 'Imagination' des Buchtitels darf nicht verwechselt werden mit irgend einer phantastischen, weltfernen Behandlung des Themas. Ein anderer Autor könnte ein anderes Wort benutzen, aber hier deutet es auf einen integralen Bestandteil des menschlichen Bewusstseins, der heute zu oft ignoriert wird und, wenn dies geschieht, sich unweigerlich wieder geltend macht - aber dann als eine Fehlform, die in das Reich der Phantastik, loser Assoziation und des bloß Ausgedachten führt. Auf diese Weise darf die Natur nicht verleugnet werden und sie nimmt Rache, denn wir landen schließlich bei geistigen Schöpfungen, die keine direkte Verbindung mit dem tatsächlichen Ablauf der Dinge haben.

Wenn ein Chinese, der immer den Boden zum Sitzen benutzt, zum ersten Mal einen Stuhl sieht, ohne seine Imagination zu betätigen, dann ist er für ihn lediglich ein unzusammenhängendes Gebilde aus Holz und Leim. Er mag ihn als Tisch benutzen, aber er wird nicht durchdringen zu seinem Ursprung und seiner Bedeutung - zu dem Gedanken darin und seiner Auswirkung auf das menschliche Leben.

In seinen 'Biographia Literaria' macht Coleridge eine klare Unterscheidung zwischen Imagination und Phantastik. Seine Idee einer ursprünglichen Form der Imagination ist, sie als eine „lebendige Macht und das eigentlich Aktive in aller menschlichen Wahrnehmung zu sehen! Eine weniger bedeutende zweite Form der Imagination ... ringt um Idealisierung und Vereinheitlichung. Sie ist wesentlich vital, selbst da, wo alle Objekte als Gegenstände wesentlich fixiert und tot sind." Er fügt hinzu, „Phantastik dagegen hat keine Gegenüber, um damit zu spielen, als Fixiertes und Definiertes ... wie das gewöhnliche Gedächtnis muß sie all ihr Material vorgefertigt nach dem Gesetz der Assoziation erhalten."

Phantastik wirkt auf und wird geführt durch die Äußerlichkeiten der Dinge, aber die Imagination durchdringt die Phänomene und belebt sie. Phantastik trägt etwas an die Gegenstände von außen heran, wohingegen die Imagination, ursprünglich „das eigentlich Aktive aller menschlichen Wahrnehmung", das Bewusstsein und den Gegenstand im Akt des Verstehens vereint und im Entdecken von Bedeutung das Aktive ist.

Goethe schrieb einmal an den Philosophen F. Jacobi: „Gott hat Sie mit der Metaphysik gestraft und einen Pfeil in Ihr Fleisch gebohrt, mich hat er mit der Physik gesegnet ... Sie halten fest an dem Glauben an Gott, ich an der Anschauung."

Goethe war ein Dichter und was er mit Physik und Anschauung meinte war nicht der trockene Gebrauch dieser Wörter. Sein Anschauen war aktiv, imaginativ und es war treu der Welt der Phänomene vermählt. Auf diese Weise findet die Kraft der Imagination ihre Heimat in dem Reich der direkten Erfahrung.

Von dieser Art ist der Begriff und die Rolle der Imagination an die sich dieses Buch hält, wobei es seinen Grundimpuls von Coleridge und Goethe nimmt.

Norman Davidson, Forest Row, 1984

[Im Text finden sich viele schöne Beispiele für die Funktionsweise der Imagination in der menschlichen Auffassung der Dinge der Welt: zum Beispiel auf Seite 29 über das aktive Sehen oder Seite 39/40 über die Mythenbildung.
Anmerkung des Übersetzers]

Vorwort

Das Interesse der Menschen an den Himmelserscheinungen des Tages und der Nacht geht durch alle Zeiten der Geschichte und manifestierte sich in ganz unterschiedlicher Weise. Jahrtausende vor der Erfindung des Teleskops wurden die sich verändernden Anblicke der Sterne und die Bewegungen der Sonne, des Mondes und der Planeten beobachtet und festgehalten - von gelehrten Männern, die wir mit Recht als Priesterastronomen ansehen, denn sie glaubten, dass das Schicksal der Erde und der Menschheit ganz eng an das der Himmelskörper gebunden sei. Man darf als sicher annehmen, dass die Astronomie am Ende des 16. Jahrhunderts nicht aufgehört hätte, eine interessante Angelegenheit zu sein, selbst wenn keine neuen Instrumente in der Zeit danach angewendet worden wären.

Im Verlaufe der folgenden drei Jahrhunderte gab es einen enormen Zuwachs in der Anhäufung astronomischer Daten und an Wissen über die Natur, Bewegung und Verteilung der Sterne - zurückzuführen auf das ständige Vermehren der Untersuchungsmittel, angefangen mit dem Bau von immer größeren Teleskopen. Die letzten vier Jahrzehnte waren Zeuge einer noch größeren Ausdehnung der astronomischen Forschung durch noch ausgefeiltere Technologien, die ihren Höhepunkt fanden in den wirklich erstaunlichen Leistungen der Raumflüge zu den Planeten, die die Ausgabe von unglaublichen Geldsummen durch mehrere Staatsregierungen nötig machten.

Diese noch nicht weit zurückliegenden Explosionen des astronomischen Wissens waren begleitet von einem gewaltigen Anstieg der Zahl von Veröffentlichungen auf dem Gebiete der Astronomie. Ein sehr großer Teil von ihnen ist an erster Stelle an Leser gerichtet, die beruflich mit der Astronomie zu tun haben. Viele andere sind populäre Berichte über das, was von den neuen Astro-Technologen geleistet wird, dargestellt in umfangreichen, anziehend aufgemachten Bänden, die üppig illustriert sind mit prächtigen Farbfotos von Himmelskörpern und den erstaunlichen Raumfahrzeugen und Geräten mit denen sie gemacht werden. Was oft eine große Zunahme des öffentlichen Interesses an der Astronomie genannt wird, ist in weitem Umfang ein Interesse an dem, was auf dem Felde dieser hochspezialisierten fortgeschrittenen Technologie getan wird, etwas sehr Verschiedenes von dem, was bis zur Mitte des Jahrhunderts unter astronomischem Interesse verstanden wurde.

Es gab jedoch auch eine sehr beständige Produktion von mehr traditionellen astronomischen Übungsbüchern für Studenten, angefangen vom Fachoberschulniveau bis zum Universitätsabschluß und von einer Vielfalt von populären Einführungsbüchern, die hauptsächlich beschreiben, was mit den eigenen Augen und einfachen Teleskopen und Ferngläsern gesehen werden kann. Es sind die letzteren, die sich besonders an Leser richten, die schon den Nachthimmel angeschaut haben und durch Staunen und Wissbegier bewegt mehr darüber herausfinden wollen. Viele machen die Astronomie zu ihrem Hobby oder werden ernsthafte Amateurastronomen und nehmen an systematischen Beobachtungsprogrammen teil, die von lokalen astronomischen Gesellschaften organisiert werden, welche in den letzten Jahren zahlenmäßig stark zugenommen haben.

Die Britische Astronomische Vereinigung wurde 1890 mit dem Hauptziel gegründet, die Amateurastronomie zu fördern, indem sie ihre Mitglieder mit kleinen Teleskopen ermutigte, systematische Beobachtungsarbeit zu leisten, unter der Anleitung der Verantwortlichen der verschiedenen Abteilungen, die sich dem Studium der Sonne, des Mondes, der Planeten und der Sterne widmeten. Viele Jahrzehnte hindurch war es der feste Glaube eines großen Teiles der Mitgliedschaft, dass sie an einer Arbeit von wissenschaftlichem Wert teilnahmen, ein Glaube, den aufrecht zu erhalten zunehmend schwieriger wird, vor dem Hintergrund der heutigen professionellen Astronomie. An ihm wird sicherlich von einigen Hundert der derzeitig 3000 Mitglieder nicht festgehalten. Alle jedoch ziehen große persönliche Befriedigung aus ihrer eigenen direkten Erfahrung des Nachthimmels, indem sie sich auf ganz verschiedene Weise astronomisch beschäftigen. Sie beobachten die Himmelswelt und staunen, so wie es der Mensch seit unvordenklichen Zeiten tut, und sie suchen eine mehr als wissenschaftliche (nur auf anderweitig schon abgeleitete Prinzipien gestützte) Erklärung der Phänomene.

Für diesen staunenden Himmelsbeobachter ist dieses Buch geschrieben, ein Buch, das sich sehr von allen, jener vorher genannten wachsenden Auswahl der gegenwärtigen Bücher, unterscheidet. Es ist grundsätzlich anders durch seine Beschreibung und Erklärung der sich ständig wandelnden Sternenszenerie; es betont auf allen Stufen, dass der Beobachter ein geozentrisches Bild des Himmels erlebt und das Wissen von einem heliozentrischen planetarischen System nur durch Schlussfolgerungen erlangt. Wie gewissenhaft auch immer sein Studium der allgemeinen und mathematischen Astronomie sein mag, er wird niemals die sonnenzentrierte Theorie erleben, die er unzweifelhaft intellektuell bewiesen hat. Seine unmittelbare Erfahrung der Dinge jenseits der Erde ist ähnlich seinem Wissen, von dem, was ihn umgibt auf der Erde, wie es für alle Menschen - die Geschichte hindurch - der Fall war. Mit anderen Worten: der Himmel und die Erde sind eine Gesamtheit der Erfahrung des menschlichen Lebens, etwas, das derjenige nicht realisiert, der selten hinaufschaut.

Die geozentrische Haltung zur Astronomie wird in bewundernswerter Weise ausführlich in dem einführenden Kapitel zu diesem Buch dargestellt. Der Autor erwägt bis in Einzelheiten die Frage, wie der Mensch die Erfahrung seiner kosmischen Umgebung von den ältesten Zeiten bis in das Raumzeitalter interpretiert. Viele von denen, die seine Bemerkungen lesen, werden begeistert sein, diesen besonderen Zugang zur Astronomie zu finden, der sie sehr ansprechen wird und den sie nirgendwo sonst finden. Andere werden dazu geführt werden, den Himmel genauer als bisher zu beobachten und von ihrer Entdeckung bezaubert sein, wieviel mehr dort zu sehen und zu bemerken ist, als sie sich bisher klar gemacht hatten.

Und noch weitergehend werden sie der Entwicklung der verschiedenen beobachteten Phänomene folgen wollen, nicht planlos sondern über Wochen, Monate, Jahre hin, um aus eigener Erfahrung die Vollendung der vielen Zyklen, die in diesem Buch beschrieben werden, nachzuzeichnen. Sie werden auch die Gründe kennenlernen wollen für die systematischen Veränderungen im Anblick der Sterne und der zyklischen Rückkehr zu ähnlichen Stellungen, was die Planeten angeht. Sie werden einfache Erklärungen der wesentlichen Prinzipien finden, die den machmal allem Anschein nach komplizierten Himmelsgeschehnissen zugrunde liegen. Wichtig für diese Erklärungen sind die ausgezeichneten Diagramme, viele durchaus originell, die einen großen und unverzichtbaren Teil des Buches ausmachen.

Sonnen- und Mondfinsternisse sind keine gewöhnlichen Phänomene, nirgendwo auf der Welt und sie sind oft durch Wolken nicht sichtbar. Trotzdem stellen sie ein faszinierendes Thema dar über das die Menschen immer mehr wissen wollen als die Umstände einer Finsternis, die sie gesehen haben. Der Leser wird in Kapitel sieben weit mehr Informationen und Erklärungen dieser Marksteine der Geschichte finden als in irgendeinem anderen einzelnen Buch.

Die abschließenden Kapitel über das Licht am Himmel und das Fernrohr sind beeindruckende Beispiele für die eigentliche Absicht des Buches: die Menschen zu bewegen, den Himmel wahrzunehmen und mit ihrem Denken und Fühlen zu verknüpfen. Meine eigene Erfahrungen aus recht vielen Jahren des Astronomieunterrichtens an Abendschulen und der Beantwortung von Briefen der Leser der Nachthimmel-Artikel im Daily Telegraph überzeugen mich, dass Norman Davidsons neuer Zugang zur Astronomie ein sehr starkes Bedürfnis befriedigen wird, das diejenigen empfinden, deren Interesse an den Sternen Fragen hervorruft, die mehr als faktengemäße Antworten aus Lehrbüchern erfordern. Der große unvergleichliche C. Flammarion hat noch immer keinen Nachfolger als Darsteller des Wunders, der Schönheit und der Philosophie der Astronomie zusammen mit ihrer naturwissenschaftlichen Seite, aber er ist sicher eine Quelle der Inspiration für Norman Davidson, der genau so ein Buch geschrieben hat, wie ich es schon lange schreiben wollte.

Gemäß B. Russel war Pythagoras intellektuell einer der wichtigsten Männer, die je gelebt haben. Norman Davidson hat den Weg gezeigt, die Wahrheit des fundamentalen Lehrsatzes seiner Philosophie praktisch zu realisieren: ich bin ein Kind der Erde und des Sternenhimmels.

Leslie White, FRAS, Astronomy correspondent of the Daily Telegraph

Zitate

[D]er Anblick von Tag und Nacht, den Monaten und wiederkehrenden Jahren, Tag- und Nachtgleichen sowie Wendepunkten, war der Grund für die Erfindung der Zahlen, gab uns einen Begriff der Zeit und ließ uns das Universum erforschen; von daher bezogen wir die Philosophie, die größte Gabe, die die Götter je gaben oder jemals den Sterblichen geben werden. Dies nenne ich das größte Gut, das unsere Augen uns geben.

Plato

Wer könnte das Sakrileg, einen unwilligen Himmel zu ergreifen, sozusagen in seiner eigenen Domäne zu versklaven und auf die Erde zu holen, leugnen?

Manilius

Ich weiß, dass ich sterblich und flüchtig bin, aber wenn ich die reich gefüllten kreisenden Spiralen der Sterne absuche, dann berühre ich den Boden nicht mehr mit meinen Füßen, sondern trinke Seite an Seite mit Zeus mein Glas Ambrosia, die Nahrung der Götter.

Ptolomäus

Ich weiß nicht, was die Welt von meinen Mühen denken wird, aber mir selbst scheint es, dass ich nur wie ein Kind war, das an der Meeresküste spielte; hier einen etwas mehr polierten Kiesel findend und dort eine Muschel, die auf angenehme Weise verschieden von einer anderen schien, während der immense Ozean der Wahrheit sich unerforscht vor mir ausdehnte.

Newton (im Alter)

Das Allerwichtigste wäre es, zu begreifen, dass jedes Faktum schon Theorie ist. Das Blau des Himmels offenbart uns das Grundgesetz der Chromatik. Lasst uns nicht hinter den Phänomenen suchen; sie selbst sind die Lehre.

Goethe

Das beste an den Wissenschaften ist ihr philosophischer Gehalt - wie das Leben eines organischen Körpers. Nimm die Philosophie aus den Wissenschaften und was bleibt?

Erde, Luft und Wasser.

Novalis

Die primäre Imagination halte ich für die lebendige Kraft und das primär Wirksame in aller menschlichen Wahrnehmung und für eine Wiederholung im endlichen Bewusstsein des ewigen Aktes der Schöpfung im unendlichen ICH BIN.

Coleridge

Die Poesie ist tatsächlich etwas Göttliches. Sie ist zugleich das Zentrum und der Umfang des Wissens; sie ist das, was alle Wissenschaft einschließt und das, worauf alle Wissenschaft bezogen werden muss.

Shelley

Wenn wir die Schrift, die im Kosmos durch die Sterne, in ihrer Ordnung und Bewegung ausgebreitet ist, erlernen, werden wir finden, dass von überall aus dem Kosmos dasjenige spricht, was unsere Herzen mit Wahrheit, Liebe und jenem Mitleid durchdringt, welches die Evolution der Menschheit von Epoche zu Epoche vorwärtsbringt.

Rudolf Steiner

Jedes Phänomen kann auf zweifache Weise erlebt werden. Diese zwei Wege sind nicht willkürlich, sondern mit dem Phänomen verknüpft - entwickeln sich aus seiner Natur und seinen Eigenschaften: äußerlich oder innerlich.

Kandinsky

[W]issenschaft muss sich auch auf die gewöhnliche Sprache verlassen, weil das die einzige Sprache ist, in der wir sicher sein können, die Phänomene zu fassen ... Wenn die Harmonie in einer Gesellschaft von der gemeinsamen Interpretation des ‚Einen' abhängt, der Einheit hinter der Vielzahl der Phänomene, dann könnte die Sprache der Dichter wichtiger sein, als die der Wissenschaftler.

Werner Heisenberg

Kapitel 1

Die Erde als Zentrum

Dieses Buch versucht einen neuen Anfang in der Astronomie. Es spricht für einen erdzentrierten Blick, aber dies bedeutet weder die bloße Rückkehr zu einer alten Ansicht noch eine Ablehnung der modernen Forschung eines heliozentrischen oder galaxie-zentrischen oder zentrumslosen Universums. Diese jüngsten Fortschritte sind Realitäten, aber es muß genau abgeschätzt werden, welcherart Realitäten sie sind. Sie sind nicht gegründet auf die direkte Erfahrung des menschlichen Sehens, auf seine Raumerfahrung und auf die Bewegungen, die dem Menschen in seiner normalen erdgebundenen Umwelt natürlich sind. Sie haben sich davon, unter Zuhilfenahme von Technologien, entfernt und sie haben eine andere Gültigkeit. Das Studium dieser modernen Entwicklungen würde ein weiteres Buch füllen.

Hier wird der Versuch gemacht, nicht die moderne Forschung abzulehnen, sondern einen Prozess zu ermutigen, die Dinge perspektivisch an ihren Platz zu rücken, was möglicherweise am Ende zu einer Neubewertung dieser Forschung in Bezug auf die menschliche Erfahrung führen kann.

Solch eine Neubestimmung ist weitestgehend jenseits der Reichweite dieses Textes, der nur versucht, einen Neuanfang von den ersten Prinzipien her zu erforschen. In Geschichten der Astronomie oder in Grundlagenbüchern, die das Thema beschreiben, wird das erste Kapitel oder eine Einleitung in einer herablassenden Weise den „veralteten" geozentrischen Theorien gewidmet und solche Theorien werden angesehen als das Ergebnis von Unwissen oder kindlichen Konzepten, von Leuten erdacht, die nicht von den Entdeckungen der modernen Wissenschaft profitierten. Es wird heute als naiv angesehen, ein ganzes Buch dem Studium der Himmelsphänomene zu widmen, das in der direkten Erfahrung des gewöhnlichen Beobachters begründet ist. Aber die Vernachlässigung dieses Gebietes führte zu einem ernsten Verlust des menschlichen Elementes in dieser frühesten und fundamentalsten der Wissenschaften. Die realen Motive früherer Kulturen bei einer erdgebundenen Ansicht zu bleiben werden nicht voll gewürdigt. Die geozentrische Ansicht brachte eine Verbundenheit im Gefühl zwischen Individuum und Universum mit sich. Der Mensch war ein Teil des Ganzen, eine Idee, die seit Kopernikus als überholt angesehen wird. Aber es gilt, die Erforschung der Beziehung des modernen Menschen zum Universum weiterzuführen und zwar unter dem Gesichtspunkt der direkten persönlichen Erfahrung.

Es wird sogar gesagt, dass es verwunderlich sei, warum die Griechen auf einer geozentrischen Ansicht bestanden, selbst nachdem Aristarchus von Samos (zirka 310-264 v.Chr.) erklärte, dass die Erde sich mit den anderen Planeten um die Sonne drehe. Aber die Griechen hatten das sichere Gefühl, dass der Mensch direkt mit dem Universum verknüpft sei, ein heliozentrisches System würde für die Mehrheit von ihnen sinnlos gewesen sein. Spuren von diesem Gefühl verblieben noch bis in die Zeit von Kopernikus in dem Widerstand der Kirche der Idee gegenüber, dass die Sonne still stehe. Es war nicht nur so, dass die Kirche ihre Autorität mit der Tradition begründete - obwohl dies auch eine Rolle spielte.

Die Kopernikanische Revolution mußte kommen. Sie ist einer der größten Erfolge des menschlichen Intellekts. Aber das heißt nicht, dass sie der einzige Weg ist, die Realität zu sehen. Seit Kopernikus gab es riesige Fortschritte in den Naturwissenschaften. Aber die Naturwissenschaften und der Intellekt bilden nicht die Gesamtsumme der menschlichen Natur, obwohl sie einen wichtigen Teil ausmachen. Sie erlangen nicht notwendigerweise die Bedeutung, die ein Phänomen für den individuellen Menschen hat. Wie Goethe einmal sagte, die Natur ist wie eine Frau: „Sie erfreut sich an der Illusion. Wer die Illusion in sich oder anderen tötet, den wird sie als strengster Tyrann bestrafen." (aus dem Aufsatz „Die Natur", DIGIB Bd. 44, Goethe, S.8623) Anders gesagt: wir können intellektuell und physisch analysieren, was weiblich ist, aber dies wird, obwohl es eine Form der Realität ist, nie die Liebe eines Mannes erklären, warum ‚sie' ihm alles bedeutet und weitere Horizonte im Menschen inspiriert. Und doch ist dies eine Realität des alltäglichen Lebens. Wenn sie nicht in unser Weltbild zu integrieren ist, dann muß das Bild einseitig sein und unsere Verbindung zum Leben wird reduziert.

Der Fehler liegt darin anzunehmen, dass zwei fundamentale Seiten der Realität einander widersprechen; der sonnenzentrierte und der erdzentrierte Blick stammen von verschiedenen Aspekten der einen Ausgangslage, aber sie widersprechen sich nicht. Der eine Blick bedient den Drang nach abstraktem, materiellem Denken, der andere die direkte menschliche Erfahrung. Es ist nicht notwendig zwischen beiden zu wählen, obwohl der eine oder der andere die Oberhand haben wird, je nachdem, was wir suchen.

Die Kopernikanische Revolution, die aus der Idee hervorging, dass die Erde sich bewege, verursachte die größte psychologische Veränderung im menschlichen Bewusstsein auf viele Jahrhunderte hinaus. Sie hatte eine Wirkung auf alle Gebiete des Lebens und veränderte die Gesellschaft. Es macht einen großen Unterschied, ob man glaubt, dass man auf einer Erde lebt, die sich um ein Zentrum außerhalb ihrer bewegt oder, ob man glaubt, dass man auf einer Erde lebt, die ruht, mit einem Universum, das sich um sie dreht. Kopernikus Idee, die in der ersten Hälfte des 16. Jahrhunderts ihren Anfang nahm, konnte nicht vor der ersten Hälfte des 18. Jahrhunderts befriedigend bestätigt werden.* Zwischen diesen Zeitpunkten wurde die Bewegung der Erde von vielen Astronomen, die schon von der Tatsache überzeugt waren, vorgestellt und berechnet und die allgemeine Öffentlichkeit folgte ihnen nach.

Die Zeit war reif für diese Veränderung.

Die Ansicht des Menschen vom Universum, in dem er lebte, war jetzt gegründet auf Berechnung und feine wissenschaftliche Instrumente, von denen beide jenseits der Erfahrung des Mannes auf der Straße lagen. Ja, noch darüberhinaus konnte die neue Weltsicht von der breiten Öffentlichkeit im rationalen Denken übernommen werden, welche sich als sinnlichkeitsfreier Begriff prächtig entwickeln konnte und gleichzeitig zu einem materialistischen Verständnis des Universums führte. Dieses materialistische Verständnis wurde weiter ausgedehnt durch die Entwicklung des Teleskops und dadurch, dass man die Planeten als physische Körper mit Schatten wahrnahm. Dies wiederum führte zu der Idee, dass das menschliche Leben in Bezug auf die Sterne mikroskopisch klein und fast rein zufällig sei.

Nach Kopernikus großer Erneuerung und der Entdeckung des Teleskops war der Laie tatsächlich weniger geneigt, zum Sternenhimmel aufzusehen und den Bewegungen der Sterne zu folgen. Die letztere Aktivität war unnötig, da er eine 'Illusion' sah. Er ‚wußte‘, dass die Sonne, Planeten und Sterne nicht selbst auf- und untergingen, aber die Erde sich drehe. Aber er wußte es nur und erlebte es nicht. Tatsächlich erlebt selbst der Wissenschaftler es nicht direkt. Für den gewöhnlichen Beobachter auf der Erde wird die Sonne aufgehen gesehen. Er sieht nicht, wie die Erde sich dreht. Aber er kann denken, dass die Erde sich dreht. Wenn er das moderne Planetensystem ganz ernst nimmt, muß er noch eine Menge mehr denken - zum Beispiel in welcher Richtung im Raum die Erde sich auf ihrem Wege um die Sonne bewegt, in Bezug auf seinen Standpunkt zu irgend einem Zeitpunkt; etwas, was wenige Leute in Betracht ziehen, wenn sie einen Sonnenaufgang anschauen. Das moderne System der planetarischen Bewegung ist tatsächlich auf einen Beobachter gegründet, der im Raume weit genug weg von den Planeten sitzt, um sie in seinem unmittelbaren Gesichtsfeld zu sehen, wie sie um die Sonne wandern. Die Tatsache besteht, dass, wenn er weit genug entfernt platziert wäre, er die Planeten gar nicht sehen würde. Niemand hat und niemand wird je das sonnenzentrierte System sehen, wie es in Büchern aufgezeichnet wird.

Dies macht eine fundamentale Trennung zwischen der Sinneserfahrung und dem Denken deutlich, welche unbemerkt an der Wurzel unserer modernen Welterfahrung liegt. Es ist die Scheidung des Denkens von der lebendigen Erfahrung, die zu der Dominanz des abstrakten Denkens führt. Fast ohne es zu bemerken, befinden wir uns in einer historischen Phase, in welcher der Mensch einen Riß erlebt zwischen seinem Denken und seinem Gefühl für die Welt um ihn herum. Der Intellekt, der eine wichtige Fähigkeit darstellt, hat sich trotzdem so entwickelt, dass er das Gefühlsleben und die Imagination tyrannisiert in ihrer Beziehung zu den Phänomenen. Das Ergebnis ist, dass die Imagination verdorrt oder phantastische Formen ihrer selbst annimmt (es gibt viel 'Science Fiction' in der modernen Wissenschaft) losgelöst von der erlebten Realität. Wir müssen alle menschlichen Fähigkeiten gebrauchen, um ein ausgewogenes Verständnis der Welt zu erreichen und der Intellekt und die Imagination sollten zusammenarbeiten. Andernfalls wird der Intellekt, auf sich gestellt, für uns eine kalte mechanische Welt schaffen, genau soweit entfernt von der Realität wie Phantasmen.

Der Historiker der Naturwissenschaften, Giorgio Santillana, bezog sich auf den psychologischen Bruch der durch die moderne Astronomie verursacht wurde in ‚Hamlets Mühle' als er sagte:

„Wenn (der Mensch) millionenfach entfernte Galaxien entdeckt und dann jene quasi sternenartigen Radioquellen, die Milliarden Lichtjahre entfernt sind, die seine Spekulation erschüttern, ist er glücklich, dass er in solche Tiefen vordringen kann. Aber er zahlt einen schrecklichen Preis für seine Leistung. Die Wissenschaft der Astrophysik reicht weiter und weiter, ohne ihren Boden unter den Füssen zu verlieren. Der Mensch als Mensch kann das nicht. In der Tiefe des Raumes verliert er sich selbst und jeden Begriff von Bedeutsamkeit. Er ist unfähig sich selbst in die Konzepte heutiger Astrophysik einzufügen, wenn nicht in Schizophrenie."

Wir sind oft mehr davon besessen, die Phänomene zu „erklären" als sie auch menschlich zu erfahren. Denn das Universum ist bedeutungslos, wenn es nicht auf den Menschen bezogen wird; der Raum wird zur Leere, seines Zentrums beraubt, und ist daher ein Konzept, worin der Mensch keinen „Platz" findet. Er ist nirgendwo und seines dynamischen Sinns von Richtung als „hoch" und „runter", „links" und „rechts", etc beraubt.

Die These dieses Buches ist es, dass direkte menschliche Erfahrung nicht vernachlässigt oder vorschnell übergangen werden sollte und dass sie eigentlich an erster Stelle stehen sollte. Die Öffentlichkeit zeigt ein erneutes Interesse in dieser Richtung und das Pendel schwingt vielleicht schon zurück - obwohl die Verbreitung von pseudo-okkulter wissenschaftlicher Literatur, die entweder einfach nur mystifiziert oder künstliche Verbindungen erzeugt, eine gesunde Veränderung nur verhindert.

Man findet weiterhin oft die Idee, dass der geozentrische Ansatz früherer Kulturen nicht nur beschränkt war, sondern auch egotistisch. Den Menschen in die Mitte des Universums zu stellen, wird als eine zu spezielle Position für ihn angesehen, die die Idee der Wichtigkeit seines Selbst nur aufbläst. Jedoch ihn aus diesem Zentrum zu entfernen und ihm diesen Teil seiner Erfahrung zu mißgönnen, führte zu einer Unverbundenheit zwischen dem Individuum und dem Universum und in dieser Beziehung zu einem Verlust von Sinnhaftigkeit. In „A Sense of the Cosmos" weist Jacob Needleman darauf hin, dass:

„Im alten Geozentrismus sind die Sphären und Kräfte, die die Erde umgeben zugleich mächtiger und subtiler als alles, was von der Erde selbst stammt. In dieser Weise verstanden, macht der Geozentrismus den Menschen bescheiden und fordert ihn auf, ein feineres Verständnis der Einflüsse zu suchen, die sein Leben und das Leben der Welt formen. Es ist deshalb ein großer Fehler anzunehmen, wie es alle modernen Autoren getan haben, dass der alte Geozentrismus die Wichtigkeit des Menschen im Zusammenhang der Dinge übertrieben hat. Denn im Zentrum stehen hieß auf der untersten Stufe der Einflüsse zu stehen."

Und später:

„Aber die Idee des Mikrokosmos zusammengenommen mit dem Geozentrismus erinnert uns daran, dass die objektive Realität viele Arten von Einflüssen enthält, die auf uns wirken können, dass es einen Umfang des Daseins gibt, in den der Mensch geboren wurde - würde er nur danach so fleißig suchen, wie er die Befriedigung des äußeren Lebens sucht."

Ein Zentrum zu haben, wo man selbst als Mensch steht, ist eine normale Erfahrung - tatsächlich ist man gefährdet, wenn diese Erfahrung reduziert ist oder fehlt. Die Abwesenheit dieses Sinnes für diese Polarität zwischen Zentrum und Peripherie und deren Interaktion führt zu Ungleichgewicht und Desorientierung. Das gesunde Leben des Individuums liegt zwischen beiden.

Obwohl die Bewegung der Erde berechnet werden kann, ist es, wie gezeigt, keine direkte Sinneserfahrung. Eine vorläufige Entwicklung dieses faktischen Zusammenhangs vom philosophischen Standpunkt aus wurde von Edmund Husserl dargelegt in „Die Erde bewegt sich nicht", ein kurzer Text, geschrieben 1934, von dem Auszüge im Anhang 1 beigelegt sind. Reine Mathematik und Berechnung sind der Qualität oder Bedeutung der Phänomene gegenüber gleichgültig. Die heliozentrische Astronomie passt für den Mathematiker. Aber die geozentrische Erfahrung verbindet den Menschen, die Erde und den Himmel zu einem Ganzen. Diese Erfahrung sollte nicht geleugnet werden, weil sie eine direkte Verbindung mit unserer Umwelt darstellt, wie sie uns berührt und dies ist eine primäre, keine sekundäre Realität. Offensichtliche Effekte sind Tag und Nacht, die Jahreszeiten, die Wandelgestalt des Mondes - die verschiedenen erkennbaren Rhythmen des Lebens. Andere mögen unbemerkt oder unerkannt vorübergehen oder ins Verstummen erklärt werden. Zum Beispiel, bloß zu erklären, dass Jupiter keine Schleife vor den Sternen vollführt, sondern die Erde ihn einmal im Jahr überholt und die Sache dabei belassen, läßt den Gedanken zu, dass die Schleife nur eine Illusion ist, kein Naturphänomen und deshalb nicht Ernst genommen werden muß. Aber wenn ein Professor seine Vorlesung halten sollte und dabei die ganze Zeit in Schleifen hin und her liefe, hätte dies einen direkten Effekt auf die Nerven der Studenten, trotz der Erklärung, dass die Studenten im Umlauf seien und dass dies mit Hilfe von Spiegeln produziert wurde.

Die Realität ist, dass der Professor in Schleifen geht und den Studenten übel wird, wenn sie ihn sehen.

Um es auf eine andere Art zu sagen, der Nachthimmel ist ein Theater, in welchem die Dramen und Ereignisse der universellen Umgebung stattfinden. Zu erklären, dass, wenn sie nicht auf der Bühne gesehen werden, Romeo und Julia sich gar nicht füreinander interessierten und emotional Lichtjahre voneinander entfernt seien; oder dass der Granatapfelbaum in Capulets Obstgarten bloß Ölfarbe und Gips sei, ist zweitrangig für den Effekt des Spieles auf die Zuschauer.

Nicht dass die Untersuchung dessen, was das Teleskop und das Mikroskop zeigen unwichtig ist. Sie ist Teil unserer modernen Erfahrung mit der Wissenschaft der Materie. Tatsächlich offenbart die Entwicklung von alter Kosmologie zu der modernen die Evolution des menschlichen Bewusstseins. Aber die moderne Forschung sollte sich nicht abtrennen und abseits stellen von einer Kontemplation des Ganzen, welche mit den beobachteten Phänomen in ihrer Einfachheit anfängt und eine Verbindung zu der ästhetischen, qualitativen Wertschätzung des Lebens behält. Wegen dieses letztgenannten Zieles braucht man ein sorgfältiges Studium, das der gewöhnlichen einfachen Beobachtung zugänglich ist. Dann wird eine lebendige Verbindung mit der Natur gefühlt, welche das ganze menschliche Wesen in Anspruch nimmt.

Diese Frage nach der Vereinigung des Menschen mit den Phänomen kann in der beobachtenden Astronomie noch einen Schritt weitergehen. Dies bezieht die Wiederaufnahme der Mythologie in die Erfahrung des sich drehenden Himmels mit ein. Wenn man ehrlich ist, ist es sehr schwierig, die Mythologie außen vor zu lassen. Das Thema wird heute als Aberglaube abgetan und doch ersetzen wir es unbeschwert mit Mythologien über gekrümmte Räume, Zivilisationen auf anderen Planeten, schwarze Löcher etc., von denen keine erlebt wurde. Der Mensch muß dem Universum eine Bedeutung oder einen Inhalt geben, sonst bleibt eine Lücke in seinem Denken. In früheren Zeiten schaute man in persönlicher Weise zu den Sternen und man empfand sie als aktive Teilnehmer im Drama des Lebens. Die Mythologie ergibt sich bereitwillig aus der geozentrischen Astronomie und stärkt die Verbindung mit den Phänomen. Das Auftauchen der Mythologie kann kein willkürlicher Vorgang sein, sondern hat seine Wurzel in der Qualität des Erlebens. Zum Beispiel kann die alte Zuordnung der Metalle zu den Planeten verstanden werden, wenn man die charakteristische Bewegung der Planeten studiert, e.g. die langsame Schwere des Saturn und das Blei, die Geschwindigkeit und Lebendigkeit des Merkur und das Quecksilber. Ähnlich ist die Verbindung zwischen der unbeweglichen zentralen Position des Nordsterns und himmlische Autorität, etc. Es ist fast unmöglich, sich von zusammenfassenden Konzepten von der einen oder anderen Art freizumachen, wenn man den Himmel betrachtet, wie er erscheint - solche Konzepte werden ganz natürlich in der Erfahrung aufgerufen, selbst wenn sie moderner Art sind. In diesem Sinne ergibt sich die Mythologie als Teil des vorliegenden Buches über beobachtete Phänomene, nicht weil die Mythologien irgendein irrelevantes Interesse bedienen oder einfach ohne Nachdenken geglaubt werden sollten, sondern weil sie einen natürlichen Teil der menschlichen Betätigung bilden, wenn er die Sterne in ihrem Scheinen erlebt. Viele Mythologien sind möglich und nur ein paar wurden ausgewählt. Aber die wichtige Seite ist, dass die Betätigung der Mythologisierung ehrlich anerkannt wird und dass neue Mythologien in der Zukunft entstehen, so wie die menschliche Evolution fortschreitet - Mythologien oder Metaphern oder Sternbilder, die die bestehenden Maßstäbe der Entfernungen von Lichtjahren transzendieren.

Zwei Wege, die Phänomene zu beobachten, ergeben sich aus dieser Diskussion. Es gibt den dualistischen Zugang, der die Phänomene beobachtet und dann, getrennt davon, eine entfernte Position einnimmt und eine Erklärung überstülpt mit Hilfe von anderen unbeobachteten Faktoren (Mathematik zum Beispiel) oder indirekt beobachteten Faktoren (Atomphysik, etc.). Dann gibt es den integrierten Zugang, welcher die Phänomene beobachtet und auf sie zugeht mit der Zuhilfenahme des ganzen Menschen, sich mit ihnen identifizierend und in ihnen sozusagen aufwachend. Die gesamte Umwelt geht nicht verloren und die Signatur der Phänomene und ihre Beziehung zum Leben kann entziffert werden.

Ausgehend von dem letzteren Zugang in der Astronomie, welche mit dem geozentrischen Anblick beginnt, können andere Astronomien sich entwickeln, seien sie heliozentrisch oder was auch immer. Aber sie müßen erlebt und nicht bloß abstrakt gedacht werden. Zum Beispiel, wenn die Bewegung der Erde eine Erfahrung würde, nicht bloß ein abstrakter Gedanke, könnte dies eine völlig neue Astronomie erzeugen, nicht notwendigerweise heliozentrisch und sie würde ein Teil des Menschen bleiben.

Was den geozentrischen Ausgangspunkt angeht: die Natur reagiert auf Finsternisse, die scheinbaren Bewegungen von Sonne und Mond. etc. und der Mensch kann das auch. Es gehört zu seiner wesentlichen Natur, das zu tun. Wenn er sich selbst treu bleibt, wird er, aus seiner Freiheit heraus, sich mit den Erscheinungen der Sterne anfreunden und die Phänomene, die seine weitere Umwelt ausmachen, sich selbst aussprechen lassen.

---

*1729 verkündete James Bradley seine mit dem Teleskop gefundene Entdeckung der Aberration des Lichtes, die eine scheinbare Positionsverschiebung von Sternorten in der Nähe der über Kopf Richtung erklärte, welche auf die Erddrehung zurückzuführen sei. 1838 stellte Friedrich Bessel die korrekte jährliche Parallaxe eines Sterns (ein schwacher naher in der Konstellation des Schwanes) fest, was direkt durch minutiöse Teleskop-Beobachtung erwies, wie die Erdbewegung in der scheinbaren Sternenbewegung reflektiert wird.

Kapitel 2

Die Phänomene Sehen

Die wesentliche Aktivität, die die Astronomie vom Menschen fordert, ist, dass er hinausgeht, hinaufschaut und seine weiteste Umgebung in Betracht zieht. Dies ist keine triviale Handlung. Sie erreicht prinzipiell zwei Dinge.

Zuerst, das gewöhnliche Denken geht über in die Kontemplation von etwas, das offensichtlich jenseits und größer als es selbst ist. Es ergibt sich ein erfrischendes Loslassen und Ausweiten in ein Reich, das zugleich gegenständlich und ehrfurchtgebietend in seiner Schönheit und Unermesslichkeit ist. Welcher professionelle Astronom mit seinen Instrumenten und Kalkulationsbüchern oder welcher Laie hat in das Antlitz des Sternenhimmels geschaut und war nicht ergriffen von einem Gefühl des natürlichen Staunens, das Fragen nach dem Kern des Rätsels des Lebens hervorruft?

Zweitens, nach dem Studium der Bewegungen und Erscheinungen dessen, was dem Beobachter entgegentritt, erkennt man, dass der Mensch, bewußt oder unterbewußt, mit all den Himmelsphänomenen von Zeit und Rhythmus tief verknüpft ist. Vor mehr als 2000 Jahren ging Plato in seinem Dialog Timaios so weit, zu sagen, dass der Zweck der Gabe unseres Sehvermögens sei, dass wir die Bewegungen und Rhythmen der Himmel sehen sollten und auf diese Weise lernen, jene in uns richtig zu stellen. Es ist bemerkenswert, dass die Astronomie von den anderen Wissenschaften dadurch unterschieden ist, dass sie bei ihren Untersuchungen ganz entscheidend auf das Sehvermögen angewiesen ist. Grundsätzlich ist die Astronomie die Wahrnehmung von Lichtern, die um uns herum in Bewegung sind, und selbst die stofflichsten Untersuchungen ihrer Geheimnisse gehen davon aus.

Für den Beobachter auf der Erde werden drei Dinge bewußt, die die Basis bilden für alles, was er dann entwickelt. Erstens, dass der Himmel über ihm sofort als eine Kuppel oder Halbkugel erlebt wird, die durch die Sterne nachgezeichnet wird; zweitens, dass diese Kuppel die Ebene der Erdoberfläche in einer Linie oder dem Horizont trifft; drittens, dass der Beobachter ein Mittelpunkt für dieses Bild ist. Halbkugel, Ebene, Linie und Punkt bilden das Theater, in dem die himmlischen

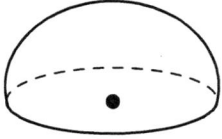

Figur 2.1

Ereignisse stattfinden sollen. (Figur 2.1) Dieses geometrische Modell ist ein Konzept, das in der Imagination lebt, aber trotzdem ein Teil der unmittelbaren Erfahrung bleibt.

Figur 2.2

Vom Beobachtungspunkt aus gesehen ist die Horizontlinie in jeder jeweiligen Richtung, etwa auf See, eben, so dass sie durch eine Gerade wiedergegeben werden kann - obwohl sie einen leicht gekrümmten Eindruck macht, weil sie in Bezug auf uns konkav ist. Darüber zieht sich annähernd ein Halbkreis der Sicht von Seite zu Seite. (Figur 2.2) Dieser Bogen ist kein Halbkreis, sondern ist oben abgeflacht, da man in jedem Augenblick zu den Seiten weiter sieht als nach oben.

Wenn man seinen Blick rund um den Himmel schweifen läßt, hat man den Eindruck, im Zentrum einer Kugel zu stehen, von der die eine Hälfte sichtbar ist.

Dies entsteht aus der direkten phänomenologischen Erfahrung des Auges und durch unser geistiges Imaginieren. Die Gestalt des Auges ist selbst einer Kugel nachgebildet und der Fachausdruck für die Augenhöhle ist 'Orbit'. Beide, das äußere Vordere des Auges (Kornea) und der größere Teil des Inneren, der das Bild empfängt (Retina) sind mit der Kugel verwandt. (Figur 2.3)

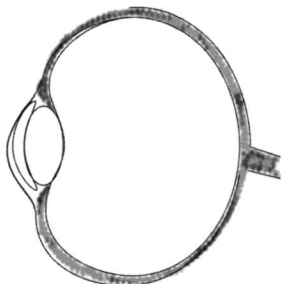

Figur 2.3

Dass das Äuge nicht bloß eine mechanische Kamera ist, wird durch die Tatsache deutlich, dass das von der Retina empfangene Bild umgekehrt ist, und wir trotzdem richtig herum sehen. Wie es M.H. Pirenne in 'Optics, Painting and Photography' herausstellt:

„Sehen [ist] ein aktiver, nicht ein passiver Vorgang. Um zu sehen, muß man hinschauen. Die alte Theorie des Aussendens von Lichtstrahlen gab einen direkten Hinweis auf die aktive Rolle, die der Beobachter bei der visuellen Wahrnehmung spielt. In der modernen Theorie könnte es scheinen als sei diese unberücksichtigt geblieben."

Er zitiert den Autor über Optik, Le Grand, der sagt, dass das Auge das einzige optische Instrument sei, dass ein Bild formt, das nie dafür vorgesehen war, gesehen zu werden.

Es könnte scheinen, dass das Auge, getrennt von der uns umgebenden Welt, als Zuschauer abseits steht. Aber es ist nicht das Auge selbst, das sieht; es ist nur das Mittel zum Sehen. Deshalb ist es geformt nach dem Urbild der weiteren sichtbaren Umwelt - der Kugel, plus Licht und Dunkelheit. Es ist eine interessante Tatsache, dass der Grund für die blaue Erscheinung des Tageshimmels derselbe ist, wie der für das Blau im menschlichen Auge. Beide sind nicht physikalische Farben oder Pigmente, sondern Farbeffekte, die aus Licht und Dunkelheit entstehen. Der blaue Himmel wird verursacht durch die Dunkelheit des Weltraums, die überlagert wird von der erleuchteten halb-durchsichtigen Substanz der Atmosphäre. Der schwarze Hintergrund ist ins Blau verwandelt durch die erleuchtete Substanz, die sich zwischen dem Beobachter und dem Hintergrund befindet. Dasselbe Prinzip gilt für die Iris des Auges, die bei blauäugigen Menschen einen dunklen Hintergrund hat, der überlagert wird von einer dünnen Schicht von weißer Substanz, die die Farbe hervorruft. Die Pupille des Auges, die keine solche weiße Oberflächensubstanz hat, sieht so schwarz aus wie die Nacht.

Das Prinzip des Auges und des Himmelsgewölbes können im Akt des Sehens nicht getrennt werden. Es scheint kein Zufall, dass Johannes Kepler, einer der größten Astronomen, das Auge erforschte und für die Optik dasselbe wie für die Astronomie leistete, indem er die Grundlagen der modernen Wissenschaft auf beiden Gebieten legte. Kepler war der erste, der klar verstanden hatte, dass auf der menschlichen Retina ein umgekehrtes Bild entsteht, wie in einer Lochkamera oder einer Camera obscura.

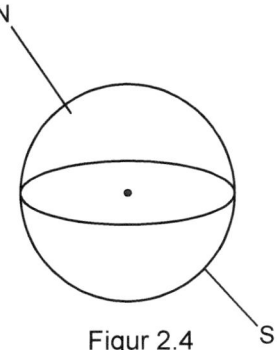

Figur 2.4

Wir können jetzt den nächsten Schritt tun und sehen, was auf der Himmelskugel zu liegen scheint. Der Beobachter steht im Zentrum der Ebene seines Horizontes. (Figur 2.4) Die Himmelskugel der Sterne scheint dann um eine Achse zu rotieren, die nach Norden und Süden ausgerichtet ist.

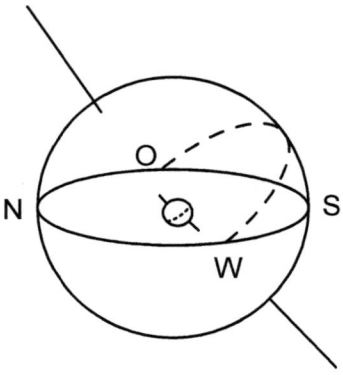

Figur 2.5

Die Drehung der Kugel erfolgt von Osten nach Westen, zu erklären als eine Wirkung der Erdrotation von Westen nach Osten. Um uns zu helfen, die Position der Sterne auf der Kugel zu bestimmen, können wir wieder von außen auf sie schauen und die Ebene des Erdäquators ausdehnen bis sie die Kugel im Himmelsäquator schneidet.

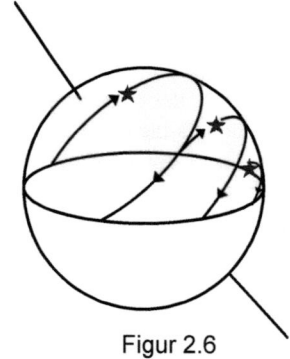

Figur 2.6

Dann kann man einsehen, dass jeder Stern sich auf ihr täglich auf einem Kreis bewegt, dessen Ebene parallel zum Himmelsäquator liegt. Eine gebrochene Linie soll den Himmelsäquator darstellen, der eine Ausweitung des Erdäquators ist; er verläuft von einem Punkt genau im Osten auf dem Horizont, steigt in einer Kurve im Süden nach oben und trifft wieder auf den Horizont genau im Westen. Die Ebene des Äquators steht natürlich im rechten Winkel zu der Achsenlinie durch die Pole. (Figur 2.5) Wenn wir die täglichen Wege der Sterne hinzufügen, dann scheinen sie sich in Kreisen zu bewegen, deren Ebenen parallel zu der des Himmelsäquators liegen. (Figur 2.6) Auf diese Art zeichnen wir die Situation von außen und wenn wir auf der Erde stehen und umher, sowie aufwärts in den Himmel schauen, haben wir die Erfahrung derselben Sache innerhalb der Kugel.

Jedoch ist es wichtig, sich klar zu machen, dass es keinen geometrischen Weg gibt die genauen Sternenpositionen, wie sie auf einer Kugel erscheinen, in einer Ebene zu reproduzieren. Jede Sternenkarte muß auf eine der vielen Projektionsmethoden auf eine Ebene gegründet sein; die Ebene verfälscht notwendigerweise die Positionen, die von einer Kugel abgenommen werden. Eine Photographie des Nachthimmels ist ein gutes Beispiel dafür, denn die Kamera kann nie die Wahrheit über die Welt, die wir sehen, aussagen. Eine gewöhnliche Photographie von Sternen projiziert ein fixiertes Bild durch einen Fluchtpunkt auf die Ebene des Films und schließlich auf die Buchseite. Aber die Augen sind weder fixiert, noch haben sie nur einen Fluchtpunkt, noch projizieren sie ein Bild auf eine ebene Fläche. Wir haben zwei Augen, die sich bewegen, wenn wir eine Szene betrachten, die sich mit jeder Bewegung von verschiedenen Fluchtpunkten aus neu scharf einstellen und die ihr Bild auf ihre sphärische Gestalt projizieren.

Trotzdem finden wir in Büchern über Astronomie oft Diagramme und Photographien, denen keine Erläuterung beigegeben wird. Stattdessen werden z.B. Photographien reproduziert für die die Kamera etwa in östliche Richtung eingestellt wurde, mit langer Belichtungszeit, die dann entstandene "Sternenbahnen" als Kurven zeigen, die auf beiden Seiten einer Geraden liegen, die die Bahn eines Sterns wiedergeben, der genau im Osten aufgeht (Figur 2.7). Einige Photographien und Diagramme, die dies zeigen, stellen auch fest, dass diese Kurven die Bewegungen seien, die der Beobachter von seiner perspektivischen Position im Zentrum sieht. Aber dies ist nur so für die Kamera oder für eine Projektion auf eine ebene Fläche. Für diesen photographischen Typ der Repräsentation wurde in der Renaissance Pionierarbeit geleistet, von Künstlern, die die lineare Perspektive entwickelten; aber es wurde

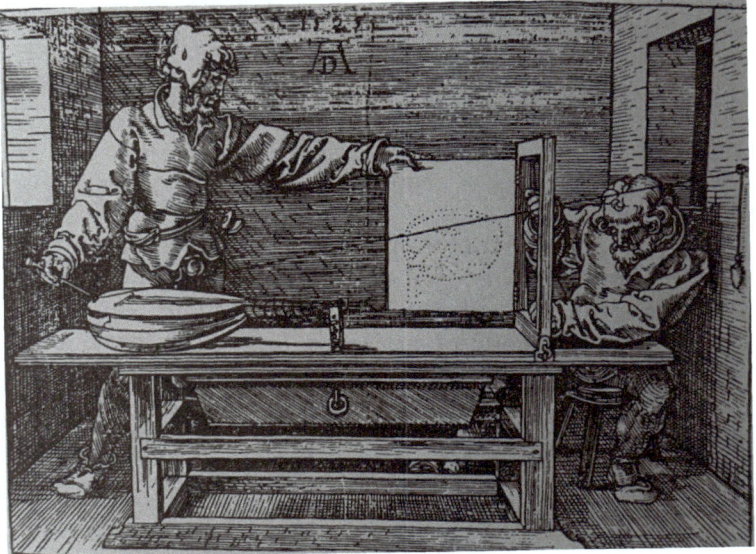

Figur 2.8 Zeichnen einer Laute mit Visierstab und Faden (Holzschnitt Albrecht Dürers)

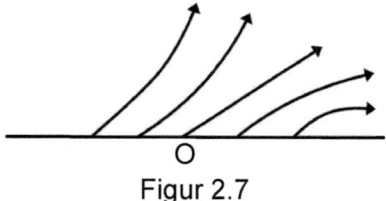

Figur 2.7

erkannt, dass diese geometrische Methode weit davon entfernt war genau wiederzugeben, was man sieht. Damals begann die noch andauernde Auseinandersetzung darum, diese mathematische, photographiemäßige Perspektive in subtilere Methoden aufzubrechen, die dem näher kämen, was das Auge sieht (die subtilere Methode ist synthetische Perspektive genannt worden). Leonardo da Vinci experimentierte mit beiden Typen der Perspektive. Er stellte fest, dass bei dem mathematischen Typ "die Perspektive nichts anderes sei, als das Sehen eines Ortes oder einiger Objekte hinter einem ganz durchsichtigen Glasfenster, auf dessen Oberfläche die dahinter liegenden Objekte gezeichnet werden sollen". Auf, durch ein Fenster gesehene, sich bewegende Sterne angewendet, würde dies die in Figur 2.7 gezeigten Kurven produzieren. Aber er versuchte auch, eine synthetische Perspektive in der Ebene zu entwickeln, die der sphärischen Erfahrung des Auges besser gerecht würde und gründete sie darauf, dass die Lichtstrahlen zwischen Objekt und Auge geometrisch durch eine Kugel geschnitten würden.

Das Problem wird von dem oben zitierten Pirenne folgendermaßen zusammengefaßt:

„Retinabilder erscheinen als ein Glied in der Kette der Vorgänge, die den Prozess des Sehens konstituieren. Es ist nicht dieses Glied, dass die Bilder, photographisch oder anders, duplizieren sollte: sondern die äußerlich sichtbare Welt selbst. Photographien sollen gesehen werden. Die photographische Kamera soll nicht selbst sehen. Konsequenterweise gibt es keinen Grund, warum Photographien die Besonderheiten des Retinabildes nachahmen sollten .... Während Photographien angeschaut werden sollen, sollen es Retinabilder nicht. Die photographische Kamera ist kein Auge."

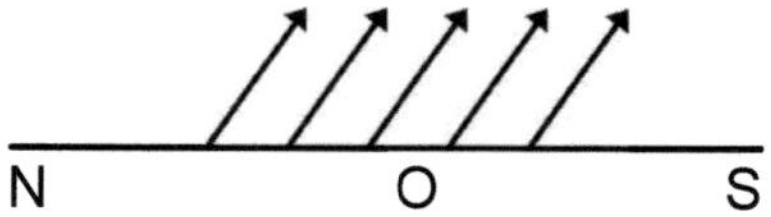

N   O   S

Figur 2.9

Ein Studium der Astronomie sollte nicht nur mit der äußeren Optik verknüpft werden, sondern auch mit der inneren Aktivität des Beobachters. Was wir 'passiv' sehen und was wir aktiv über das Gesehene denken, sind verschiedene Dinge. Zum Beispiel können wir niemals wirklich zwei Parallelen der Länge nach als meßbar gleich entfernt von unserem Standort aus sehen, sondern, wegen unserer Position in Bezug auf sie, sehen wir sie immer als schließlich auf einen Punkt zulaufen - als schauten wir eine Eisenbahnstrecke entlang. Wir sehen die Schienen als zusammenlaufend, aber indem wir dies tun, 'denken' wir sie auch als parallel, sonst hätten sie keine Bedeutung für uns. Wenn wir eine Tasse hochheben, stellen wir uns nicht vor, dass der Rand selbst als elliptischer anfängt, wenn die Tasse auf dem Tisch steht und seine Gestalt verändert, runder werdend, wenn wir sie kippen, um zu trinken. Die Wahrnehmung und der Begriff werden in einer einzigen Erfahrung vereint. Andere Situationen sind abstrakter und führen zu spezielleren Vorstellungen, wie im Falle der Beobachtung von Sonnenstrahlen unter einer Wolke und dem Eindruck, dass sie von einem Punkt (der Sonne) dahinter ausstrahlen, oder bei der Beobachtung eines Radianten von Meteoren, die von einem Punkt am Himmel ausgehen. Beide, Sonnenstrahlen und Meteore, sind, im Lichte weiteren Nachdenkens, tatsächlich parallel. [Man beachte die Funktion der Imagination in diesen Beispielen. Anmerkung des Übersetzers]

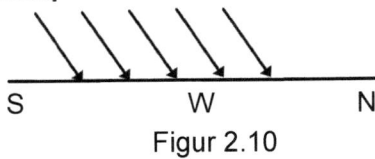

Figur 2.10

Selbst im Falle der mit dem Begriff vereinten Wahrnehmung ist das Sehen aktiv und erfordert das Nachdenken und das Verständnis des Beobachters, wie der Psychologe zugeben wird. Trotzdem, abgesehen von Autoren wie Pirenne, lehnt die Wissenschaft heute die Beschreibungen von Plato, Euklid und anderen frühen Denkern ab, dass das 'Sehen' eine Art Licht erfordere, dass vom Auge des Sehenden ausgehe und sich mit dem Licht, das vom Objekt reflektiert wird, mische. Dieses Licht des Auges könnte als das Denklicht des aktiven Begreifens verstanden werden.

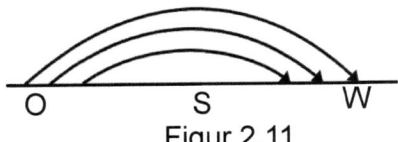

Figur 2.11

Um zu den Sternen"bahnen" zurückzukehren: eine angemessene Weise, die Bewegung der Sterne auf der Ost- und Westseite der Himmelskugel zu repräsentieren, ist, ihre Wege in parallelen Geraden zu zeichnen. Wenn man unter dem Himmel steht, scheinen alle Sternenbahnen tatsächlich zueinander parallel auf Kurven zu laufen, die als Kreise erlebt werden, weil ein Stern immer gleich weit vom Beobachter entfernt scheint. Die Bilder, wie sie in östlicher und westlicher Richtung

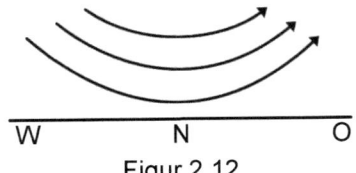

Figur 2.12

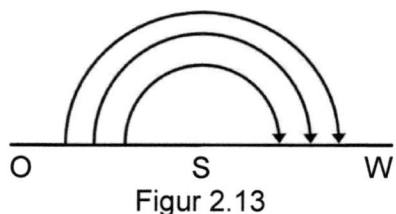

O S W

Figur 2.13

über dem Horizont in mittleren nördlichen Breiten gesehen werden, könnten wie in den Figuren 2.9 und 2.10 gezeigt werden.

Wenn jedoch der Nord- bzw. Südpunkt des Horizonts in das Bild mit aufgenommen wird, wie gezeigt, dann stellt dies etwas dar, was der Beobachter nicht klar in seinem Beobachtungsfeld wahrnehmen kann, wenn er in eine Richtung schaut. Deshalb nimmt eine solche Zeichnung an, dass der Beobachter sich nach links und rechts

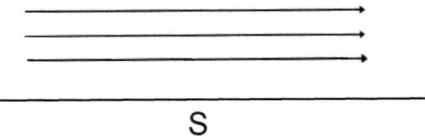

S

Figur 2.14

wendet, um weitere Punkte auf dem ebenen Horizont ins Auge zu fassen. Demgemäß erscheinen die Süd- und Nordseite des Horizonts, wie in den Figuren 2.11 und 2.12. Auf der Ebene der Buchseite sind es ovale Kurven, die hier teilweise bezogen sind auf die Höhe über dem Horizont und, an ihm entlang, die Entfernung zwischen Ost und West. Wir stehen natürlich innerhalb der Ebene von einer von ihnen, dem Himmelsäquator, der sich von Ost nach West erstreckt (Fig. 2.11), aber der Eindruck für das vorstellende Auge unter den Sternen ist nicht der einer Geraden, sondern einer konkav zu uns gebogenen Linie zu der die anderen Bewegungen im Süden 'parallel' sind.

Der Grad der Wölbung würde sich mit dem Breitengrad des Beobachters auf der Erde ändern und wird hier wiedergegeben als kreisförmig, wenn man vom Äquator aus nach Süden blickt (2.13) und sich abflachend zu Breitengraden an den Polen (2.14). *

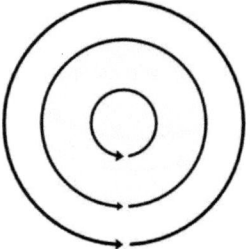

Figur 2.15

32

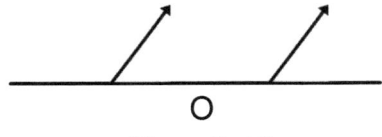

Figur 2.16

Es ist bemerkenswert, dass überall in der nördlichen Hemisphäre die Bewegung der Sterne direkt über dem Horizont immer von links nach rechts verläuft.

Die einzigen wirklichen Kreise, die wir aufs Papier zeichnen können, die dem am nächsten kommen, was wirklich am Himmel in mittleren nördlichen Breiten gesehen wird, sind die Bahnen jener Sterne, die nahe dem nördlichen Himmelspol sind und deshalb nicht auf- oder untergehen. (Fig. 2.15) Hier kann unsere Sichtlinie in oder nahe dem Zentrum, der sich drehenden Sterne sein und eine Photographie oder Zeichnung wird Kreise als Kreise wiedergeben, aber ohne das konkave Element.

Der Unterschied zwischen dem, was tatsächlich am Himmel gesehen wird und dem, was auf einer Ebene wiedergegeben werden kann, ist beträchtlich. Nicht nur die Sternenbahnen sind verändert, sondern auch das Aussehen der Sternbilder. Karten mit verschiedenen Projektionsmethoden geben verschiedene Gestalten der Sternbilder. Aber die Himmelskugel ist ein integraler Bestandteil der primären Phänomene. Die Berechnungen der Sternenpositionen und Planeten des professionellen Astronomen werden ausgehend von diesem Kugelmodell gemacht - sogar die sonnenzentrierten Positionen müssen davon abgeleitet werden. Im nächsten Kapitel werden wir Veränderungen in der Gestalt der Konstellationen erwähnen, die direkt von dem Beobachter unter dem Sternenhimmel beobachtet werden, ohne die Einmischung der Ebene der Buchseite.

Um zur Bewegung in Bezug auf den Horizont zurückzukehren: die schnellste und stärkste Bewegung in dieser Hinsicht ist die der Sterne auf oder nahe dem Himmelsäquator, von denen eine Schar auf beiden Seiten des Ostpunktes (Figur 2.16) aufgeht und auf beiden Seiten des Westpunktes untergeht. Die äquatornahen Sterne sind am schnellsten oder aktivsten insofern, als sie am weitesten reisen müssen, da sie auf dem größten der Sternenkreise der Himmelskugel platziert sind. Eine sanftere und kürzere Bewegung findet man im Süden, als ein Hinwegziehen

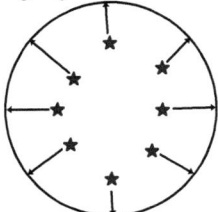

Figur 2.17

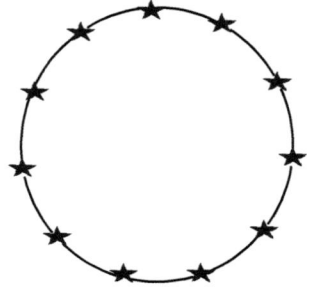

Figur 2.18

über dem Horizont, unterschieden von der Stoßkraft der Ost- und Westbewegungen. Wiederum anders ist das Kreisen der Zirkumpolarsterne, die vom Horizont getrennt und losgelöst bleiben, unabhängig vom Tierkreis und der Erde. Es sind die Sterne auf dem Himmelsäquator und innerhalb des Tierkreises, die das stärkste Gleichgewicht zwischen dem über die Erde Aufsteigen und unter ihr Vorbeiziehen, halten.

Die Sterne scheinen sich also auf einer Himmelskugel zu bewegen, obwohl sie mit Instrumenten als ganz verschieden weit entfernt bestimmt werden können. Ihre Entfernungen können nicht mit dem bloßen Auge bestimmt werden, weil die schwächsten Sterne manchmal die nächsten sind. Wie nah oder entfernt auch immer ein Stern ist, unser Sehvermögen projiziert ihn auf eine riesige, aber nicht unendlich ferne Kugel (Figuren 2.17 + 2.18), denn eine unendliche Kugel wäre außerhalb des sichtbaren Bereichs und würde, gemäß der projektiven Geometrie, zu einer Ebene. Jeder, der in einer klaren Nacht den Himmel anschaut, muß die erstaunliche 'Nähe' der Himmelskugel fühlen. Tatsächlich scheint der sternenerhellte Himmel bei Nacht näher als der blaue Himmel während des Tages. Der klare Tageshimmel zieht den Betrachter nach außen, während der Nachthimmel einschließend wirkt.

Eine Konsequenz davon, dass die Sterne sich auf einer Kugel zu bewegen scheinen, ist, dass jeder einzelne Stern an derselben Stelle am Horizont das Jahr hindurch auf- und unterzugehen scheint. Dies ist ein weiterer Aspekt des Begriffes 'Fixstern', der sich in dem Wort 'Firmament' widerspiegelt. Sie behalten eine feste Beziehung zueinander und zum Horizont bei (Fig. 2.19). Sirius geht immer an einem gewissen

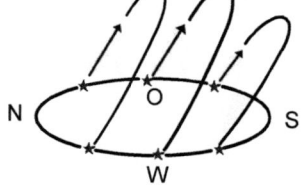

Figur 2.19

Punkt am Südosthorizont auf und im Südwesten unter, - Procyon geht immer nahe der genauen Ostrichtung auf und fast genau im Westen unter, - Castor geht immer im Nordosten auf und im Nordwesten unter.

Ein denkwürdiger Augenblick jedes frühen Abends ist es, zu beobachten, wie der blaue Himmel sich verdunkelt und plötzlich der erste Stecknadelkopf eines Sterns zu sehen ist, der die Nacht ankündigt. Möglicherweise ist es Vega, hoch über uns im frühen Herbst und man erkennt, dass sie schon sichtbar, jedoch ungesehen war, bevor man sie wahrnimmt. Beim ersten Erspähen muß man direkt darauf schauen, jedoch wird sie überraschend leicht erkennbar, wenn man erneut nach ihr schaut.

Man empfindet auch, um wieviel höher sie erscheint, solange sie allein ist, verglichen mit ihrer Erscheinung, wenn ihre Begleiter überall um sie herum herausgekommen sind.

Zu jedwedem Zeitpunkt in einer klaren Nacht auf dem Lande können zwischen 2000 bis 3000 Sterne mit dem durchschnittlich scharfen, bloßen Auge über dem Horizont gesehen werden. Weniger sind in der Stadt sichtbar, aber doch überraschend viele, wenn man sorgfältig schaut, - es bedeutet eine Herausforderung, die hauptsächlichen hellen Sterne zu identifizieren, wenn ihre Nachbarn durch Dunst oder Straßenlampen verborgen sind. Jedermanns Horizont ist verschieden und der Student der Astronomie sollte sich mit den Sternen, die sein Himmel aufweist, bekannt machen und sie persönlich beim Anblick wie vertraute Gesichter kennen. Nichts ist besser zu diesem Zweck als selbst ihre Identität mit Hilfe einer Karte oder Sternenscheibe, die man vorher studiert hat, zu bestimmen.

In seiner Autobiographie "Starlight Nights" hat der angesehene amerikanische Amateurastronom Leslie Peltier erklärt, dass für ihn

"Jeder Stern eine Anstrengung gekost hat. Für jeden gab es eine Zeit des Planens, Beobachtens und der Erwartung. Jeder erinnerte mich an einen Ort, einen Zeitpunkt, eine Jahreszeit. Jeder war jetzt eine Persönlichkeit. Kurz gesagt, die Sterne waren nun meine Sterne geworden."

Um mit der Frage der optischen Eindrücke abzuschließen: der Unterschied zwischen unserem normalen Sehen der irdischen Objekte und dem der Himmelsobjekte liegt darin, dass ersteres im wesentlichen eine perspektivische Erfahrung ist, während letzteres dies nicht ist. Beim irdischen Sehen wird der Blick auf Fluchtpunkte und Linien geführt, wohingegen beim Sehen des Himmels das Auge von diesen Elementen entbunden ist und auf der Kugel lebt. Das Phänomen der Sterne ist deshalb im Wesentlichen zweidimensional und das der irdischen Gegenstände hauptsächlich dreidimensional.

Historisch brauchte der dreidimensionale Aspekt seine Zeit, sich in Kunst und Bewusstsein zu entwickeln, wie die zweidimensionale Darstellung vor der

Renaissance, die dann zu dem Versuch führte, die drei Dimensionen ins Bild zu bringen. Irdisches Sehen stellt sich nicht nur auf das Objekt scharf ein, sondern auch auf die Entfernungsbeziehungen der Objekte, wohingegen das Sehen des Himmels sich auf Objekte einstellt, die sozusagen frei und gleich im Raum stehen, ohne dass der Vergleich der Entfernungen nötig wäre - obwohl das, was einfach 'dahinter' oder 'davor' am Himmel erscheint, später noch betrachtet wird - z.B., wenn die Eklipsen untersucht werden.

Die Darstellungen in den Zeichnungen 2.11 - 2.14 sind nur repräsentativ gewählt, um die jeweiligen geographischen Positionen anzudeuten und stimmen mit keiner bestimmten Projektionsmethode überein.

[Einige Erläuterungen des Übersetzers]

zum Titel:

Das Wort IMAGINATION, so wie es Norman Davidson gebraucht, deutet neben der "fertigen" Vorstellung eben auch auf den Prozess der Vorstellungsbildung. Diese ist in der Astronomie eine nicht zu unterschätzende Größe. Unter den beobachtenden Astronomen ist zum Beispiel das Wort "jedes Instrument hat seinen eigenen Himmel" weithin bekannt. Damit ist gemeint, dass verschiedene Instrumententypen (z.B. Linsenfernrohre, Spiegelfernrohre, etc.) erst bei speziellen Objekten (Planeten, Nebelflecken, etc.) ihre volle Leistungsstärke entfalten können. Dies bedeutet aber auch, dass gleiche Objekte mit verschiedenen Instrumenten durchaus in veränderter Erscheinung beobachtet werden können. Erst recht gilt dies für das menschliche Auge und die photographische Platte. Die bekannten Handzeichnungen von Lord Rosse zum Beispiel zeigen zum Teil andere Einzelheiten als die heute verfügbaren

Photos.

Dass die Aktivität im Sehen für astronomische Beobachtungen eine gewichtige Rolle spielt (und diese auch oder sogar besonders für Fernrohrbeobachtungen) wird jeder Amateurastronom bestätigen können, der unerfahrenen Beobachtern einmal sehr lichtschwache Objekte nahezubringen versucht hat. Wie schnell kann man da, statt eines Begeisterungsrufes, ein lapidares "ich sehe nichts" vernehmen!

Kap.2, Seite 2:

Die Gestalt der abgeflachten Himmelsform ergibt sich auch schon, wenn man die Altägyptische Darstellung des Himmelsgewölbes in Luxor betrachtet. Die Göttin Nut trägt auf ihren Händen das Weltall, einen weiblichen Leib, der sich über die Erde wölbt. Der langgestreckte Rumpf bewirkt dabei zwangsläufig die erwähnte Abflachung.

Zur Physiologie des Auges muß man auch dessen paarweise Organisation zählen. Diese Tatsache erhält bei der Beobachtung mit Instrumenten eine große Bedeutung. Es wird immer wieder hervorgehoben, dass beim beidäugigen Sehen (binokular) die betrachteten Objekte erstens annähernd doppelt so groß und zweitens sogar räumlich gewölbt erscheinen. Letzteres ist sicherlich eine Täuschung, denn das reale räumliche Sehen der menschlichen Augen hört theoretisch bei ca. 240 m auf. Der erste Effekt ist leicht erfahrbar, aber nicht so leicht auf eine Täuschung zurückzuführen, da man ja wirklich mehr sieht.

Kap.2 Seite 17:

Die Anzahl der mit bloßem Auge sichtbaren Sterne entspricht etwa 2000 - 3000 (etwa so viele Menschen kann man vielleicht persönlich kennen). Mit dem Feldstecher sind es bereits 20000 - 50000 Sterne (etwa die Einwohnerzahl eines Stadtbereichs) und mit den größten Teleskopen lassen sich etwa 10 Milliarden Sterne ausmachen (eine Größenordnung, auf die sich die Bevölkerungszahl der Erde zubewegt).

Kapitel 3

Kreisende Sterne

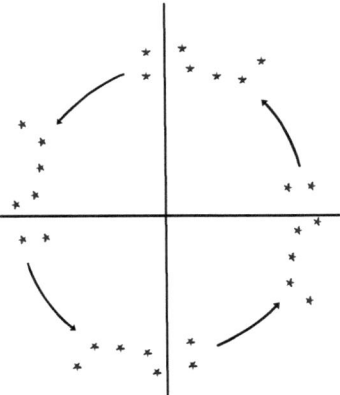

Figur 3.1

Wir sind jetzt in der Lage, gewisse Sternmuster und ihre Bewegungen am beobachteten Himmel visuell und qualitativ zu beschreiben. Zuerst wollen wir uns jenen Sternen zuwenden, die um einen imaginären Mittelpunkt oder Himmelspol zu kreisen scheinen. Das sind die Sterne, die man sieht, wenn man auf der nördlichen Erdhalbkugel nach Norden schaut. Eine Gruppe in dem Sternbild des Großen Bären legt ungefähr alle sechs Stunden ein Viertel eines Kreises zurück (Fig. 3.1).

Man sollte wissen, dass die zwei „Zeigesterne" nicht genau mit dem Himmelspol auf einer Linie liegen. Sie sind auch nicht genau auf einer Linie mit dem sogenannten Polarstern oder Polaris. Der Pol liegt ungefähr zwischen dieser Linie und Polaris (Fig.

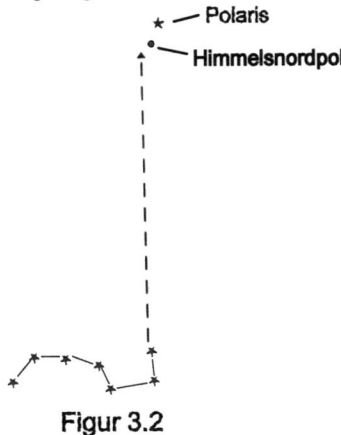

Figur 3.2

3.2). Es gibt keinen normal sichtbaren Stern genau am Pol - tatsächlich bewegt sich der Pol langsam in Tausenden von Jahren in Beziehung auf die Sterne; davon wird später die Rede sein. Der Pol wird Polaris im Jahre 2100 am nächsten sein (im ungefähren Abstand des Monddurchmessers).

Der Himmelsnordpol und der Polarstern spielen in der Geschichte und der Mythologie eine interessante Rolle. Im alten China war diese bewegungslose Region, um die sich alles andere drehte, der Thron eines himmlischen Kaisers, des Gottes Shang-Ti, der hinter den Kaisern der Erde saß, die "Söhne des Himmels" genannt wurden. Tatsächlich schaute der Kaiser nach Süden wie der Polarstern, wenn er einem Untertan eine Audienz gewährte, so dass diejenigen, die ihm begegneten, sowohl den irdischen Thron als auch den Gott am Pol darüber anschauten.

Hier beziehen wir Aspekte von früheren mythologischen Bildern ein, da sie auf einer anderen Ebene ein Bestandteil des "Sehens" der Sterne durch den Menschen sind: desjenigen der Imagination, wie sie aus dem geozentrischen Anblick hervorging. Historisch gesehen, gingen Geschichten und Bilder Hand in Hand mit der Beobachtung der Sterne als ein Ausdruck für die Beziehung des Menschen zum Universum, so dass selbst kürzlich Sterngruppen oder Sternhaufen innerhalb einer größeren Konstellation Namen gegeben wurden wie 'Teekessel' (im Schützen) oder 'Schlußstein' (im Herkules). Frühere Beispiele sind der 'Pflug' oder der 'Große Wagen' und das 'Nördliche Kreuz' (im Schwan).

Die Namensgebung in dieser Art konstruiert ein Muster in einem Sternengebiet und bezieht es auf irgendein bekanntes irdisches Objekt. Auf diese Art haben jedoch die alten Völker wahrscheinlich nicht angefangen, die tatsächlichen Sternbilder zu benennen. Ihr Bild von dem, was am Himmel in einem bestimmten Gebiet stand, war gewöhnlich eine reine Imagination und ein Sternenmuster bestimmte nicht ihren Umriß. Zum Beispiel scheint es, dass gewisse frühe Namen für Tierkreisaufteilungen sich auf einzelne Sterne bezogen, so dass ein Stern das gesamte Gebiet repräsentierte, unser Stern 'Hamal' stand bei den Babyloniern für den Widder; oder dass frühe Texte den Stier meinen, wenn 'Pleiaden' oder 'Hyaden-Aldebaran' dasteht. Der Kreiszodiak an der Decke eines ägyptischen Tempels in Dendera zeigt Tierkreisfiguren, die Himmelsgebiete markieren, - später haben mittelalterliche europäische Maler die Gebiete der Konstellationen mit ihren künstlerischen Eindrücken von Geschöpfen und Gestalten ausgefüllt, wobei die Sterne darin eingebettet waren.

Auf der anderen Seite ist es ein natürlicher und nützlicher Schritt, Sterne durch Linien zu verbinden, so dass Muster entstehen, um sich bei der Wiedererkennung zu behelfen, angesichts Hunderter von Lichtpunkten, die sich dem Beobachter darbieten; vorausgesetzt er trivialisiert die Phänomene nicht, indem er Witzfiguren daraus macht. Man sollte sich auch bewußt werden, dass die Sterne von verschiedenen Völkern der Vergangenheit und Gegenwart zu verschiedenen Mustern verbunden wurden.

Was die Benennung von Sterngruppen in der neueren Geschichte angeht, schlug Erhard Weigel, ein deutscher Professor aus dem 17. Jahrhundert und Lehrer von Leibniz, einen Plan zur Aufteilung vor, indem die Konstellationen die Wappen der herrschenden Familien in Europa bildeten. Im selben Jahrhundert erstellten zwei deutsche Rechtsanwälte, Bayer und Schiller, einen "Christlichen Himmel", der nicht nur die Konstellationen, sondern auch die Planeten neu benannte, so dass Saturn Adam und Jupiter Moses usw. genannt wurden. Weniger weit zurück, im Jahre 1944, veröffentlichte der englische Autor und Politiker A.P. Herbert ein kleines Buch und eine Karte genannt "Ein besserer Himmel", auf der der Große Bär zu Großbritannien

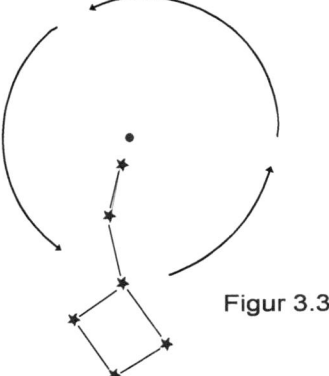

Figur 3.3

wurde mit den Zeigesternen als Shakespeare und Caxton; Kassiopeia wurde zu den Vereinigten Staaten mit zweien seiner Sterne als Tom Jones und Roosevelt, etc.

Von Beobachtern in frühen Zivilisationen jedoch wurden die Sterne wahrscheinlich in Bezug auf ihre Positionen und Qualitäten von Licht und Bewegung betrachtet und dann imaginativ erlebt. Zum Beispiel waren sechs Sterne in dem heutigen Kleinen Bären in klassischer Zeit als die Kreisenden, Springer oder Tänzer um den Himmelspol bekannt (Fig. 3.3). Die Ägypter nannten die Zirkumpolarsterne, die nie untergehen, die "Unvergänglichen" und die "Ruderer des Schiffes von Ra" - dem Sonnengott. Sie wurden dargestellt als Schwalben, die über dem Himmelsbaum hin und wider flogen, indem sie sich von seinen unsterblichen Früchten ernährten und deshalb nie starben oder untergingen. Dieser Bezirk des Himmels war es auch, zu dem die Pharaonen nach ihrem Tod gingen. Ändere ägyptische Schriften gaben dem von uns so genannten Kleinen Bären den Namen Schakal und brachten ihn und den Großen Bären mit dem Tod in Beziehung: sie waren Verschwörer bei der Ermordung des Osiris und der Polarstern repräsentierte seinen Sarg.

In Indien erzählt eine Geschichte, dass der Polarstern dort sei, wo der Prinz Druva säße und so intensiv meditiere, dass das gesamte Universum sich um ihn drehe.

Wir können uns jetzt einem weiteren Blick auf die Zirkumpolarsterne zuwenden, so wie sie von ungefähr 52 Grad nördlicher Breite von der Erde aus gesehen werden. Wir können ihre Beziehungen vereinfachen mit Hilfe von Kreisen, die wir uns auf der Kugel des beobachteten Himmels vorstellen. Eine Art von Kreisen, die konzentrisch zum Pol verlaufen, ist eine Anzeige der Deklination (Winkelabstand) zwischen dem Himmelsäquator und dem Pol. Die zweite Art geht durch den Pol und mißt die Distanz, die sich der Himmel um den Pol in Stunden dreht. Sie werden Stundenkreise genannt. Jeder vollführt eine vollständige Drehung um den Pol in einem Sternentag. Die Länge eines Sternentages ist die Zeit, die ein Stern braucht, um einen Umgang um den Pol zu vollenden; sie beträgt etwas über 23 Stunden und 56 Minuten. Dieser ist ungefähr 4 Minuten kürzer als ein durchschnittlicher Sonnentag, der für unsere Uhrzeit benutzt wird.

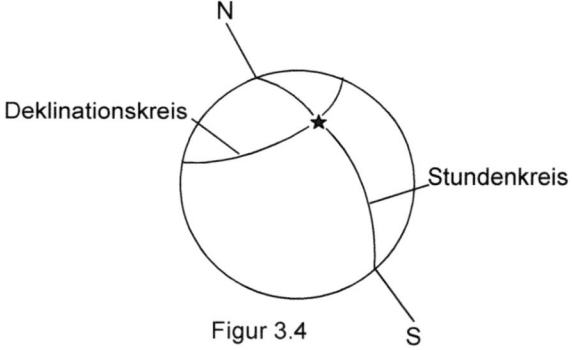

Figur 3.4

Beide Arten von Kreisen zusammen bilden ein Koordinatensystem, um die Sternenpositionen zu bestimmen in Bezug aufeinander und auf den beobachteten Himmel (Fig. 3.4). Dieses System können wir im Besonderen benutzen, um die Sternpositionen am Nordhimmel abzubilden. Indem wir diese Region auf die Ebene einer Seite projizieren, erhalten wir eine elementare Karte (Fig. 3.5). Die Deklinationskreise parallel zum Himmelsäquator bleiben Kreise in der Erscheinung, während die 24 Stundenkreise durch den Pol als Geraden in der Draufsicht erscheinen.

Ein Teil der Himmelskugel, die sich vom Horizont bis über den Kopf und rechts und links vom Betrachter wölbt, ist zu einer Ebene abgeflacht. Die 'Geraden' sind in Wirklichkeit konkav durch den Pol gebogen, wie die Speichen eines Regenschirms. Dies ist der Himmel in Nordrichtung geschaut und abgebildet für 19 Uhr am 1. Oktober auf der geographischen nördlichen Breite von 52 Grad.

Der Stern Deneb in dem Sternbild Schwan ist fast direkt über uns. Der Große Bär bewegt sich abwärts gegen seinen tiefsten Punkt gerade über dem Horizont, wo er um Mitternacht desselben Tages (1. Oktober) ankommen wird. Da sich die Sternenkugel bei einer Umdrehung 4 Minuten schneller dreht als die Sonne an einem

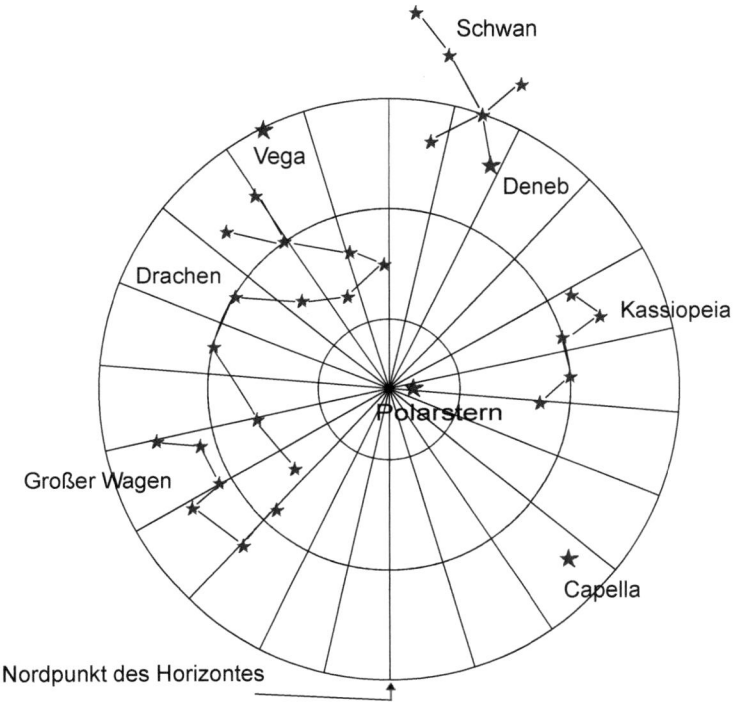

Schwan

Vega

Deneb

Drachen

Kassiopeia

Polarstern

Großer Wagen

Capella

Nordpunkt des Horizontes

Figur 3.5

Tag, wie oben erwähnt, rutscht die Kugel gegen den Uhrzeigersinn jeden Sonnentag weiter und es wird eine Zeit im Jahr geben, wenn, zum Beispiel, der Stern Vega in dem Sternbild der Leier, um Mitternacht unten am Nordpunkt des Horizontes sein wird oder gerade darunter (Ende Dezember).

Die Sterne des Großen Bären oder Urs Major sind mit diesem Tier in alten Zeiten von weit auseinander liegenden Völkern in Verbindung gebracht worden. Diese Wahrnehmung desselben imaginativen Bildes für eine bestimmte Himmelsregion in verschiedenen Kulturen ist verbreitet bei der Benennung der Sternbilder. Die frühen Babylonier sahen Urs Major als einen Bären, wie auch die nordamerikanischen Indianer, obwohl zu bemerkt ist, dass die Sternanordnung noch nicht einmal einem solchen Wesen ähnelt. Aristoteles erklärte dies, indem er sagte, dass der Bär das Tier sei, das die Kälte und Einsamkeit des Nordens bewohnen könne.

Auf der anderen Seite des Pols vom Großen Bären aus steht (oder besser sitzt) Kassiopeia oder die 'Dame im Stuhl', wie das Sternbild von den griechisch beeinflußten Arabern genannt wurde. Nach der griechischen Mythologie war sie die Königin des Königs Cepheus von Äthiopien. Sie brüstete sich damit, dass sie die

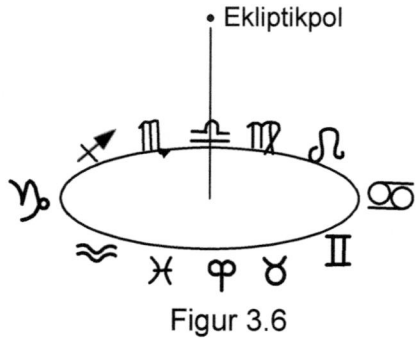

Figur 3.6

schönste Frau auf der Erde und im Himmel sei, schöner selbst als die Wassernymphen. Neptun wurde darüber ärgerlich und nahm Rache, indem er das Ungeheuer Cetus schuf, um Äthiopien zu plagen, was dazu führte, dass Kassiopeias Tochter Andromeda an einen Felsen gekettet und später von Perseus gerettet wurde. Kassiopeia wurde ein Sitz am Himmel gegeben, welcher sich jedoch, demütigenderweise auf den Kopf stellt, wenn er sich Tag und Nacht um den Pol schwingt. Man sagte auch, dass dies das Sternbild sei, welches die Ägypter Bein oder Oberschenkel nannten, das zusammen mit dem, welches wir heute den Großen und Kleinen Bären nennen, ein Verschwörer gegen Osiris war.

Zwischen den beiden Bären zieht sich das alte Sternbild des Drachen, der einen Teil seiner Länge um den Pol des Tierkreises windet, der später besprochen werden soll. Wenn wir die Tierkreissterne für einen Augenblick durch Zeichen darstellen, (Fig. 3.6) können wir uns vorstellen, dass sie einen Himmelspol besitzen, der jedoch nicht mit dem schon beschriebenen Nordpol (des Himmelsäquators) identisch ist. Details beiseite lassend kann man sagen, dass dieser Tierkreis-(Ekliptik)pol ein wichtiger Punkt auf der Himmelskugel ist und der Drache schlängelt sich um ihn herum. Es gibt viele Legenden über diesen Drachen. Eine aus Griechenland beschreibt ihn als den Wächter der Sterne, die als goldene Äpfel am Polbaum im Garten der Finsternis hängen. Zu einer anderen Zeit erzählten die Griechen, dass er von Athene in einer Schlacht gegen die Sternenkugel geschleudert wurde und an der Himmelsachse hängengeblieben sei. In Ägypten war der Drache Typhon oder eine von Typhons Gestalten: das Nilpferd oder das Krokodil.

Der Stern Vega an der Oberseite der Fig. 3.5 steht in dem Sternbild der Leier oder Harfe, die Orpheus benutzte, um Pluto, den König der Unterwelt, zu bezaubern und die Befreiung seiner gefangenen Braut zu erreichen. Dieses Sternbild wurde auch beschrieben als einer der Vögel gegenüber Herkules, während die Araber es den 'herabstoßenden Adler' und den Stern Vega den 'fallenden Geier' nannten. Vega ist der hellste Stern in der Nordhälfte der Himmelskugel und hat eine bläuliche

Figur 3.7

Farbschattierung.

Solcherart ist also eine Beschreibung einiger Bewegungen und Erscheinungen in gewissen Teilen des beobachteten Himmels. Eine letzte interessante Wirkung sollte erwähnt werden - die sich verändernden Gestalten und Größen der Sternbilder sind abhängig davon, in welchem Teil des Himmels sie gesehen werden (Fig. 3.7). Auf den ersten Blick mag dies seltsam oder unwahrscheinlich erscheinen, aber es stimmt mit der wohlbekannten "Mondillusion" zusammen, bei der der Mond, nahe am Horizont gesehen, größer erscheint als wenn er hoch oben ist. Photographien

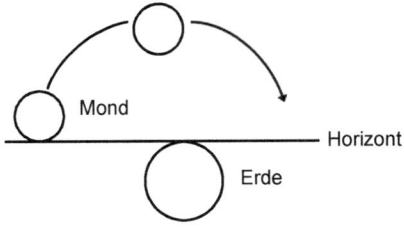

Figur 3.8

zeigen, dass der Mond in beiden Positionen gleich groß ist - und, genau genommen ist der Mond sogar fast einen Erdradius näher an der Erde, wenn er hoch oben ist, als in Horizontnähe (Fig. 3.8). Viele Erklärungen der "Illusion" sind im Laufe der Zeitalter vorgeschlagen worden. Der Astronom Ptolomäus (im 2. Jh. n.Chr.) legte nahe, dass jegliches Objekt durch ausgefüllten Raum gesehen, wie der Mond über die Landschaft bis zum Horizont, als weiter entfernt wahrgenommen wird als ein Objekt, das genauso weit weg ist, aber durch leeren Raum gesehen wird, so wie der Mond am Zenit. Wenn die Bilder dieser Objekte im Auge tatsächlich gleich groß sind, wird das weiter entfernt scheinende größer wirken.

Eine andere Theorie wurde vor ungefähr 40 Jahren nach Experimenten an der Harvard Universität aufgestellt. Diese behauptete, dass die scheinbare Größe von Objekten abhinge von der Blickrichtung, z.B. verringere das Augen nach oben richten die Größe von Gegenständen.

Dies wurde jedoch 20 Jahre später widerlegt durch weitere Forschungen an der Yeshiva Universität, die durch sorgfältige Tests feststellten, dass von einer liegenden Position aus direkt in Richtung Zenit schauend, die Illusion erhalten bleibt, der Zenit-Mond sieht auch dann kleiner aus. Aber die Illusion verschwindet, wenn der Horizont verwischt wird und man den Mond direkt geradeaus in der Horizontalen schaut und sie verschwindet auch, wenn ein künstlicher Horizont zu dem Zenit-Mond hinzugefügt wird und der Beobachter auf dem Rücken liegend geradeaus nach oben schaut.

Dies zeigte, dass die scheinbare Horizontentfernung mit diesem Effekt zusammenhängt, was die Annahme des Ptolomäus erhärtet. Das sollte nicht mit einer anderen Theorie verwechselt werden, die sagt, dass der Horizont-Mond größer erscheint, weil er zusammen mit weit entfernten Objekten wie Häusern, Bäumen usw. gesehen wird und vergleichsweise groß erscheint.

Diese Theorie kann keine befriedigende Erklärung sein, weil der Mond auch größer erscheint, wenn er tief über dem Meer oder über einem flachen konturlosen Horizont steht. Die Experimente zeigen, dass die scheinbare Entfernung des Horizontes das Wichtige ist - je weiter entfernt man ihn empfindet, desto größer scheint der Mond. Dieser Eindruck von verschiedenen Entfernungen entsteht auch, interessanterweise, in einem Planetarium, wo der Mond über dem künstlichen Horizont größer aussieht als der über dem Betrachter. Also hat der Effekt mit der inneren Raumerfahrung des Menschen zu tun.

Diese Darstellung der Mondillusion ist von Interesse im Lichte der Unterscheidung zwischen 'irdischem' und 'himmlischen' Sehen vom Ende des 2. Kapitels. Es stimmt zusammen mit Ptolomäus Lösung, wenn man sagt, dass das Sehen über eine Landschaft hinweg einen perspektivischen Eindruck hervorruft und dies vergrößert die scheinbare Größe des Mondes, weil die Perspektive den Blick in die Entfernung trägt. Dieser Eindruck fehlt auf der zweidimensionalen Himmelskugel.

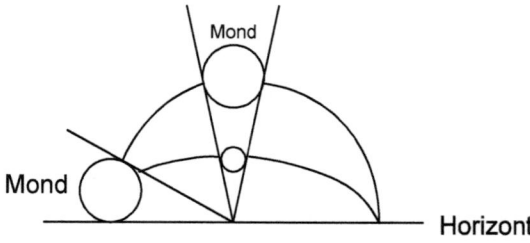

Figur 3.9

Tatsächlich verschwindet der Eindruck der Übergröße, wenn der Horizontmond mit nur einem Auge angeschaut wird. Der die Seiten mit einbeziehende seitliche dreidimensionale Blick mit beiden Augen ist durch das eine Auge zu einem zweidimensionalen geworden und da der senkrechte Aufblick auf die Kugel zweidimensional ist, sehen beide Monde gleich groß aus. Der Horizontmond sieht auch kleiner aus, wenn er auf einem Spiegel (eine zweidimensionale Oberfläche), durch eine Röhre oder durch ein kleines Loch in einem Stück Pappe gesehen wird.

Es wird auch versichert, dass die Menschen den Horizontmond näher 'sehen' - möglicherweise, weil er größer erscheine. Aber ihr unterbewußtes Bild muß sein, dass der Horizont weiter weg ist als der Punkt über dem Betrachter auf der Himmelskugel. Dies stimmt mit Ptolomäus Ansicht überein und legt nahe, dass unser unterbewußtes Bild des Himmels eine an der Spitze abgeflachte Kuppel (oder die Hälfte einer abgeflachten Kugel) ist. Experimente, die dies unterstützen, gehen zurück auf Nachforschungen des englischen Mathematikers Robert Smith im Jahre 1738. Die meisten Menschen zeigen in eine Richtung beträchtlich unter 45° vom Horizont aus, wenn sie aufgefordert werden, eine Linie genau zwischen Horizont und Zenit anzudeuten. Ein Schnitt durch diese abgeflachte Kuppel ist nicht unähnlich dem Blickumfang in Figur 2.2 und gleicht auch der Form des oberen Teils des menschlichen Hauptes. Der Effekt, den die Kuppel bei verschiedenen Höhen auf die scheinbare Größe des Mondes hat, wird in Figur 3.9 veranschaulicht, wobei der Durchmesser in Bezug auf den Blickwinkel für den Betrachter derselbe bleibt und der "entfernte" Mond am Horizont größer erscheint.

Ein ähnlicher Effekt ist auch wirksam bei der scheinbaren Größe und Gestalt der Sternbilder. Ein gutes Beispiel ist der große Bär, der kleiner zu werden scheint, wenn er sich aufwärts von der Position „gerade über dem Horizont" bis zu der „hoch über dem Pol" wendet. Etwas Ähnliches wird hervorgebracht durch die stereographische Methode der Projektion, die für manche Sternenkarten gebraucht wird, die den Effekt mehr zufällig als absichtlich wiedergeben, weil, wie vorher erwähnt, keine ebene Karte die positionalen Beziehungen, die auf einer regelrechten Kugel auftauchen, wiedergeben kann.

Um zu der Frage der Drehbewegung zurückzukehren - trotz unseres modernen technischen Wissens der Bewegungen des Sonnensystems, ist es wichtig, die Tatsache zu würdigen, dass eine sich drehende Erde den Effekt einer sich drehenden Kugel um die Erde herum erzeugt. Diese Wirkung sollte man nicht beiseite schieben. Sie ist ein integraler Bestandteil des beobachteten Himmels und umfaßt und vereinigt die anderen Bewegungen der Sonne, des Mondes, der Planeten usw. Sie ist schneller als die anderen scheinbaren Bewegungen und gibt das Element ab, in dem sie schwimmen - mit oder gegen seine Gezeiten. Sie hat ihren einfachsten und reinsten Ausdruck in dem Kreisen der nördlichen Sterne rund um den Thron des Himmelspols.

Kopernikus selbst, mit seinem qualitativen Begriff des Sternenreiches, beginnt das erste Kapitel seines Hauptwerkes über Astronomie "Über die Bewegung der Himmelssphären" mit den Worten:

„Zuerst müssen wir bemerken, dass das Universum kugelförmig ist, entweder, weil die Kugel die vollkommenste aller Formen ist, die keine Verbindung braucht, ein integrales Ganzes oder weil sie die geräumigste ist, welche am angemessensten ist, da sie alle Dinge enthalten und bewahren soll; oder weil die perfektesten Teile des Universums, ich meine die Sonne, Mond und Sterne in dieser Form wahrgenommen werden oder weil alles danach strebt, diese Form anzunehmen, was in den Wassertropfen und anderen flüssigen Körpern augenscheinlich wird, wenn sie ihre natürliche Form annehmen. Es sollte deshalb keinen Zweifel geben, dass diese Form den Himmelskörpern bestimmt ist."

Selbst unter quantitativem Gesichtspunkt stellt sich der moderne Astronom eine Kugel vor, worauf er die Sterne anordnet, bevor er alles andere davon ableitet. Denn die Sterne verhalten sich gemäß ihren Gesetzen vor allem, als ob sie auf einer Kugel wären. Eine Himmelskugel bleibt die beste Sternenkarte.

Kapitel 4

Sterne, die auf- und untergehen

Der Horizont ist eine dynamische Schwelle von Ereignissen, an der nicht nur die Größe der Dinge zu wachsen scheint, wie im letzten Kapitel besprochen, sondern, an der das Drama von Erscheinen und Verschwinden stattfindet.

Ein Himmelsobjekt zu beobachten, wenn es auf- oder untergeht, bedeutet eine Beziehung mit ihm einzugehen, welche deutlich anders ist, als die mit einem Objekt hoch über uns. Sie ist von der Art des jemanden Treffens oder Verabschiedens, im Unterschied zu dem Kontakt in der Zwischenzeit. Zudem trifft uns ein Objekt nahe am Horizont auf der Ebene unseres normalen horizontalen Sehens, wodurch die Beziehung direkt und unmittelbar ist. Wenn wir unseren Blick aufwärts wenden müssen, gegen die Schwerkraft, ändert sich die Beziehung - der Stern oder Planet betritt seine eigene himmlische Sphäre und herrscht dort. Aufgehen und Untergehen sind wie Geburt und Tod und das damit verbundene Begrüßen und Verabschieden. Am Äquator der Erde gehen alle Sterne durch Geburt und Tod, während an den Polen ein ewiges Kreisen stattfindet.

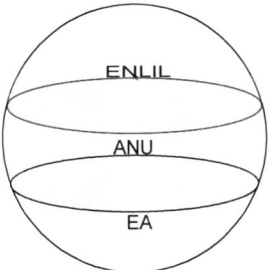

Figur 4.1

Die Babylonier unterteilten die Himmelssphäre in drei Teile nach ihren Göttern Enlil, Anu und Ea (Figur 4.1). Der obere Teil der Sphäre vom Nordpol bis zu 4/5 nach unten, Richtung Äquator, wurde dem Luftgott Enlil zugeteilt, der Himmel und Erde geschieden hat; das mittlere Band der Sphäre auf beiden Seiten des Äquators wurde dem Himmelsgott Anu zugeteilt; und der untere Teil bis zum Südpol wurde Ea, dem Gott von Erde und Wasser, zugeteilt. Diese waren die drei himmlischen Wege. Die Sonne auf ihrem jährlichen Weg verbrachte deshalb drei Monate oder eine Jahreszeit in jeder himmlischen Region (Figur 4.2)

Im letzten Kapitel behandelten wir die babylonische Region von Enlil, indem wir die zirkumpolaren Sterne beschrieben, wie sie von 52 Grad nördlicher Breite aus gesehen werden. Die ganze Region von Enlil umfasst die zirkumpolaren Sterne bei ungefähr 73 Grad Nord, da nach Norden reisen, den Pol über den Horizont erhebt

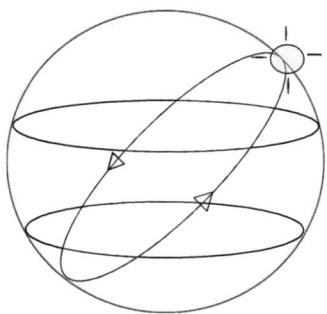

Figur 4.2

und den Teil der Sphäre vergrößert, der in zirkumpolarer Weise kreist, ohne auf- oder unterzugehen. Jetzt schauen wir von mittleren nördlichen Breiten gesehen auf die Sterne, die auf- und untergehen, die das mittlere Drittel der Himmelssphäre oder das Reich von Anu einschließen.

Im Zentrum dieses mittleren Bandes verläuft der Himmelsäquator, mit den Tierkreissternen, die in einem Winkel dazu stehen. Die Tierkreissterne sind jene, die nahe dem jährlichen Weg der Sonne oder der Ekliptik liegen. Die Ekliptik ist deshalb geneigt in Bezug auf den Weg ihrer eigenen Bewegung auf der Sphäre an einem Tag (Figur 4.3). Alle täglichen Bewegungen auf der Sphäre sind ‚parallel' zu dem Himmelsäquator

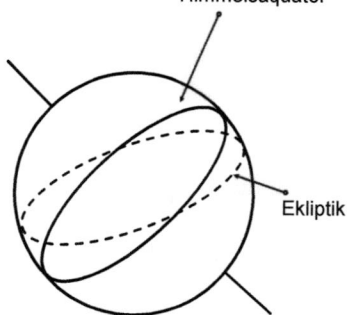

Figur 4.3

Himmelsäquator. Die beste Demonstration der resultierenden schaukelnden Bewegung im Verlauf von 24 Stunden gelingt mit einem Himmelsglobus, aber ein Hinweis kann hier gegeben werden mit vier ihrer Positionen wie in Figur 4.4.

Verschiedene Beziehungen ergeben sich zwischen der Ekliptik und den Positionen auf der Sphäre. Eine davon ist die, die sich im Verlauf von 24 Stunden mit dem Horizont ergibt, wenn man nach Süden schaut. In Perioden von sechs Stunden erscheint die Ekliptik (kurze Abschnitte sind durch Geraden dargestellt) wie in Figur 4.5.

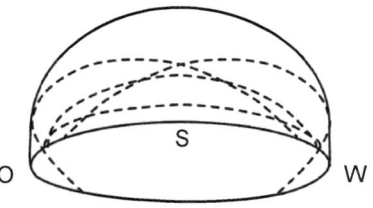

Figur 4.4

In 24 Stunden webt die Ekliptik um den Horizont und den Himmel; ihr Schnittpunkt mit dem östlichen Horizont zum Beispiel erscheint im Nordosten, Osten, Südosten und wieder zurück. In Abschnitten von sechs Stunden wird die Beziehung der Ekliptik mit dem östlichen Horizont und dem Äquator (gebrochene Linie) in Figur 4.6 gezeigt und seine Beziehung zum westlichen Horizont in Figur 4.7. Die Ekliptik variiert zwischen einer Kurve zu einem bestimmten Zeitpunkt von Nordosten nach Südwesten, Osten nach Westen, Südost nach Nordwesten und wieder von Ost nach West; ihr Bogen an einer genauen Ost-West Position verläuft in einer Kurve über dem Himmelsäquator und an der anderen Ost-West Position liegt die Kurve darunter.

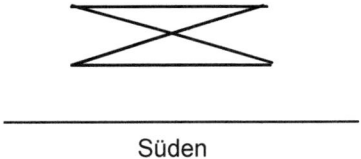

Süden

Figur 4.5

Diese Beziehungen zu verbildlichen ist wesentlich, um die Erscheinungen von Sonne, Mond und den Planeten bei ihren Aufgängen, Untergängen und täglichen oder nächtlichen Reisen zu verstehen. Diese Bewegung der Ekliptik drückt natürlich auch die Bewegung der Tierkreissterne, die nahe bei ihr liegen, aus. Dies erlaubt uns, die verschiedenen Teile des Tierkreises zu charakterisieren, was die Bewegung nahe am Horizont angeht. In Figur 4.8 wird die Konstellation, die entlang jenes Teils der Ekliptik liegt, angedeutet durch Linie (a), parallel zum Himmelsäquator (gebrochene Linie) aufgehen und hoch oben vorbeiziehen. Die Konstellationen entlang den Linien (b) und (c) werden nahe zum Himmelsäquator aufgehen und seiner Kurve folgen. Die Konstellation entlang der Linie (d) wird flach über dem südlichen Horizont und unter dem Himmelsäquator vorüberziehen.

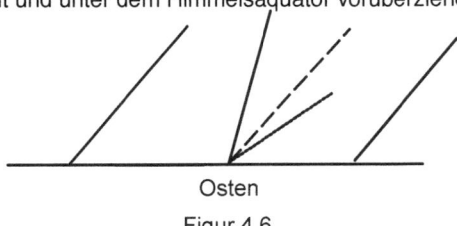

Osten

Figur 4.6

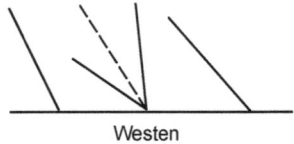

Westen

Figur 4.7

Sterne an der Linie (a) ziehen über Kopf vorüber von einem Breitengrad auf der Erde von 23,5 Nord aus gesehen, diese Parallele des Breitengrades wurde Wendekreis des Krebses genannt und zwar aus folgendem Grund: In früheren Zeiten, als die Sonne in der Konstellation des Krebses stand, war sie mittags am Breitengrad 23,5 Grad Nord über Kopf. Aber die Sterne bewegen sich über Hunderte und Tausende von Jahren in Bezug auf unsere Koordinaten und heute ziehen die Sterne des Zwillings über den Wendekreis des Krebses.

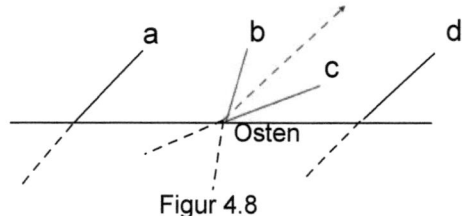

Figur 4.8

Also liegt die Konstellation der Zwillinge parallel zum Himmelsäquator (Linie (a) in Figur 4.8) so wie die Konstellation entlang der Linie (d). Der Unterschied ist, dass die Konstellation entlang der Linie (d) flach über dem südlichen Horizont vorüberzieht und in alten Zeiten führte dies zur Benennung des Wendekreises des Steinbocks. Heutzutage ziehen die Sterne des Schützen über Kopf bei der geographischen Breite von 23,5 Grad Süd.

Man wird bemerken, dass während die Linien (a) und (d) parallel zum Himmelsäquator verlaufen und jede denselben Winkel mit dem Äquator bildet, sind die Linien (b) und (c) nicht parallel zum Äquator und jede bildet einen anderen Winkel mit dem Horizont. Diese Faktoren bestimmen wie schnell oder langsam eine Konstellation braucht, um aufzugehen. Das Ergebnis ist, dass die am schnellsten und am langsamsten aufgehenden Konstellationen diejenigen sind, die nahe dem Schnittpunkt von Ekliptik und Äquator (Linien (b) und (c)) liegen - der Wassermann und die Fische sind die schnellsten, der Löwe und die Jungfrau die langsamsten. Die anderen Konstellationen haben beim Aufgehen mittlere Geschwindigkeiten (Figur

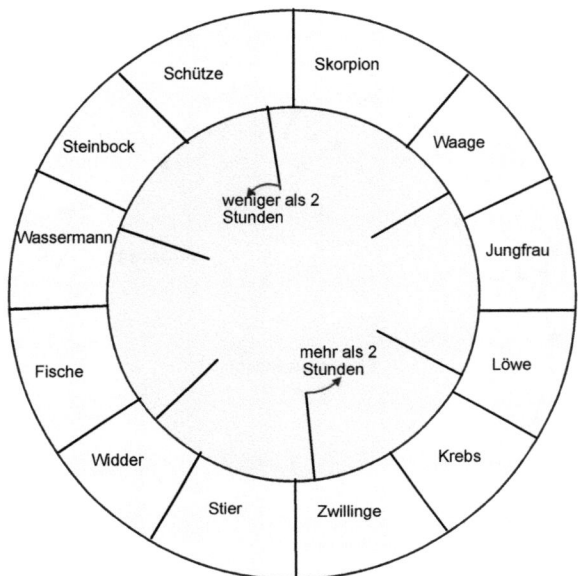

Figur 4.9 Geschwindigkeiten der sichtbaren Sternenkonstellationen des Tierkreises

4.9).

Wieder ist es am besten, diese Bewegungen auf einem Himmelsglobus oder einer Planisphäre zu verfolgen, um zu sehen, wie der Winkel zwischen Tierkreis und

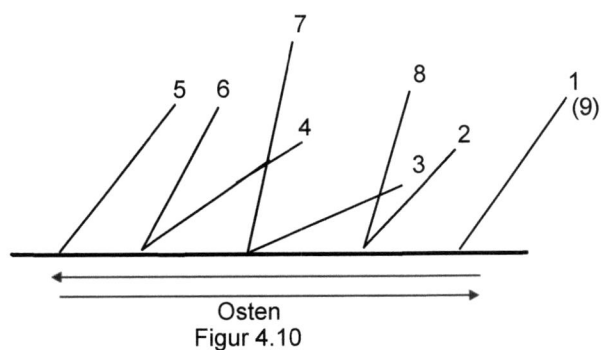

Osten
Figur 4.10

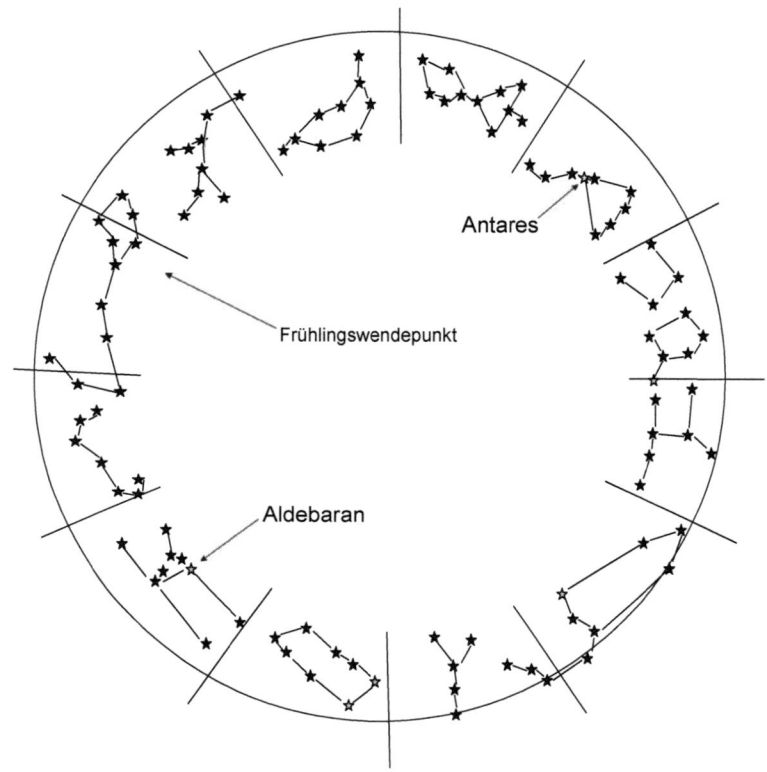

Horizont und Äquator sich bei seinem Aufgang über 24 Stunden verändert (Figur 4.10). Kopernikus erfasste diese Winkel zum Horizont in Tabellen in seiner Beschreibung der Phänomene in dem Buch ‚Über die Umwälzungen der Himmelssphären', deren Winkel zum Ausdruck bringen, wie die Erde sich um eine Achse dreht, die zur Ekliptik geneigt ist.

Die verschiedenen Geschwindigkeiten der Aufgänge bilden eine qualitative Beziehung zwischen Tierkreis und Erde in Bezug auf die ‚Ankunft' der Objekte über dem östlichen Horizont. Imaginativ betrachtet, könnte man die Geschwindigkeiten als Farben sehen, wobei die schnell aufgehenden zur roten Seite des Spektrums neigen und die langsamen Aufgänge zur blauen Seite. Man könnte sich einen Farbenbogen um den Tierkreis herum vorstellen, der die Dynamik der aufgehenden Konstellationen zum Ausdruck brächte. Der Frühlingswendepunkt, der den Anfang des Zeichens Widder markiert (nicht die Sternenkonstellation des Widders - siehe Kapitel 5) würde in dem am schnellsten aufgehenden Teil stehen und mit Rot korrespondieren und der gegenüber stehende Herbstwendepunkt mit Violett. Wenn das gewöhnliche Farbspektrum (der Regenbogen) zwischen diesen Zeichen ausgebreitet würde, korrespondierte zum Beispiel die Sommersonnenwende mit Grün. Die Wintersonnenwende könnte dann eine andere Serie von prismatischen Farben aufnehmen, die diesmal aus einem dunklen Hintergrund hervorgingen (siehe Goethes Theorie der Farben), die Wintersonnenwende Pfirsichblüt oder Rubin-Magenta. Dies würde einen Kreis von 12 Farben ergeben, der einen vollständigen Raum von prismatischen Farbschattierungen ergäbe, aus hell und dunkel hervorgehend, so wie es Tag und Nacht und die Jahreszeiten tun und er würde ein Bild von der Geschwindigkeit der Tierkreisaufgänge geben - mit dem dynamischen Rot als dem schnellsten, den dunklen Farben als den langsamsten und den mittleren Farben für die mittleren Geschwindigkeiten. Die Tierkreis-Abschnitte zwischen diesen vier Hauptpunkten würden den Übergang zeigen von, sagen wir, schnell zu langsam oder hell zu dunkel und dabei illustrierten sie ihren Charakter in Bezug auf den östlichen Horizont.

Man kann auch unterscheiden zwischen Konstellationen, die sich an die Erde klammern bei ihrem langsamen Aufgehen und jenen, die bereitwillig im Osten aufsteigen. Die Sterne vom Löwen und der Jungfrau brauchen fast drei Stunden um aufzugehen, während jene des Wassermanns und der Fische weniger als eine Stunde brauchen. In früheren Zeiten wurde der Teil des Tierkreises, der im Aufgang war als besonders wichtiger Aspekt des Horoskops angesehen - tatsächlich wurde der aufgehende Abschnitt überhaupt ‚Horoskop' genannt und das Wort wurde erst später auf das gesamte Bild des Sternenhimmels bezogen. Diese Bemerkungen sind angebracht, da die alte Astronomie unlösbar mit der Astrologie verbunden war. Die schnell aufgehenden Teile des Tierkreises wurden genannt als von ‚kurzem Aufstieg' und die langsam aufsteigenden als von ‚langer Aszension (Aufstieg)'.

Interessanterweise dreht sich die Reihenfolge beim Untergang um. Zum Beispiel, der Teil des Tierkreises, der sich steil neigt, wenn er über dem östlichen Horizont erscheint, hat eine flache Neigung, wenn er unter dem westlichen Horizont verschwindet. Konstellationen in der Mitte zwischen den extremen Winkeln gehen mit denselben Winkeln auf und unter.

Ein anderer Aspekt für das Formen eines qualitativen Bildes der Tierkreissterne ist die Berücksichtigung ihrer Kompasspositionen beim Auf- und Untergehen am Horizont und ihrem hohen oder niedrigen Vorüberziehen am Himmel. Bei mittleren nördlichen oder mittleren südlichen Breiten beschreiben die Tierkreissterne eine lebendige webende Bewegung in Bezug auf die Erde, während sie am geographischen Äquator und den Polen extremer werden; am Äquator gibt es kontinuierlich dynamische Auf- und Untergänge und der Tierkreis steht senkrecht auf dem Horizont und vollführt einen hohen Vorübergang, während es an den Polen keine Auf- und Untergänge gibt und eine Hälfte kreist niedrig über dem Horizont, dieselbe Höhe beibehaltend.

Wann immer der Tierkreis oder seine Konstellationen bisher erwähnt wurden, waren die sichtbaren Sterne, die jene Namen tragen, mit gleichen Abschnitten für jede Konstellation, gemeint. Es gibt andere Tierkreise eingeschlossen die tropischen Tierkreis'zeichen', die im Kapitel über die Sonne (Kapitel 5) besprochen werden.

Wir kommen jetzt zu einigen einzelnen Sternen und Konstellationen. Vier Sterne, die in verschiedenen Konstellationen stehen, markieren ungefähre Viertel des Himmels. Es sind Aldebaran, Regulus, Antares und Formalhaut. Die ersten drei liegen im traditionellen Tierkreis, aber nicht Formalhaut. Kopernikus gab Regulus den Namen (abgeleitet von seinem früheren Namen Rex) und er war der wichtigste der vier Königlichen Sterne der alten Perser, ihre vier Wächter des Himmels. Der französische Astronom Flammarion identifizierte die anderen drei Königlichen Sterne als Aldebaran, Antares und Formalhaut.

Die Griechen, Römer und Araber nannten Regulus das Herz des Löwen und er liegt tatsächlich in der Konstellation des Löwen. Die Chinesen nannten Regulus den Großen Stern in Heen Yuen, einer Konstellation nach der kaiserlichen Familie benannt. Seine Farbe wurde sehr expressiv als ,aufgeschäumtes Weiß mit Ultramarin' beschrieben, in den Tagen vor der quantitativen Grobheit der Farbfotografie und der Indexzahlen, die niemals die Nuancen einfangen können, die das bloße Auge sieht. Der ägyptische König Necepsos und sein Philosoph Petosiris lehrten, dass die Sonne in den Sternen des Löwen erzeugt wurde. Alle größeren alten Kulturen von Persien bis Griechenland bezeichneten diesen Teil des Tierkreises als den Löwen und verbanden ihn mit der Sonne. Im Jahr 3000 vor Christus stand die Sonne mittsommers zwischen den Sternen des Löwen. Regulus befindet sich fast genau auf dem Weg der Sonne, die ihn jedes Jahr nur knapp nicht bedeckt.

Aldebaran und Antares sind einzig in der Hinsicht, dass sie sich als helle Sterne (beide von rötlicher Farbe) auf dem Tierkreis fast genau gegenüber stehen. Aldebaran, als für das Auge als blaß-rosa beschrieben, steht in der Mitte des Stieres und der feurig rote Antares steht im Skorpion. Die letztere Konstellation war bekannt als der Geburtsort des Mars und von Antares selbst wurde angenommen, dass er seinen Namen von dem griechischen ,Rivale des Mars' oder ,ähnlich dem Mars' herleitet. Die Alchemisten sagten, dass nur, wenn die Sonne in diesem Gebiet war, Eisen in Gold verwandelt werden konnte.

Der Name Aldebaran kommt von dem arabischen Al Debaran, der Nachfolger - nämlich der Pleiaden. Die nahestehenden Pleiaden sind ein wunderschöner nebliger Sternhaufen (sechs davon normalerweise für das bloße Auge sichtbar) und sie gehören zu den ersten Sternen, die in der astronomischen Literatur erwähnt werden

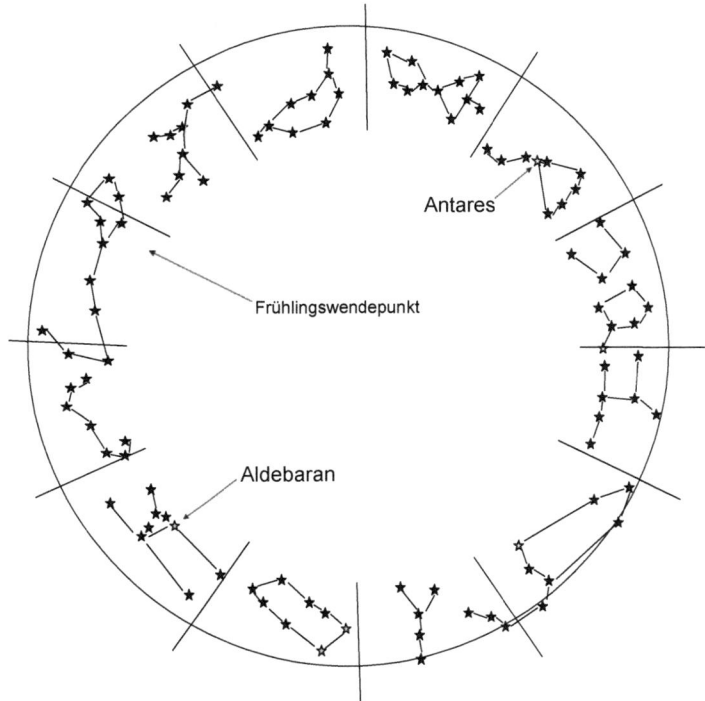

Antares

Frühlingswendepunkt

Aldebaran

(in den chinesischen Annalen von 2357 vor Christus) und hatten seitdem immer einen hervorragenden Platz in der Geschichte und der Literatur vieler Kulturen.

Die Wichtigkeit von Aldebaran und Antares, die im Tierkreis fast genau gegenüber stehen, liegt darin, dass die 12 Konstellationen von ihnen aus auf dem Kreis positioniert und gemessen werden können. Robert Powell und Peter Treadgold haben in ihrem Buch ‚Der siderische Tierkreis' diese Beziehung erforscht und geschlossen, dass die Babylonier ihren Tierkreis aus Sternenkonstellationen (im Gegensatz zum späteren tropischen Tierkreis) auf diese zwei Sterne stützten und sie setzten Aldebaran (wie im Jahr 1950 n. Chr.) genau in die Mitte des Stieres und maßen, von da aus, die Sternenkonstellationen in gleich großen Gebieten von 30 Grad. Dies ergibt einen Sternentierkreis, wie er in Figur 4.11 gezeigt wird, auf welchen sich der Autor dieses Buches bezieht, wenn er von einem Sternentierkreis

Zodiak

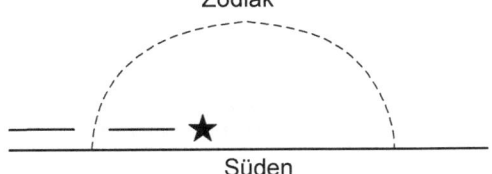

Süden

Figur 4.12

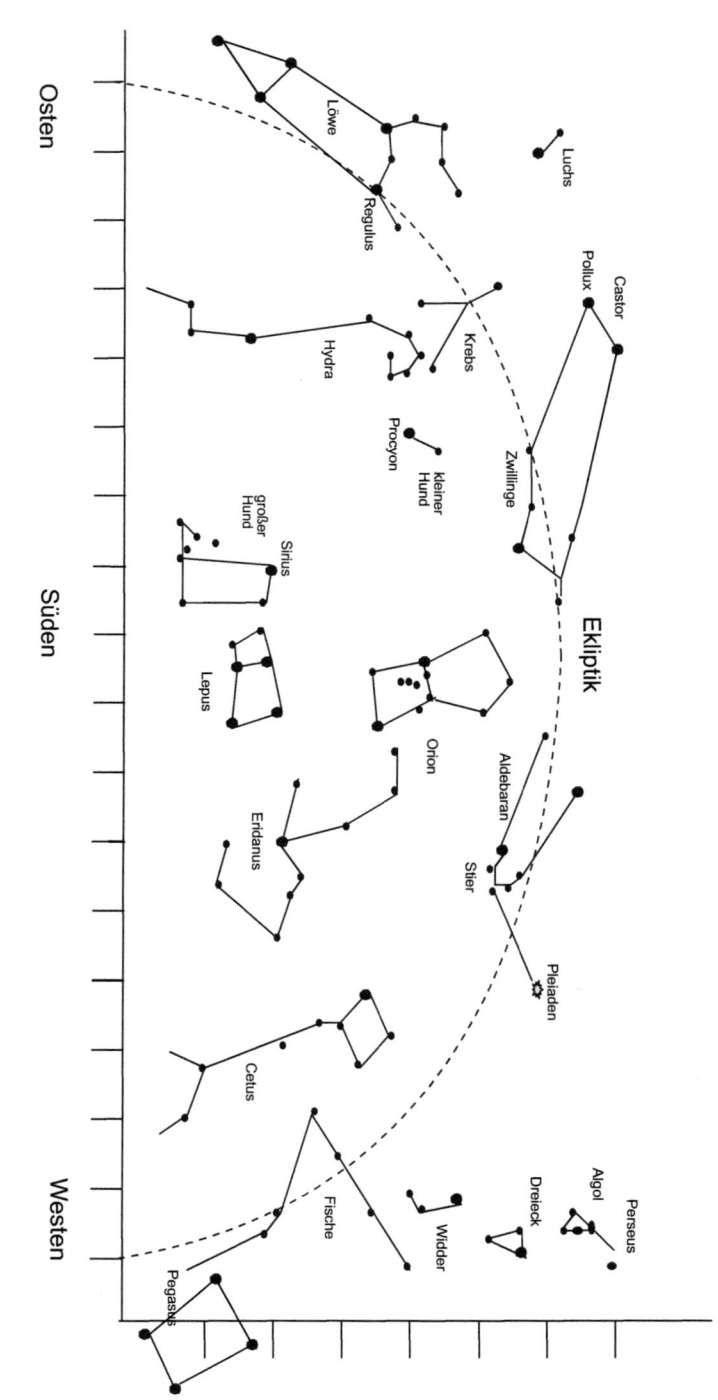

Figur 4.13 Wintermitte Mitternacht 52 Grad nördliche Breite

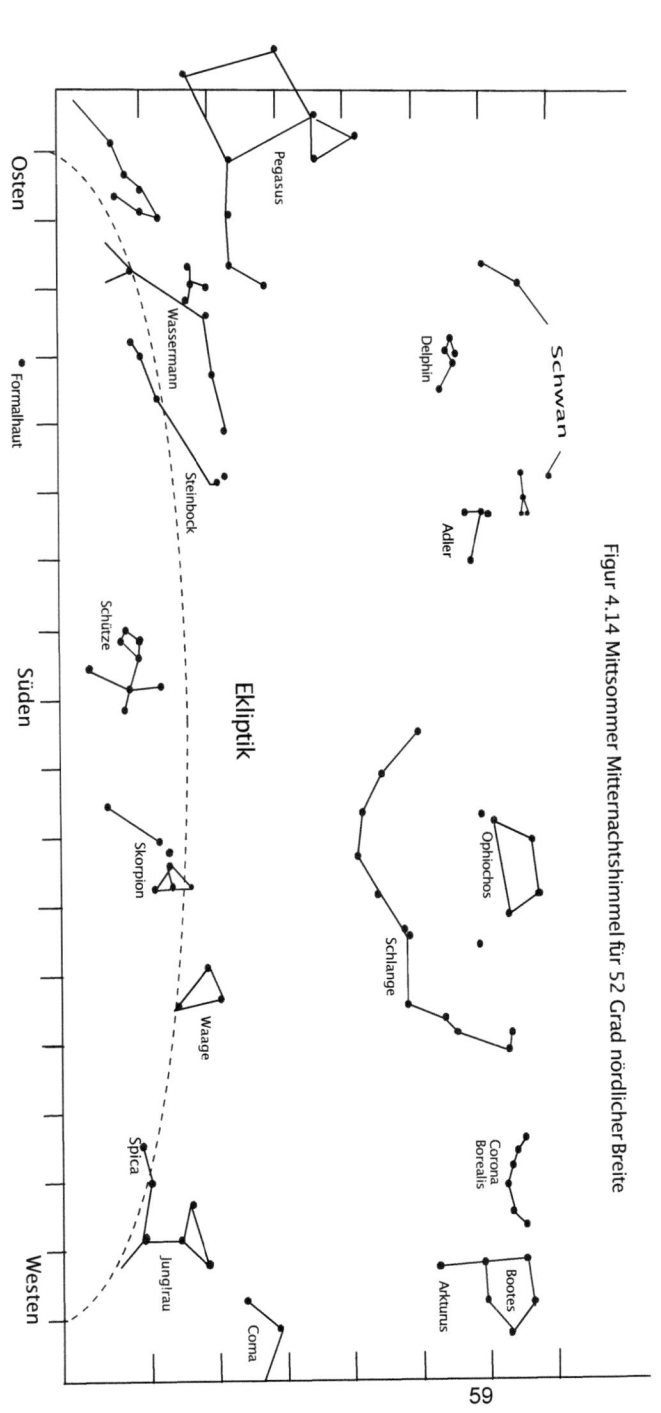

Figur 4.14 Mitsommer Mitternachtshimmel für 52 Grad nördlicher Breite

mit gleichen Abschnitten spricht. A. Pannekoek erklärt auch in seinem Klassiker ‚Eine Geschichte der Astronomie', dass die Chaldäer einen Tierkreis mit gleichen Abschnitten entwickelten, der auf Sternenpositionen basierte. Ein siderischer Tierkreis mit ungleichen Abteilungen, der zurückgeht auf Ptolomäus, wird heute für gewöhnlich von den modernen Astronomen gebraucht.

Der vierte der Königlichen Sterne der Perser, von dem man annimmt, dass es Formalhaut sei, ist von rötlicher Farbe** und steht in der Konstellation der Fische. Sein Name, vom arabischen Fum al Hūt, bedeutet ‚Fischmaul'. In frühen Legenden waren die Sterne des Südlichen Fisches die Eltern der Konstellation der Fische. Der Südliche Fisch liegt unterhalb der Konstellation des Wassermanns und wurde beschrieben als Wasser trinkend, das aus dem Krug des letzteren fließt. In mittleren nördlichen Breiten wandert Formalhaut flach über dem südlichen Horizont aber seine Helligkeit ist gesteigert durch das Fehlen von anderen hellen Sternen in der Nähe.

Die alten Ägypter beobachteten das Aufgehen des Tierkreises in Schritten von 10 Tagen (Dekane) mit 36 Dekansternen, die das Jahr aufteilten. Wenn ein Dekanstern des Tierkreises zum ersten Mal über dem Horizont bei Sonnenaufgang an einem bestimmten Datum erschien, wurde eine nächste Abteilung des Tierkreises angedeutet (Figur 4.12). Die Dekansterne waren in einem Gebiet des Himmels südlich des Tierkreises positioniert. Sirius, der hellste aller Sterne des Himmels, markierte den 36. Dekan und eine Position auf dem Tierkreis neben den Sternen des Löwen. Dekansterne wie Sirius verlassen den Nachthimmel für mehr als zwei Monate zwischen ihrem abendlichen Untergang und dem morgendlichen Aufgehen mit der Sonne. Ein ägyptischer Papyrus beschreibt den Dekanstern als ‚in der Unterwelt verbleibend, 70 Tage lang in dem Haus von Geb (dem Erdgott), wo er sich reinigt und am Horizont erscheint wie Sothis' (Sirius). Man wird an eine Beschreibung von

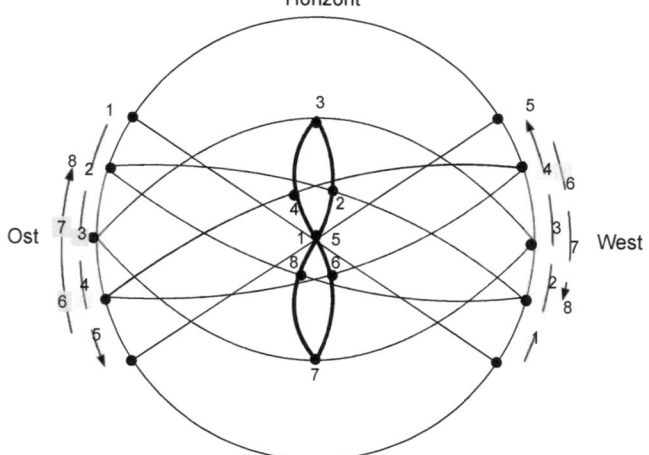

Figur 4.15

der Einbalsamierung von Tutenchamun im Museum von Kairo erinnert, wie sein Körper von den Priestern 70 Tage lang für das Begräbnis vorbereitet wurde, in welcher Zeit Hymnen gesungen, sowie Gebete und Sprüche für die Seele des Verstorbenen rezitiert wurden.

Wir können jetzt auf einer Karte die Tierkreissterne und umgebenden Konstellationen aufzeichnen, wie sie über dem Horizont gesehen werden (Figuren 4.13 und 4.14). Die nördlichen Sterne, wie in Figur 3.5 gezeigt, kreisen frei vom Horizont mit ihren Koordinaten der Breitengrade und Stundenkreise. Aber die Sterne, die auf- und untergehen, beziehen sich sehr stark auf den Horizont, so dass unsere Koordinaten diesmal fest mit der Erde verbunden sind und die Sterne sich dahinter bewegen. Diese Koordinaten werden Azimuthe genannt (Kompasspunkte entlang des Horizontes) und Höhengrade (Höhen über dem Horizont).

Zwei Positionen wurden für den Tierkreis im Verlauf des Jahres ausgewählt - die Sterne um Mitternacht zur Wintersonnenwende und jene, die um Mitternacht zur Sommersonnenwende sichtbar sind. Dies erlaubt uns, beide Hälften des Tierkreises zu betrachten und zwei extreme Positionen in Bezug auf den Horizont anzuschauen. Der Tierkreis zeigt diese Positionen einmal pro Tag, aber die Stellungen haben die Sonne an der gegenüberliegenden Seite des Himmels (unterhalb des nördlichen Horizontes) nur einmal im Jahr.

Sirius kann jetzt in der Figur 4.13 nahe der Konstellation des Orion gesehen werden, der letztgenannte wurde von den Ägyptern mit Osiris assoziiert. Sirius selbst haben sie mit Isis verbunden. Ein herausragender Stern am Himmel wie in Figur 4.14 gezeichnet, ist der blassgelbe Arkturus, der 1933 einen Einfluss von den Sternen aus demonstrierte, als sein Licht weiter geleitet durch ein 40 Zoll Teleskop einen Schalter betätigte, der die Lichter bei der Chicagoer Ausstellung ‚Ein Jahrhundert des Fortschritts' einschaltete.

Ein geometrischer Aspekt der Beziehung zwischen dem Tierkreis oder der Ekliptik und dem Horizont ist, dass vom Erdäquator aus gesehen, der Mittelpunkt der Ekliptik oder ihr höchster Punkt eine Lemniskate (eine liegende Figur 8) auf der Himmelssphäre im Verlauf eines Tages beschreibt (Figur 4.15). An den Polen flacht

Himmelssphäre

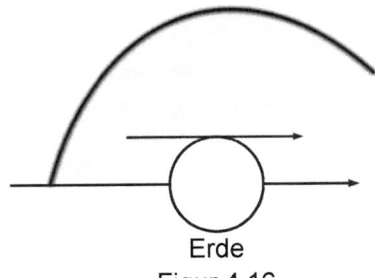

Erde

Figur 4.16

diese Figur zu einer geraden Linie (Kreis) über dem Horizont ab, mit Zwischenformen in mittleren Breiten. Andere Verbindungen mit der Lemniskate werden in späteren Kapiteln behandelt, eine mit dem Mond und eine andere mit den Planeten. Die oben genannte Lemniskate hängt im wesentlichen mit dem Weg der Sonne zusammen. Für eine Darstellung dieser Form am Äquator würde man den Mittelpunkt der Ekliptik zu einer bestimmten Zeit des Tages, z.B. Mitternacht, das ganze Jahr hindurch aufzeichnen.

Die Astronomen beschreiben das Auf- und Untergehen von Sternen und Planeten, Sonne und Mond im Zusammenhang mit der atmosphärischen Lichtbrechung oder der Aufwärtsverschiebung von Himmelsobjekten über den Horizont durch die Ablenkung ihres Lichtes auf Grund der Dichte der Atmosphäre. Die Eliminierung dieses Effektes, Korrektur genannt, ist notwendig, um die Positionen auf der Himmelssphäre für die Navigation, Vermessung etc. genau zu berechnen. Ein Objekt für die Beobachtung knapp über dem Horizont, steht für die Berechnung darunter; diese berechnete Position wird die ‚wahre' genannt. Man spricht auch von einem ‚technischen' Horizont im Gegensatz zum sichtbaren. Jedoch kann die sichtbare Position eines Sternes nicht genau berechnet werden auf Grund von Variationen in der atmosphärischen Dichte. Die technische und die beobachtete Position fallen zusammen, wenn ein Objekt über Kopf steht und fallen am meisten auseinander auf dem oder nahe am Horizont. Im Zenit sind Scheinbares und Ideales eins.

Das Ergebnis dieses subtilen Effekts ist es, dass aufgehende Objekte höher erscheinen als ihre technischen Positionen, während dieser Effekt abnimmt mit der ansteigenden Höhe über der Atmosphäre, wenn sie zurück auf ihre technische Positionen fallen. Auf diese Weise verweilen auf- und untergehende Objekte etwas in der Nähe des Horizontes. Dies ist integriert in die Erfahrung des erd-basierten Beobachters und Teil des Dramas des bewegten Himmels. Es stellt sich auch die Frage nach dem wahren ‚Ort' eines Sterns. Aber, wenn ein Tennisspieler den Ball abwärts auf die gegenüberliegende Seite des Spielfeldes schlägt, so dass er aufwärts in Richtung seines Gegners prallt, kann der Gegner nicht sagen, dass der Ball nicht in seine Richtung fliegt, bloß weil er nicht gleich direkt auf ihn zugespielt wurde. Ein gespiegelter Stern scheint zu uns, wenn wir ihn sehen und er ‚ist' da, wo wir ihn sehen. Dies ist seine ‚wahre' Position. Er verlangsamt dann seine Bewegung in Bezug auf den Ort, wo wir stehen. Sonst verfällt man in die Gewohnheit zu sagen, dass, obwohl ein Stern sichtbar ist, er sei noch nicht aufgegangen oder schon untergegangen. Wir sollten das dynamische Element in der Beobachtung nicht zu eilfertig aussparen und zulassen, wenn angebracht, dass das ideale Konzept der Himmelssphäre sich abflacht, als wäre es ein Dach über unseren Köpfen und würde ein abgeflachtes Sphäroid (Kapitel 3); und wir sollten es zulassen, flexibel genug zu sein, dass es am Horizont etwas langsamer wird. Visuell, wegen der Lichtbrechung, gibt es immer einen größeren Teil der Himmelssphäre über dem Horizont als darunter, etwa im Umfang eines Monddurchmessers.

Atmosphärische Effekte bewirken auch das Funkeln der Sterne, verursacht durch Variationen der Dichte der Atmosphäre in verschiedenen Höhen. Sirius, der nie eine besondere Höhe in mittleren nördlichen Breiten erreicht, ist auffällig durch sein Aufblitzen in allen Farben des Spektrums. Wenn ein Stern hoch über dem Horizont steht, erlangt er ein stetes himmlisches Licht. Ein weiterer Effekt der Atmosphäre ist, dass die Sonne, der Mond und die Planeten eine gelbe oder rötliche Färbung annehmen, aufgrund der Abdunkelung ihres Lichtes.

Von der Brechung einmal abgesehen, ist der Horizont des Beobachters (eine Ebene tangential zur Erdoberfläche), was die Sterne angeht, auch eine geozentrische Position; sie hat dieselbe Himmelssphäre in einem Bogen über sich (Figur 4.16). Der Grund ist, dass jeder Stern weit genug entfernt ist, so dass jede Linie, die darauf von der Erde aus gerichtet wird, praktisch parallel ist.

Der Horizont des Beobachters, wie schon früher nahegelegt, ist eine dynamische Schwelle, an der Größe, Farbe und Geschwindigkeit auf eine besondere Weise wirken. Insgesamt ist das Aufgehen, Vorüberziehen und Untergehen der Sterne ein reicher und vielfältiger Umzug für den aufmerksamen und kundigen Beobachter.

* Man beachte auch den Farbkreis, der in Kapitel xxii von ‚Die Grundelemente der Eurythmie' von Annemarie Dubach-Donath (London, Rudolf Steiner Publishing Co., 1937) beschrieben wurde

** Für das bloße Auge erscheint er oft rötlich, verursacht durch die Atmosphäre bei seiner tiefen Position in der nördlichen Hemisphäre. Objektiv ist er weiß.

* ** Auch die Erde ist ein abgeflachtes Sphäroid. Steine, die von dem Meer angeschleift wurden, neigen zu ähnlicher Form - sie sind Ellipsoide.

Kapitel 5

Die Sonne

Der Himmel und das menschliche Auge sind Sphären mit Elementen, die sie gemeinsam haben, die wie Brechungslinsen agieren. Die Atmosphäre rund um die Erde bricht das Licht am Horizont im Umfang des ungefähren scheinbaren Sonnendurchmessers (etwa ½ Bogengrad), was uns erlaubt, mehr als eine Hemisphäre von Sternen zu sehen. Dies bedeutet auch, dass wir mehr von der Sonne sehen, als sonst möglich und sie erscheint im Verlauf des Jahres durchschnittlich länger über dem Horizont als darunter.

Die Kornea des Auges bricht zusätzliches Licht ins Auge und der Mensch kann in einem Winkel von mehr als 180 Grad peripher sehen. Ein kleines zentrales Gebiet im hinteren Teil der Retina, ungefähr 1,5 Millimeter im Durchmesser, wird der gelbe Fleck genannt und enthält gelbes Pigment. Darin liegt die fovea centralis, eine Vertiefung von ungefähr 0,3 Millimeter im Durchmesser, welche uns bei Tageslicht die klarste Sicht gibt und sie ist auch die wichtigste Region der Retina für die Farbwahrnehmung. Der Durchmesser der fovea centralis, wenn er durch das Auge projiziert wird, bedeckt 1 Grad auf der Himmelssphäre. Dies korrespondiert mit dem scheinbaren Durchmesser zweier Sonnen oder der Sonne und dem Mond. Das Auge und das Himmelsgewölbe formen zusammen eine Art sphärischer Lemniskate mit der Sonne und dem Mond auf der externen Hemisphäre und der gelben Vertiefung der fovea centralis auf der Hemisphäre im Inneren.

Im Verlauf von 24 Stunden bewegt sich die Sonne vor den Sternen wieder um ungefähr einen Grad oder zweimal ihrem Durchmesser. Diese Bewegung geht nach Osten, was bedeutet, dass die Sonne jeden Tag etwas später aufgeht (Figur 5.1) - und zwar um die Zeit, die die Himmelssphäre braucht, um sich durch einen Bogengrad zu bewegen, nämlich 4 Minuten.

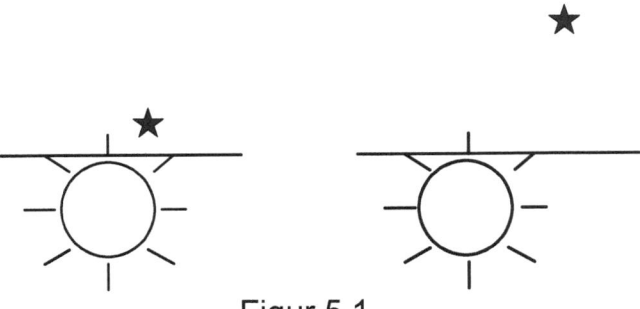

Figur 5.1

Figur 5.2

Eine babylonische Zeitmessung hatte 4 Minuten Intervalle, genannt uš. Dieses erfasste den Unterschied zwischen dem siderischen und dem Sonnentag. Wiederum, von Sonnenaufgang bis zum Sonnenuntergang an einem durchschnittlichen Tag (12 Stunden) bewegt sich die Sonne um ihren eigenen Durchmesser in Bezug auf die Sterne, während sie rund 360 Durchmesser in ihrer täglichen Bewegung vom östlichen zum westlichen Horizont zurücklegt. Das Aufgehen und Untergehen der

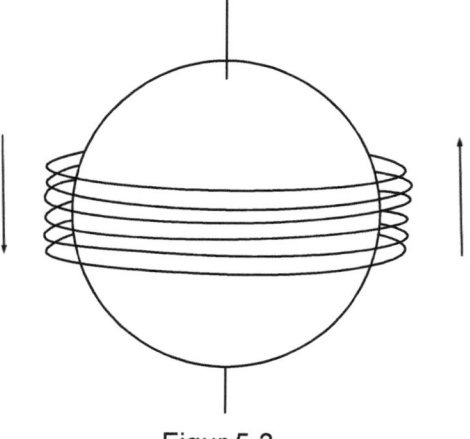

Figur 5.3

Sonne bedeutet, dass es eine dauernde Sonnenauf- und Untergangsdämmerung gibt, die um die Erde rotiert, wo das Licht die Finsternis trifft (Figur 5.2). Mit diesen Schattenkanten reisen die rötlichen Farben des Himmels und die morgendlichen und abendlichen Gesänge der Vögel. Dies bedeutet auch, dass alle Abschnitte

von Tag und Nacht immer irgendwo auf der Erde zu finden sind - zum Beispiel gibt es in jedem Moment eine Mitternacht und einen Mittag, entlang des großen Kreises, der durch das Zentrum des Schattens des erleuchteten Teiles geht. In 15 Minuten hat sich der Schatten von Amsterdam nach London bewegt, während er ungefähr 4 Stunden braucht, um den Nordatlantik zu überqueren.

Figur 5.4

Figur 5.5

Weil die Sonne von Tag zu Tag nicht auf der gleichen Höhe über dem Horizont bleibt, entstehen die Jahreszeiten. In Bezug auf die Erde bewegt sich die Sonne in jedem Jahr in einer Spirale um die Achse durch die Pole auf und ab (Figur 5.3). Wenn die Sonne die Spirale auf die halbe Höhe hinauf oder hinunter gewandert ist, geht der Schatten durch die Pole und Tag und Nacht sind überall gleich (Figur 5.4), von daher stammt der Begriff ‚Equinox'. Wenn sie am nördlichsten Punkt Ihrer Bewegung ist, ist es Sommer in der nördlichen Hemisphäre (die am meisten beleuchtet ist) und wenn sie am südlichsten Punkt ist, ist es Sommer in der südlichen Hemisphäre (Figur 5.5). Sonne, Mond und die Planeten bewegen sich in einer Spirale um die Erde, so wie aufeinander folgende Blätter in einer Spirale um den Stiel wachsen (wie es Goethe realisierte).

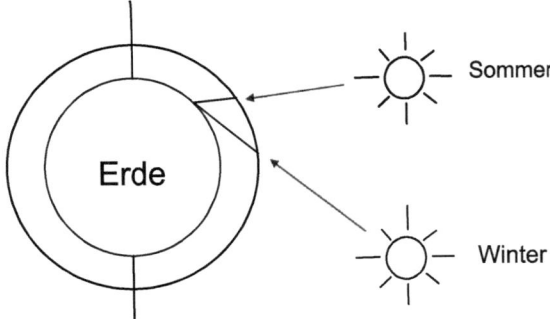

Figur 5.6

Darüber hinaus ist die Sonne näher an der Erde, wenn sie am südlichsten Punkt steht und eine Messung ihres Durchmessers im Winter in der nördlichen Hemisphäre würde zeigen, dass er größer ist als im Sommer. Es ist nicht die Nähe der Sonne zur Erde, die die Jahreszeiten verursacht, sondern der Winkel, in dem die Wärme der Sonne auf die Erdatmosphäre trifft. Je mehr Atmosphäre die Wärme durchströmen muss, umso kühler die Jahreszeit (Figur 5.6).

Deshalb reguliert die Neigung der Bahn der Sonne (Ekliptik) zum Erdäquator* die Intensität und den Rhythmus unserer Jahreszeiten im Zusammenhang mit dem atmenden Luftelement, abhängig davon, wieviel Wärme es durch strömen lässt. Es bedeutet auch, dass zu jeder Zeit die entgegengesetzten Jahreszeiten auf der Erde existieren. Am Äquator alternieren Tag und Nacht in ungefähr 12 Stunden-Intervallen

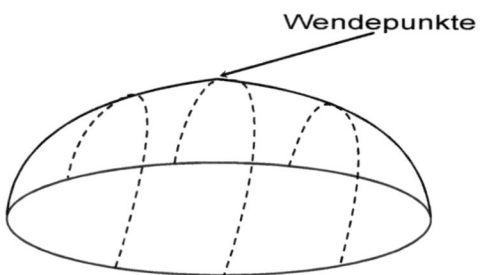

Figur 5.7

im ganzen Jahr und in der Tat ist es schwierig, die Jahreszeit dort astronomisch zu bestimmen. Die Sonne, vom Äquator aus gesehen, steht am höchsten am Himmel, wenn sie in den Äquinoktien (Frühling und Herbst) steht und am niedrigsten im Solstitium (Sonnenstillstand; Sommer und Winter) (Figur 5.7).

An den Polen wird ein anderes Extrem erreicht, indem das Jahr nur aus einem Tag besteht. Dort ist die Sonne 189 Tage über dem Horizont und 176 darunter. Die Zeit von zwei Wochen, die die Sonne länger über dem Horizont verbringt, wird durch die Ungleichheit der Jahreszeiten und die Lichtbrechung verursacht. An den Polen dauert die Dämmerung vor Sonnenaufgang und Sonnenuntergang jeweils über sieben Wochen. Dies tritt ein, wenn die Sonne weniger als 18 Grad unter dem Horizont steht (astronomische Dämmerung). Deshalb dauert die dunkle Nacht ungefähr 2 ½ Monate an den Polen, danach gibt es fast zwei Monate Dämmerung.

Die kürzeste Dauer der Dämmerung gibt es in äquatorialen Gegenden, wo die Sonne den Horizont unter einem Winkel von 90 Grad trifft. Hier dauert sie ungefähr eine Stunde. Anderswo, außerhalb der Polarregionen, findet die längste Dämmerung um Mittsommer statt, wobei sie umso länger dauert, je weiter man nach Norden kommt. Jenseits von 48½ Grad Nord oder Süd, was ganz Groß-Britannien einschließt, dauert die Dämmerung um Mittsommer die ganze Nacht. Die kürzeste Dauer der Dämmerung im Jahr für irgendeinen Ort hängt von seinem Breitengrad ab und es gibt immer *zwei* kürzeste Zeiten, vor und nach der Wintermitte. Dies liegt daran, dass die Dämmerung nicht nur von dem Weg, den die Sonne unter dem Horizont zurücklegt, abhängt, sondern auch von ihrer Geschwindigkeit auf der Himmelssphäre. Objekte sind am schnellsten, wie oben erklärt, am Himmelsäquator, deshalb wird die Mittwinter-Bewegung der Sonne relativ langsam sein und so die Dämmerung verlängern. Auf einer geographischen Breite von 52 Grad wird die kürzeste Dämmerung 1 Stunde und 50 Minuten Mitte Oktober und Ende Februar dauern.

Die Dämmerung ist der sensibelste Teil des Tages, indem er Farbe in den Himmel bringt, Lieder in die Kehlen der Vögel und eine zarte Atmosphäre hervorruft, wenn die Natur zu pausieren scheint und der Mensch reflektiert.

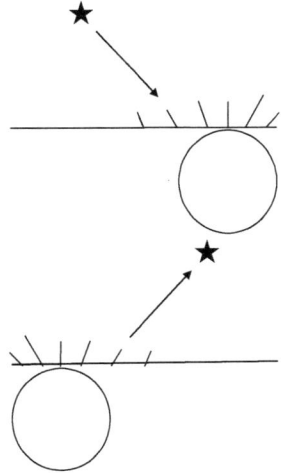

Figur 5.8

Die Ägypter sagten, gemäß dem Astronomen Norman Lockyer, dass die Dämmerungen bei Sonnenaufgang und Sonnenuntergang die Göttin Isis repräsentierten. Ihr Nachkomme war Horus, die aufgehende Sonne, die mittags zu Ra wurde und bei Sonnenuntergang Osiris (der Ehemann von Isis). Der Untergang war ein Tod, Osiris wurde von der zirkumpolaren Konstellation, dem Gott der Finsternis, Typhon, getötet. Dies ist eine Vereinfachung der Darstellung von Lockyer, aber sie deutet eine Mythologie an, in welcher die Raumesrichtung oder der Zeitabschnitt selbst, eine Gottheit darstellt. Einzelne Sterne wurden als Göttinnen gesehen, aber am Morgen, kurz vor Sonnenaufgang, wurden sie als Isis erlebt, die den jungen Horus füttert.

Obwohl der Untergang ein Tod für die Sonne war, trat eine besondere Form der Auslöschung für einen Stern oder Planeten in der alten Welt ein, wenn er in die Sonnenstrahlen bei Sonnenuntergang verschwand und auf der anderen Seite der Sonne bei Sonnenaufgang wieder erschien (Figur 5.8).

Dieses Verlassen des Abendhimmels einmal im Jahr und der Wiedereintritt in den Morgenhimmel wird heliakales Auf- und Untergehen genannt. Die Zeit der Unsichtbarkeit, die variiert, kann Tage und Wochen dauern, wird mit den babylonischen ‚Verstecken‘ der Sterne und Planeten von dem Autoren Cyril Fagan in Zusammenhang gebracht. Die Ägypter betrauerten das heliakale Untergehen eines Sternes und feierten seine Wiedergeburt beim heliakischen Aufgehen.

Alle Himmelskörper werden unsichtbar für das bloße Auge, wenn sie weit genug in das Sonnenreich des Lichtes eintreten und mittags herrscht das Licht unbeschränkt. Der wahre Mittag ist gegeben, wenn die Sonne genau im Süden ist und für den Tag am höchsten über dem Horizont steht. Mittag heißt zunächst die Mitte der Taghelle, aber er war nicht immer die Mitte der 24 Stunden Periode. In früher Zeit haben die Babylonier ihre Tage von Sonnenuntergang zu Sonnenuntergang gemessen, in 12 Abschnitte geteilt, jeder ‚beru' genannt und ungefähr zwei Stunden lang. Später teilten sie die Zeit von Sonnenuntergang bis zum Sonnenaufgang in 12 gleiche Teile und ebenso von Sonnenaufgang zum Sonnenuntergang. Deshalb waren im Winter die 12tel oder ‚Stunden' der Dunkelheit länger als jene des Tageslichts und im Sommer waren Tageslicht-‚Stunden' länger. Aspekte eines solchen Systems spiegelten sich in griechischen, römischen und europäischen Gebräuchen und es gibt Sonnenuhren, die solche ‚ungleichen' Stunden über das Jahr zeigen (z.b. im alten königlichen Greenwich Observatorium). Sie werden temporale Stunden genannt und herrschten während des Mittelalters für zivile Dinge in Europa vor. Der Tag wurde im frühen Europa vom Sonnenaufgang oder dem mittleren Aufgang um 6 Uhr früh gemessen, so dass die Zeit der Kreuzigung Christi um 3 Uhr nachmittags als die 9. Stunde bestimmt wurde. Außer der zivilen Zeit haben die Astronomen in allen Zeitaltern oft Mitternacht oder Mittag als Beginn des täglichen Kreislaufs bevorzugt.

Frühe Aufteilungen des Tages neigten dazu, den sichtbaren Positionen der Sonne zu folgen, um damit durch das Jahr zu gehen. Später wurde diese ‚wahre' oder tatsächliche Zeit für einen bestimmten Ort abgeändert, als es schnellere Kommunikationsmittel zwischen den Gebieten gab. Dies brachte die ‚mittlere' oder durchschnittliche Zeit, die ein großes Gebiet teilen konnte. In England wurde sie ‚Eisenbahnzeit' genannt und im Jahre 1880 landesweit übernommen. Zuvor musste der Reisende seine Uhr verstellen, wenn er nach Osten oder Westen fuhr, da die Sonne den Mittag in Bristol 10 Minuten später als in London markierte. Die Mechanisierung in Form von Uhren brachte eine weitere Verzerrung des wahren Tages, indem sie jedem Tag die gleiche Länge gab, sodass kreisförmige Räder und

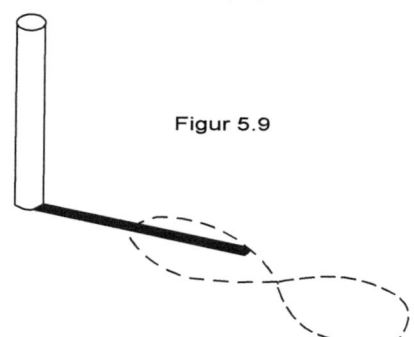

Figur 5.9

Zahnräder besser damit fertig werden konnten. Aber die sichtbare Sonne beschleunigt oder verlangsamt ihren Gang im Lauf des Jahres, so dass die Tage im Winter auf der Nordhalbkugel etwas länger sind als im Sommer. Dies führt dazu, dass die mittlere Zeit und die wahre (scheinbare) Zeit im Verlauf des Jahres

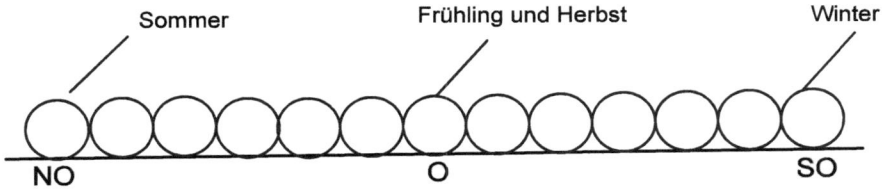

Figur 5.10

auseinander fallen. Ein weiterer Grund für diesen Effekt ist, dass die Sonne nicht auf dem Himmelsäquator wandert, der einen gleichmäßigen Weg um die Erde einhält, sondern der Ekliptik folgt, welche in einem Winkel zum Äquator steht und seine Abschnitte nicht teilt. Die mittlere Zeit platziert sozusagen die Sonne das ganze Jahr über auf dem Himmelsäquator. Der Unterschied zwischen mittlerer und scheinbarer Zeit wird die Gleichung der Zeit genannt. Die Figur 5.9 illustriert diese, die Lemniskate wird aufgezeichnet durch die Spitze des Schattens eines vertikalen Stabes im Boden um die durchschnittliche Mittagszeit. Um die scheinbare Mittagszeit im Verlauf des Jahres würde der Schatten auf einer geraden Linie nördlich des Stabes auf und ab wandern. Die Lemniskate zeigt den Unterschied zwischen der Bewegung der Sonne auf dem Kreis des Himmelsäquators (mittlere) und einer

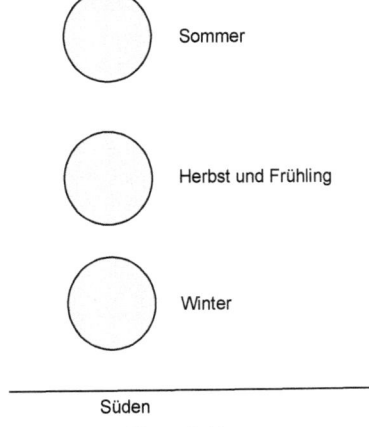

Figur 5.11

Sonne, die auf einer Ellipse der Ekliptik wandert (scheinbar).** Viermal im Jahr zeigen die zwei Sonnen dieselbe Zeit - ungefähr am 16. April, 14. Juni, 1. September und 25. Dezember. Im Februar eilt die mittlere Sonne um 14 Minuten und 21 Sekunden voraus; im Mai fällt sie um 3 Minuten und 45 Sekunden zurück; im Juli ist sie um 6 Minuten und 22 Sekunden voraus; im November fällt sie um 16 Minuten und 22 Sekunden zurück. Diese Lemniskate repräsentiert tatsächlich ein totes Zeitsystem im Vergleich mit einem lebendigen, bei dem der Schatten der Sonne das Element der Zeit einatmet, indem sie den Mittagsmarker im Verlauf des Jahres manchmal schneller, dann wieder langsamer erreicht - ein Rhythmus in dem die Natur und der Mensch unbewusst leben.

Die Länge der mittäglichen Lemniskate aus den Schattenpunkten wird von der Höhe des Sonnenstandes bei der Sommer- und Wintersonnenwende bestimmt. Dies kommt zum Ausdruck in der Position am Horizont, wo die Sonne auf- oder untergeht.

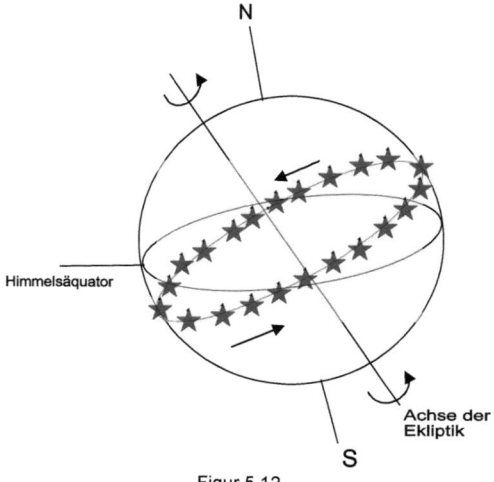

Figur 5.12

Figur 5.10 zeigt im Diagramm die Aufgangspositionen im Verlauf des Jahres in mittleren nördlichen Breitengraden. Der Winkel entlang des Horizontes zwischen den Sonnenwenden (Stationen oder Haltepunkte) ist überraschend weit, er überspannt 80 Grad im südlichen Britannien. Wenn man sich bewusst wird, wie weit die Auf- und Untergänge durch die Jahreszeiten hindurch den Horizont entlang schwingen, ist man sehr überrascht. Ähnlich, obwohl offensichtlicher, ist das auf- und abwärts Schwingen, welches die Mittagspositionen der Sonne im Süden vollführen (Figur 5.11).

Der große Astronom Hipparchus (ca.190 bis 120 v. Chr.) ist der erste, von dem angenommen wird, dass er die langsame Bewegung der Himmelssphäre systematisiert hat, die über Jahrhunderte hinweg die regelmäßigen jahreszeitlichen Positionen der Sonne vor den Sternen merklich verändert. Im Jahr 129 v. Chr. fand er den Stern Spica in der Jungfrau 2 Grad näher an der Herbst Tag- und Nachtgleiche als sie von Timocharis entweder 154 oder 166 Jahre vorher beobachtet wurde (das genaue Datum ist unsicher). Zu jener Zeit war Spica westlich der Herbst Tag- und Nachtgleiche und der Unterschied der Positionen legte nahe, dass die Himmelssphäre, zusätzlich zu der täglichen Drehung nach Westen, auch langsam in östlicher Richtung um die Achse der Ekliptik zurückrutscht. Deshalb ziehen die Tierkreissterne nacheinander durch die Äquinoktien- und Sonnenwendpunkte (Figur

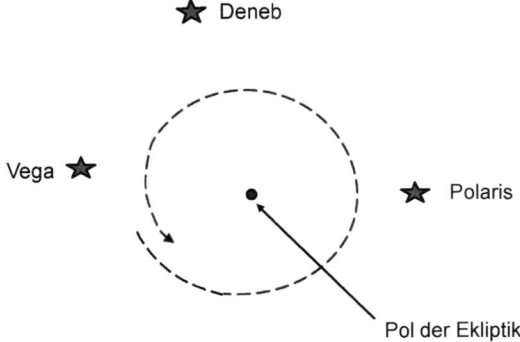

Figur 5.13

5.12) oder andersherum, die Tag- und Nachtgleichen und Solstitienpunkte wandern durch die Sterne. Hipparchus Berechnung der Geschwindigkeit dieser Bewegung deutete an, dass die Zeit, die die Himmelssphäre oder die Äquinoktien für einen kompletten Umlauf brauchen würden, entweder 27692 oder 29862 Jahre (gemäß der späteren Angabe von Ptolemäus) sein würde. Die heutige Schätzung dieses Zyklus liegt bei 25770 Jahren.

Ptolemäus aber, der später lebte als Hipparchus, war weniger genau und gab einen Zyklus von 36000 Jahren an, der übereinstimmt mit dem, was frühe Astronomen für das platonische ‚große Jahr' hielten. Plato bestimmte das Große Jahr (im Timaios) als die Periode, nach der alle Planeten und Sterne ihre relativen Positionen wiederholen. Ob er meinte, dass dies eine Periode von 36000 Jahren umfasst, ist nicht leicht aus seinen Schriften zu folgern. Aber diese Zahl soll beispielsweise von dem englischen Mathematiker und Astronomen Sacrobosco (ca. 1190 bis ca. 1255 n. Chr.) erwähnt worden sein, der in einer vermutlichen Version seines „Tractatus de

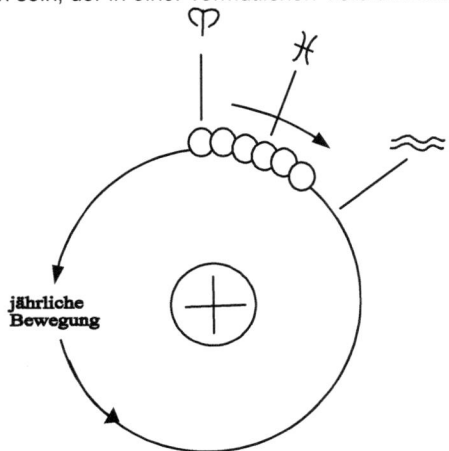

Figur 5.14

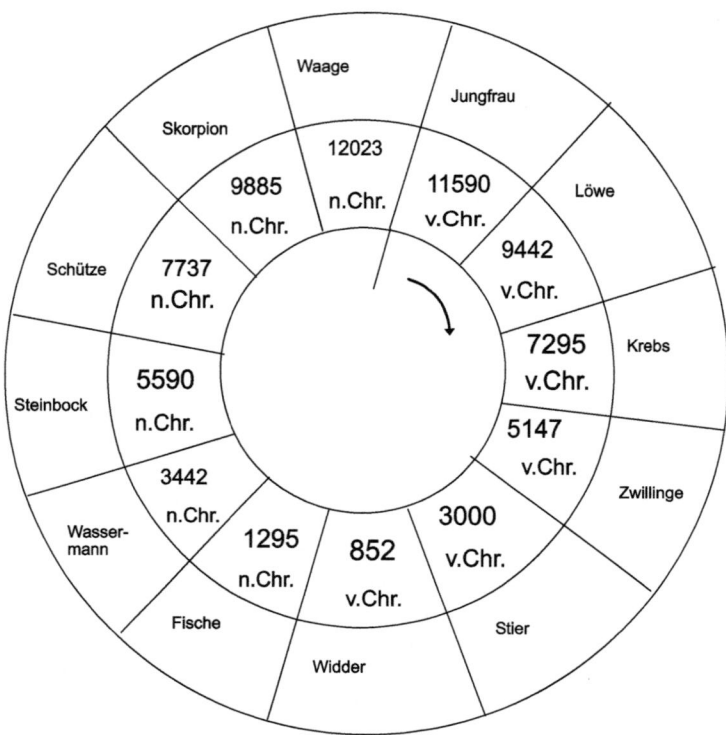

Figur 5.15 Daten für die Frühlings Tag- und Nachtgleiche
an den Zentren von gleich großen Konstellationen

Sphaera"*** zitiert wurde: „der neunte Kreis [Sonne] vollendet, gemäß Ptolomäus, einen Grad seiner eigenen Bewegung in 100 und einigen Jahren und einen kompletten Umlauf in 36000 Jahren (welche Zeit gemeinhin ein großes Jahr oder Platonisches Jahr genannt wird)". Obwohl Ptolomäus diese Zahl mit dem Zurückrutschen der Himmelssphäre um einen Umlauf in Zusammenhang brachte, ist es nicht sicher, dass die Verbindung mit dem platonischen Jahr stichhaltig ist. Die Figur von Ptolomäus für die Sternenbewegung war recht ungenau und die Anwendung der Zahl 36000 auf das große Jahr von Plato ist eine Unterstellung, die so nicht bei Plato zu finden ist. Jegliche Verbindung des platonischen Jahres mit einer Bewegung der Sterne durch die Jahreszeiten der Sonne, sollte nicht als gegeben angesehen werden, sie könnte sehr wohl nur dem Namen nach existieren.

Heute wird der Zyklus von 25770 Jahren natürlich nicht mehr als eine Bewegung der Sternensphäre beschrieben, sondern als das Wandern des Himmelsäquators durch den Tierkreis in entgegengesetzter Richtung (nach Westen). Der Pol des

Erdäquators wird als in einem ungefähren Kreis um den Pol der Ekliptik wandernd beschrieben (Figur 5.13). Dies bewirkt, dass die Sonne in ihrer scheinbaren jährlichen Bewegung um die Erde einen kompletten jahreszeitlichen (tropischen) Umlauf vollendet, 20 Minuten bevor sie ein siderisches Jahr abschließt (d.h. sie kehrt zu ihrer Position in Bezug auf die Sterne zurück) wie es in der Figur 5.14 illustriert

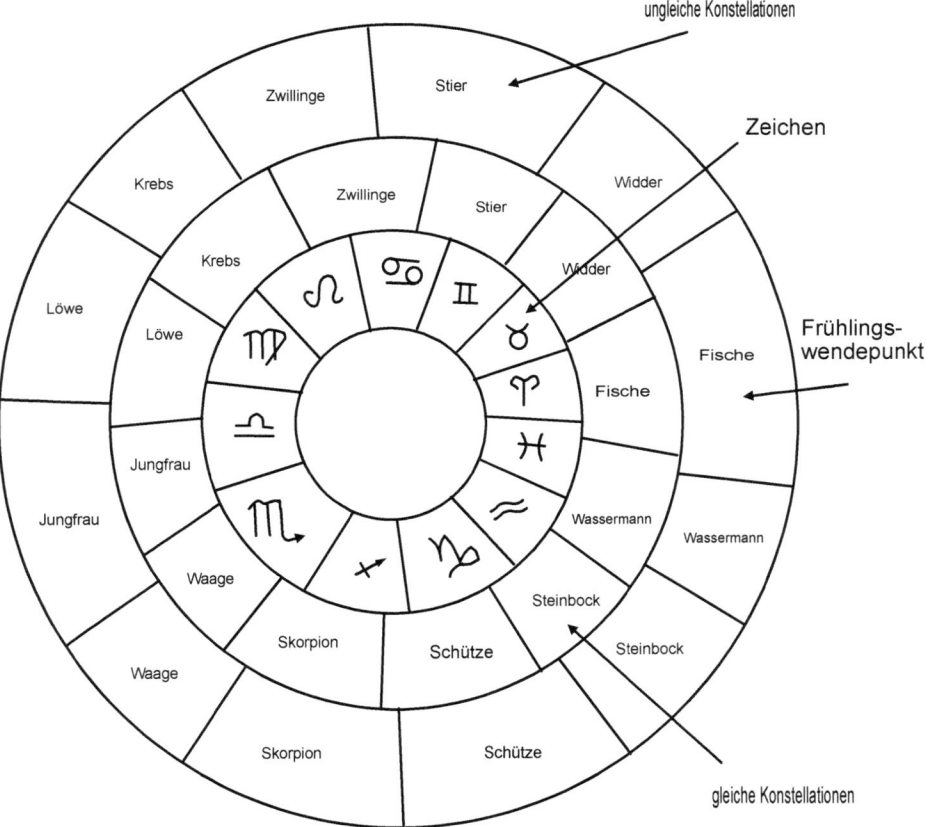

Figur 5.16

wird. Deshalb schreitet die Sonne langsam westwärts voran mit ihren jahreszeitlichen Positionen in Bezug auf die Sterne. Die beiden Schnittpunkte des Himmelsäquators mit der Ekliptik, den Frühlings- und Herbstpositionen, bewegen sich auf diese Weise westlich vor den Sternen und diese Bewegung wird die Präzession der Äquinoktien genannt. Die Figur 5.15 zeigt eine neuere Schätzung der Positionen der Frühlingsäquinoktie mit den gleichmäßigen Tierkreiszeichen der Babylonier.

In Mesopotamien und Griechenland wurde in den 2 oder 3 Jahrhunderten vor Christus der Tierkreis in 12 gleiche „Zeichen" unterteilt. Die Chaldäer jedoch, maßen die Ekliptik von der Frühlings Tag- und Nachtgleiche (oder anderen jahreszeitlichen Positionen), so dass sich Ekliptikaufteilungen nach Westen gegen die Sterne bewegten. Wenn man die erste 30 Grad Abteilung nach der Frühlings Tag- und Nachtgleiche das Zeichen Widder nennt, dann muss dieses Zeichen mit der Präzession der Tag- und Nachtgleichen durch die Konstellationen des Tierkreises wandern. Heute, zum Beispiel, steht das Zeichen des Widder zwischen den Sternen der Fische. Aber in Ptolomäus Zeiten, lagen das Zeichen Widder und die Sterne des Widders mehr oder weniger zusammen, was später zu der Kontroverse führte, welchen Tierkreis er benutzte.

Grob gesagt gibt es drei Tierkreissysteme zur Auswahl und Ptolomäus hat wahrscheinlich alle drei benutzt. Jedes hat seine eigene Berechtigung und ging aus der sich entwickelnden Beziehung des Menschen zum Himmel hervor. Zuerst war es vielleicht die Betrachtung der Sterne auf Grund der Bilder, die sie in der Imagination formten. Lichtqualitäten, Position und Bewegung von einzelnen Sternen und Sterngruppen standen im Vordergrund - mit wenig oder gar keiner Berücksichtigung von Messungen auf der Himmelssphäre. Später entwickelte sich dies zu gemalten Bildern der vorgestellten Tiere auf einer Sternenkarte mit den Figuren, die ungleiche Gebiete des Tierkreises bedeckten. Wie schon erwähnt, war dies eine Methode des Ptolomäus, den Himmel zu beschreiben und sie war auch die Grundlage für die ungleichen Tierkreiskonstellationen der modernen Astronomie.

Zweitens gibt es die gleichen Abteilungen der Tierkreiskonstellationen von denen man weiß, dass die Babylonier sie benutzten. Messungen und Berechnungen wurden hier genauso wichtig wie die Sternbilder.

Drittens gibt es die griechische Einteilung der Ekliptik in 12 gleiche Teile, gemessen von den jahreszeitlichen Punkten der Sonne aus (z.B. die Frühlings Tag- und Nachtgleiche). Dies ist der bewegliche Tierkreis, dessen Zeichen sich vor den Sternen mit der Präzession verschieben (Figur 5.16).

Der letztere tropische Tierkreis basiert auf der Sonne und wurde später in der Geschichte eingeführt, als das Individualbewußtsein stärker war. Die Astrologen benutzten ihn, um die Horoskope für Individuen zu berechnen. Die Sonne und das persönliche Element schienen zusammen zu gehören. Das persönliche Element war dasjenige, das sich unabhängig von den Sternen bewegte. Dies ist eine qualitative Einschätzung der historischen Gültigkeit des tropischen Tierkreises neben der Tatsache, dass er die geometrische Vereinfachung begünstigt etc.. Der Himmel und das menschliche Schicksal wurden in frühen Zeiten nicht getrennt. Im Wesentlichen betonte der tropische Tierkreis die Sonne, wohingegen der siderische Tierkreis natürlich die Fixsterne in den Vordergrund stellte, die eine beständige Beziehung zur Erde aufrechterhalten. In der babylonischen Kultur, in der dieser Tierkreis benutzt wurde, bezogen sich die Voraussagen auf die Natur, das Land sowie soziale und politische Fragen. Die Situation war weniger persönlich, objektiver, hatte mehr zu tun mit den Lebenskräften von Natur und Mensch. Aristoteles nannte den Tierkreis den ‚Lebensbringer' und jeder Tierkreis wäre auf seine Art so angesehen worden. Die Sonne ist beides, Planet und Stern, davon abhängig, welches Planetensystem man benutzt - im geozentrischen System ist sie ein Planet, im heliozentrischen System ist sie ein Stern im heutigen Sinne. In beiden Systemen ist sie ein Zentrum. Geozentrisch ist die Sonne der Hauptplanet und im Altertum, obwohl als Planet eingestuft, wurde sie ein Stern genannt. Der Begriff ‚Stern', griechisch ‚aster' (wie in unseren Begriffen ‚Asteroid' und ‚astral') bezog sich auf fast jeden Lichtpunkt auf der Himmelssphäre, sogar Kometen, die nach Apollonius (ca. 262 bis 190 v.Chr.) „richtige Sterne, wie Sonne und Mond" sind.

Viel Imaginationskraft wurde für die Beschreibung der Sonne von den Griechen aufgebracht. Es wurde von Philolaus gesagt, (zweite Hälfte des 5. Jahrhunderts v. Chr.) dass er von einer dreifachen Sonne sprach: zuerst, das universelle Feuer, zweitens, das Licht und die Wärme, die daraus ausströmen, drittens, die Strahlen, die die Erde erreichen. Die letzteren würden von der Sonne wie durch transparentes Glas zurückgeworfen und seien das Bild eines Bildes. Er lehrte auch, dass Sonne, Erde und Mond sich um ein zentrales Feuer bewegten. Die bewohnte Seite der Erde sei davon abgekehrt und zwischen dem zentralen Feuer und der Erde drehe sich eine Gegenerde. Philolaus war ein Pythagoreer und man sieht hier die Samen des Kopernikanismus.

Nachts stehen wir im Schatten der Erde. Wenn wir sorgfältig schauen, bei klarem Wetter, kann man den Schatten bei Sonnenuntergang über dem westlichen Horizont in der Atmosphäre bogenförmig sehen. Später am Abend bleibt er unsichtbar über dem Horizont, sich bis zur Ekliptik erstreckend. Gelegentlich wird er sichtbar, wenn der beleuchtete Mond ihn bei einer Finsternis betritt (Ursprung des Wortes Ekliptik). Es erfordert auch eine Anstrengung zu realisieren, dass der dunkle Nachthimmel von Sonnenlicht erfüllt ist. Es braucht nur den Mond, einen Planeten oder einen Satelliten, der den Nachthimmel betritt, damit wir ihn im Sonnenlicht aufleuchten sehen. Aber das Licht als solches ist unsichtbar. Wir sehen nur beleuchtete Objekte, nicht das Licht. Das menschliche Auge kann, so wie einen schwachen Stern, eine Kerzenflamme auf 27 Kilometer Entfernung sehen, aber, was er sieht, ist das beleuchtete Gas in der Flamme. Das Sonnenlicht kann auf dieselbe Art verstanden werden.

Licht ist ein Mysterium und man muss zwischen manifestiertem und unmanifestiertem Licht unterscheiden. Wir beanspruchen, Licht festzustellen, es zu quantifizieren, seine Geschwindigkeit zu messen und doch könnte es sein, dass es keiner dieser Methoden zugänglich ist. Wir nehmen seine Wirkungen wahr und bauen diese in unsere Erfahrung von der physischen Welt ein. Irgendwo ist dabei eine Illusion beteiligt und die Ideen von Philolaus könnten sich noch als inhaltsreicher erweisen als man vermuten würde. Subtile Fragen über die Natur des Lichtes werden von Ernst Lehrs in seinem Buch ‚Mensch oder Materie' gestellt. In diesem Zusammenhang werden Aspekte von Einsteins Relativitätstheorie kritisiert, wie auch in ‚Wissenschaft am Wendepunkt' von Herbert Dingle und ‚Der Einstein Mythos und die Ives Papiere - eine Gegenrevolution in der Physik' herausgegeben von Dean Turner und Richard Hazelitt. Bis jetzt werden solche Publikationen von orthodoxen Wissenschaftlern noch nicht sehr ernst genommen.

Ein früher Enthusiast der Natur und des Mysteriums der Sonne war Julianus Apostatus. Er war römischer Kaiser von 361 bis zu seinem Tod in der Schlacht gegen die Perser zwei Jahre später. Verbunden mit den Mysterien des Mithras, legte er eine dreifache Sonne dar - erstens, die urtypische Emanation der Idee des Guten in dem Reich der Ideen, zweitens, Helios, der Herrscher der geistigen Götter und drittens, die sichtbare Sonne.

Julianus schrieb eine ‚Hymne an den König Helios', in welcher er von den Sonnenstrahlen sprach als in dem fünften Element oder dem Äther kulminierend. „Es ist schwer" sagte er, „wie ich wohl weiß, zu verstehen, wie groß das Unsichtbare ist, wenn man nach seinem sichtbaren Selbst urteilt." Julianus Schrift beruht auf einer intensiven inneren Erfahrung der Sterne von seinen frühesten Jahren an und, was auch immer seine Meinungen waren, er offenbarte eine der besten Voraussetzungen für das Studium der Astronomie: einen Sinn des Staunens.

Auf der ersten Seite seines ‚Hymnus an König Helios' sagt er:

„Von meiner Kindheit an erfüllte mich eine Sehnsucht, dass die Strahlen der Gottheit tief in meine Seele eindringen sollten; und von meinen frühesten Jahren an war mein Bewusstsein so komplett dem Licht, das den Himmel erleuchtet, hingegeben, dass ich nicht nur begehrte, die Sonne anzusehen, sondern, wann immer ich während der Nacht herumwanderte, vergaß ich alles andere ohne Ausnahme und gab mich ganz den Schönheiten des Himmels hin; noch verstand ich, was irgend jemand zu mir sagte, noch achtete ich darauf, was ich selbst tat. Man sagte, dass ich überneugierig nach diesen Dingen trachte und mich zu sehr mit ihnen beschäftige und die Menschen gingen so weit, mich für einen Astrologen zu halten, als mein Bart gerade anfing zu wachsen. ..

Aber lasst das, was ich gesagt habe bezeugen, dass das Licht überall um mich herum schien und dass es mich erhob und anhielt, es zu betrachten, so dass ich schon damals selbst erkannte, dass die Bewegung des Mondes in der Gegenrichtung zum Universum geht, obwohl ich bis dahin niemanden getroffen hatte, der sich in diesen Dingen auskannte."

Hier sind die innere menschliche Erfahrung und die Phänomene vereinigt. Viele Wissenschaftler werden ihr Interesse an der Natur mit einem Enthusiasmus und

Gefühl wie das von Julianus Apostatus begonnen haben, es aber schwer hatten, sie in einem Zeitalter der äußeren Quantifizierung aufrechtzuerhalten.

Amateurastronomen sind oft ein Beispiel für dieses ursprüngliche Gefühl, das besonders lebendig geblieben ist in jahrelanger einfacher Beobachtung bei jedem Wetter unter dem gestirnten Himmel.

Die alten Babylonier beschrieben in ihren Texten die tägliche Bewegung der Sonne als ‚zi sha Shamash' oder ‚das Leben des Sonnengottes'. Heraklit von Ephesus (ca. 500 v.Chr.) soll gesagt haben, dass die Sonne beim Aufgang entzündet wird und beim Untergang ausgelöscht, dass die ‚Sonne jeden Tag neu ist'. Solche Gefühle gelten dem modernen Bewusstsein als veraltet, aber, wenn wir die Bedeutung der Himmelsphänomene für den Menschen durchdringen wollen, dann müssen solche Gefühle ersetzt werden durch andere, die gleichermaßen imaginativ und ebenso neu entfacht sind wie die Sonne von Heraklit.

- *Dieser Winkel, die Neigung der Ekliptik, variiert und ist heute ungefähr 23,44 Grad. Sie nimmt ab und erreicht eine Grenze von 22,58 Grad etwa im Jahre 12500 n.Chr.. Im Jahre 7500 v.Chr. war sie bei ein höheren Grenze von 24,25 Grad.

- **Die Exzentrizität (Abweichung von einem Kreis) der elliptischen Erdbahn oszilliert und nimmt gegenwärtig in tausenden von Jahren ab.

- *** Gelehrte sind sich über diese Quelle nicht einig.

Kapitel 6

Der Mond

Die Ansicht des Menschen vom Universum ändert sich mit seiner Entwicklung und es gibt dafür kein besseres Beispiel als die Wissenschaft der Astronomie. Die verschiedenen Ansichten des Menschen vom Mond dachten ihn als: jenseits der Sterne, näher als die Sterne, eine männliche Gottheit, eine weibliche Gottheit, als ein Elter der Sonne, ausgestattet mit eigenem Licht, nur mit reflektiertem Licht; eine Kugel mit einer Hälfte beleuchtet und der anderen Hälfte dunkel; überhaupt kein fester Körper; ein mineralischer Körper, der einmal Teil der Erde war; ein mineralischer Körper, dessen Ursprung außerhalb der Erde liegt; ein Planet der Sonne, der eine Kurve um sie beschreibt, die nie konvex ist, aber 12 mal abflacht (moderne Ansicht) und so weiter.

Je weiter man in der Geschichte zurückgeht, desto wichtiger wird der Mond in Bezug auf seinen Einfluss. Der römische Kaiser Augustus ließ während seiner Herrschaft eine Silbermünze prägen, die das Zeichen des Steinbocks trug - d.h. dem Bild, in dem der Mond stand zum Zeitpunkt seiner Geburt am 23. September 63 v. Chr.. Das älteste erhaltene Dokument einer wissenschaftlichen Astronomie aus Babylon (523 v. Chr.) listet Informationen auf über die erste und letzte Mondsichel der Monate sowie von Phänomenen rund um den Vollmond. Solche Details hatten religiöse und prophetische Bedeutung, wie ein früherer assyrischer Text belegt:

„Wenn der Mond die Sonne erreicht und damit aus dem Blick verschwindet, ... wird Wahrheit im Lande herrschen und der Sohn mit seinem Vater die Wahrheit sprechen. Am 14. wurde der Gott mit dem Gott gesehen .... wenn der Mond und die Sonne am 14. zusammen gesehen werden, wird es Stille geben und das Land wird zufrieden sein; die Götter wünschen Glück für Akkad oder „wenn der Mond nicht auf die Sonne wartet und verschwindet, wird es ein Wüten von Löwen und Wölfen geben." *

Die vorherrschende Wichtigkeit des Mondes in allen Kulturen von den frühesten Zeiten bis heute ist unbestritten und er muss wohl das am meisten studierte Objekt am Himmel sein. Tatsächlich sind die Bewegungen des Mondes, wenn man sie genau betrachtet, hoch kompliziert und es wird gesagt, dass ein guter Mathematiker ein Leben lang brauchen würde, um alle zu entdecken und zu verstehen.

Von der Erde aus gesehen sind die Bewegungen und Erscheinungen des Mondes gänzlich mit der Sonne und der Erde verbunden, die eine himmlische Trinität bilden, die Korrespondenzen und Rhythmen enthalten, die nur zu leicht weg erklärt werden können. Die Wissenschaft hat die Neigung, etwas zu beobachten, es dann mit einer Theorie zu erklären, die dann das Phänomen unausweichlich scheinen lässt. Aber wenn die Beobachtungen sich radikal ändern, muss die Theorie es auch und man hat den Eindruck, dass, wie auch immer die Beobachtungen sind, sie werden dem Schema angepasst, um den Gesetzen der Notwendigkeit zu dienen und es bleibt nichts übrig, um zu staunen.

Ob sie zu den Gesetzen passen oder nicht, verschiedene Details charakterisieren einen himmlischen Körper in besonderer Weise und bestimmen seine Beziehung zu uns. Mond und Sonne erscheinen ungefähr mit dem gleichen Durchmesser am Himmel, der Mond wendet der Erde immer das gleiche Gesicht zu, der Durchmesser der Sonne ist 109 mal der der Erde, es liegen 109 Sonnendurchmesser zwischen der Sonne und der Spitze des Erdschattens, 108 Sonnendurchmesser zwischen Sonne und Erde, der Erdschatten ist 108 Erddurchmesser lang, von der Erde zum Mond sind es 111 Monddurchmesser, die Länge des Mondschattens beträgt 111 Monddurchmesser, die Lunation des Mondes (von Vollmond zu Vollmond) beträgt 30 Tage, die Entfernung von der Erde zum Mond 30 Erddurchmesser, die siderische Periode des Mondes (Rückkehr zum selben Stern) beträgt 27 Tage, die Rotation des Sonnenäquators von der Erde aus gesehen (synodisch) ist 27 Tage lang.... Diese Zeiten und Entfernungen sind Durchschnittsangaben auf die nächste ganze Zahl gerundet.

Das Wort ‚Monat' ist mit dem Altenglischen Wort ‚mona' für ‚Mond' verbunden. Von primärem Interesse in alten Zeiten und auch heute in gewissen Religionen war die erste Erscheinung der aufgehenden Mondsichel bei Sonnenuntergang (Figur 6.1). Für die Babylonier markierte dies nicht nur den Beginn eines Monats, sondern auch

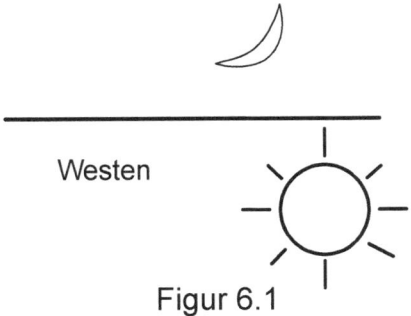

Westen

Figur 6.1

eines Tages. Heute ist der islamische Kalender noch immer auf das Erblicken der abendlichen Mondsichel begründet. Sonne und Mond gehen beide unter, wenn sie am westlichen Horizont sind und da die Mondsichel so schlank ist, muss die Sonne schon untergegangen sein, bevor der Mond in dem abnehmenden Licht knapp darüber sichtbar wird. Also sieht man die erste aufgehende Mondsichel, wenn sie gerade unter dem Horizont verschwindet. Aber der Mond bewegt sich ostwärts mit seiner eigenen täglichen Bewegung schneller als die Sonne, deshalb ist am nächsten Abend die Mondsichel höher und sichtbarer und braucht länger, um

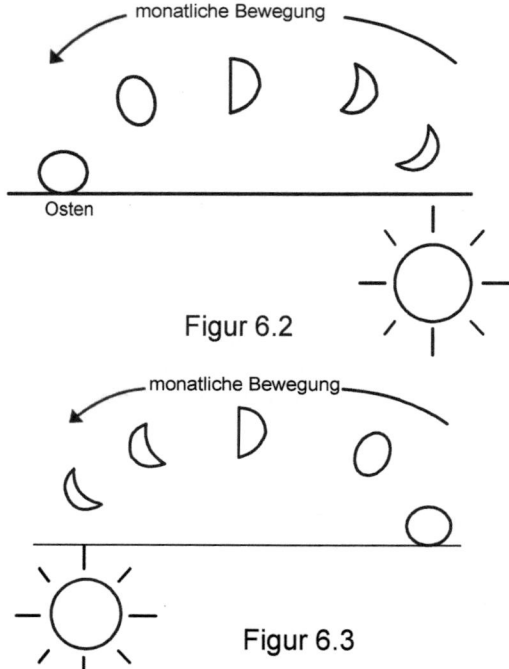

Figur 6.2

Figur 6.3

unterzugehen. Im Verlauf von zwei Wochen wird der Mond die Hälfte der Himmelssphäre durchwandert haben und seine Phase zum Vollmond anwächst, wenn er sich von der Sonne wegbewegt zur gegenüberliegenden Seite des Horizontes (Figur 6.2). Dies sind die Mondphasen, die man bei Sonnenuntergang

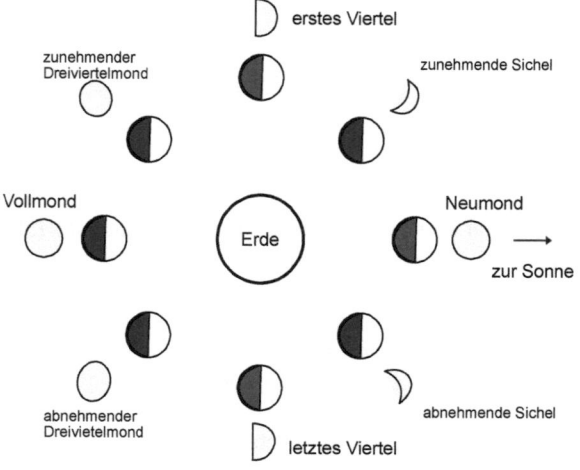

erstes Viertel

zunehmender
Dreiviertelmond

zunehmende Sichel

Vollmond

Erde

Neumond

zur Sonne

abnehmender
Dreivietelmond

abnehmende Sichel

letztes Viertel

Figur 6.4

sieht. Bei Sonnenaufgang kann man die andere Hälfte der Reise des Mondes sehen und die Phasen kehren sich von Vollmond zur abnehmenden Sichel um, wenn der Mond seiner Bahn folgt und dann die Sonne wieder trifft (Figur 6.3). Ein illustrierendes Diagramm davon, von oberhalb der Erde gesehen, wird in Figur 6.4 dargestellt. Das Licht der Sonne erleuchtet immer eine Hälfte der Mondkugel, welche aus verschiedenen Winkeln von der Erde aus gesehen wird, wodurch die Phasen hervorgebracht werden. Die Sonne ist so weit entfernt und so groß, dass Sichtlinien dahin praktisch parallel sind.

Man wird bemerken, dass von der Erde aus, der beleuchtete Teil des Mondes niemals direkt zur Sonne gewendet ist, wenn man sich eine gerade Linie vom Zentrum des Mondes und durch den beleuchteten Bogen vorstellt (Figur 6.5). Der Grund dafür ist, dass wir den Eindruck haben, dass Sonne und Mond auf einer Kugel liegen, oder Ähnlichem und die Linie zwischen ihnen eine Kurve (Abteilung des Tierkreises) auf ihrer zweidimensionalen Oberfläche zeichnet. Die Linie zwischen dem Zentrum des Mondes und dem Zentrum der Sonne im dreidimensionalen Raum ist gerade und kann als eine Speiche des Kreises um den Tierkreis angesehen werden. Wenn man dreidimensional vorstellt, muss man sich erinnern, dass der Mond sphärisch ist und keine Scheibe, und dass das Zentrum des beleuchteten Teils, von der Erde aus gesehen, nicht notwendigerweise das Zentrum der beleuchteten Hälfte des Mondes ist. Aber sie ist eine scheinbare gekrümmte Linie durch das Zentrum des Mondes und seines beleuchteten Teils, die ungefähr der Ekliptik folgt und durch die Sonne verläuft - ein Phänomen, das von Künstlern manchmal vernachlässigt wird. Die Monde von Turner sind gute Beispiele von genau beobachteten Phasen.

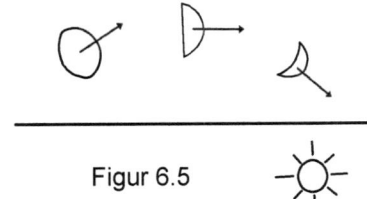

Figur 6.5

Die Mondbahn ist etwas mehr als fünf Grad gegen die Ekliptik geneigt, so dass seine Bahn innerhalb der Tierkreiszeichen liegt. Das bedeutet, dass der Vollmond den Teil des Tierkreises besetzt, der der Sonne gegenüber liegt und den die Sonne in der entgegengesetzten Jahreszeit besetzt - ein Unterschied von sechs Monaten. Den Vollmond am Sternenhimmel beobachten heißt sozusagen, die Sonne in der entgegengesetzten Jahreszeit beobachten, aber auch, die Sterne zu sehen, vor denen sie steht. Zusammen mit der Tatsache, dass Sonne und Mond den gleichen Durchmesser haben, ist der Vergleich stimmig. Aber das Licht des Vollmonds macht viele Sterne unsichtbar.

Im Mittwinter erhebt sich der Mond hoch über dem Horizont und nimmt um Mitternacht die Position der Sonne im Mittsommer am Mittag ein. Mehr

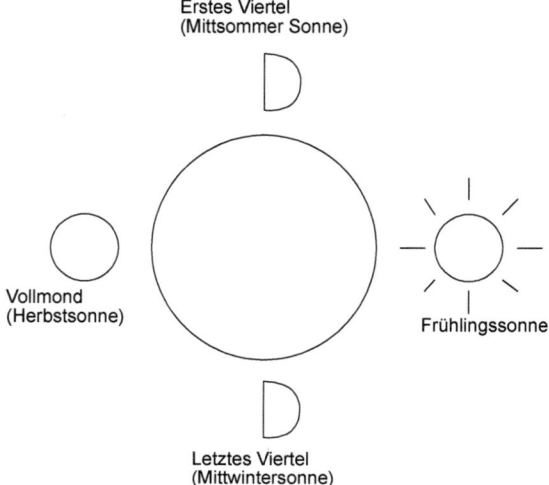

Erstes Viertel
(Mittsommer Sonne)

Frühlingssonne

Vollmond
(Herbstsonne)

Letztes Viertel
(Mittwintersonne)

Figur 6.6

Tierkreissterne sind sichtbar beim ersten und letzten Viertelmond und hier beobachtet man das Äquivalent der Sonnenposition um eine Jahreszeit weiter. Im Frühling zeigt das erste Viertel die Mittsommer-Position der Sonne und das letzte Viertel wird die Mittwinter-Position der Sonne zeigen. Der nächtliche Weg des Mondes über dem Horizont wird auch den täglichen Weg der Sonne in einer bestimmten Jahreszeit spiegeln. Ein Hinweis auf diese Sonne-Mond Beziehungen wird in den Figuren 6.6 und 6.7 gegeben. Dadurch scheinen die Tageszeiten-Sterne sichtbar zu werden.

Eine Konsequenz der Zeit zwischen zwei Vollmonden von 29 ½ Tagen ist, dass der halbe Tag bewirkt, dass der genaue Moment des Vollmondes zwischen Tag und Nacht jeden Monat alterniert. In 29 ½ Tagen hat sich die Sonne um ein

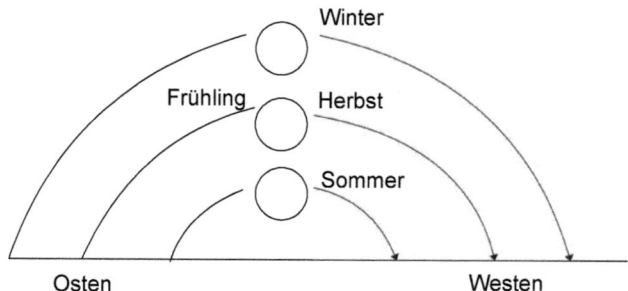

Winter

Frühling   Herbst

Sommer

Osten   Westen

Figur 6.7 Pfade des Vollmonds

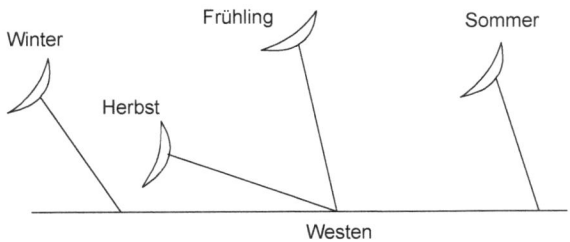

Figur 6.8　　(zunehmender Mond)

Tierkreiszeichen weiter bewegt, so dass der genaue Moment des Vollmondes im Verlauf eines Jahres in jedem Tierkreiszeichen nacheinander vorkommen kann, sechs mal während des Tages und sechs mal in der Nacht.

Ein Charakteristikum der Mondphasen als Sicheln ist, dass die Neigung zum Horizont sich mit den Jahreszeiten ändert. Und zwar, weil der Mond immer nahe der Ekliptik steht und die sich ändernden Beziehungen der Ekliptik zum Horizont reflektiert, wie in Kapitel 4 gezeigt. Die Figur 6.8 zeigt zeigt die Beziehungen der

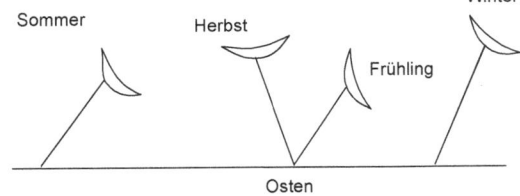

Figur 6.9　　(abnehmender Mond)

zunehmenden Mondsichel zum westlichen Horizont bei Sonnenuntergang und Figur 6.9 die Beziehungen der abnehmenden Mondsichel zum östlichen Horizont bei Sonnenaufgang. Im Fall der zunehmenden Mondsichel kann man sehen, dass im Winter und im Sommer die Neigungen gleich sind und auf halbem Weg zwischen zwei Extremen, während die Frühlings-Sichel auf dem Rücken liegt (der Gralsbecher Mond) und die Herbstsichel am aufrechtesten steht. Für die abnehmenden Sicheln sind Sommer und Winter wieder gleich, während Herbst und Frühling die zunehmenden Sichelextreme vertauschen.

Wenn die Sicheln gleich weit entfernt von der Sonne sind (die gleiche Elongation haben), dann ist die größte Sichtbarkeit im Frühling beim Sonnenuntergang und im Herbst bei Sonnenaufgang. Zu diesen Zeiten offenbaren die Tierkreisabschnitte nahe der Sonne den Beobachtern auf der Erde mehr von ihren Geheimnissen und sind für den Astronomen besonders interessant, wenn er die inneren Planeten Merkur und Venus studiert, die immer relativ nahe bei der Sonne liegen. Der Frühlings-Sonnenuntergang und der Herbst-Sonnenaufgang erlauben einen tieferen Blick auf die Schwelle der ,Verstecke' der Sterne und Planeten bei ihrem Wechsel zwischen morgendlichem und abendlichem Erscheinen (siehe Kapitel 5).

Die Sichtbarkeit der zunehmenden Mondsichel ist noch heute wichtig für den islamischen Kalender, der auf den Mondphasen basiert. Unser westlicher Kalender ignoriert den Mond und teilt das Sonnenjahr in 12 gleiche Teile. Aber der islamische Kalender hat die erste Sichtung der zunehmenden Mondsichel als den Monatsanfang. Es gibt 12 solcher ‚Lunationen' pro Jahr mit etwa 11 überzähligen Tagen, die in den ersten Monat des nächsten Zyklus hineinragen. Dies bedeutet, dass die lunaren Monate sich durch das Sonnenjahr und seine Jahreszeiten bewegen und zu einem ähnlichen Datum nach einer Periode von 33 Jahren zurückkehren.

Von allererster Bedeutung ist die Bestimmung des Anfangs des heiligen Monats Ramadan, einer Zeit des Fastens und der Hingabe. Aber muslimische Gemeinschaften haben die Gewohnheit, ihre Feierlichkeiten an verschiedenen Tagen in jedwedem Jahr zu beginnen, auf Grund von verschiedenen Orten und Himmelsbedingungen für das Erspähen der Mondsichel. Orte, die westlich von dem Punkt liegen, wo die Mondsichel zuerst von der Erde aus gesehen werden kann, haben eine bessere Chance; die Bewegung von Sonne und Mond verläuft westwärts und es vergeht mehr Zeit, bevor sie an den Horizonten dieser Orte erscheinen und dann der Mond zu Beginn seiner monatlichen Reise aus dem Licht der Sonne tritt. Zudem werden einige Breiten den Tierkreis in einem steileren sichtbareren Winkel zum Horizont haben als andere. Weiterhin gibt es Verzögerungen wegen des Wetters. Unter günstigen Bedingungen ist es möglich, eine erste Sichel weniger als 24 Stunden nach dem Neumond (Konjunktion) zu sehen, aber üblicherweise wird sie 30 Stunden später gesichtet. Um die Chancen des islamischen Beobachters zu erhöhen (zwei unabhängige Zeugen sind nötig) legten die Ottomanen fest, dass die erste Sichtung mit dem bloßen Auge oder mit dem Teleskop erfolgen kann.

Es gibt Bemühungen, den islamischen Kalender zu vereinheitlichen, so dass der Ramadan am selben Tag in den verschiedenen Gemeinschaften beginnen würde.*** Aber die Beziehung der Himmelskörper zur Erde ist etwas Lebendiges und jeder Ort hat seinen eigenen Himmel. Warum also sollten religiöse Feste nicht an Daten beginnen, die den Orten eigen sind? Aber das moderne Bewusstsein möchte generalisieren und von der Situation abstrahieren, so dass die Phänomene übergangen werden. So wie bei der Tageslänge der Durchschnitt berechnet wird und zur akzeptierten Wahrheit wird, um den Grenzen von kreisrunden Rädern in Uhren gerecht zu werden. Jedoch bewegt sich keiner der Himmelskörper in Kreisen.

In der jüdischen Tradition beginnt der Monat mit der ersten Mondsichel und in frühen Zeiten wurde ihre erste Sichtung mit Trompeten angekündigt. Die Sichtung wurde vom religiösen hohen Gericht nach der Anhörung von Zeugen verkündet und andere jüdische Gemeinden wurden durch Leuchtfeuer oder Boten informiert. Der erste Tag des Jahres jedoch bewegt sich nicht, wie bei den Mohammedanern durch die

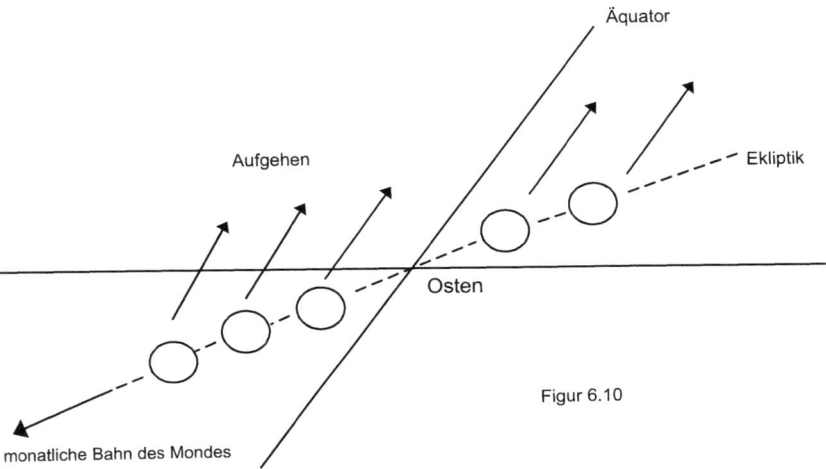

Äquator

Aufgehen

Ekliptik

Osten

Figur 6.10

monatliche Bahn des Mondes

Jahreszeiten, sondern es wird, so oft wie nötig, ein zusätzlicher (interkalendarischer) Monat den Jahren hinzugefügt, um den Jahresbeginn des ersten Monats nahe der Herbst Tag- und Nachtgleiche zu halten.

Hier können wir die Gelegenheit ergreifen, um den sogenannten Ernte-Mond zu erklären, da er auch die Beziehung der Ekliptik zum Horizont betrifft. Ernte-Monde sind jene, die kurz vor, beim und nach dem Vollmond in aufeinanderfolgenden Nächten ungefähr um dieselbe Zeit aufgehen, wenn das Licht der untergehenden Sonne im Westen abnimmt und das Licht des Mondes im Osten übernimmt. Dies geschieht nahe der Herbst Tag- und Nachtgleiche, wenn die Ekliptik bei Sonnenuntergang flach entlang dem östlichen Horizont liegt (Figur 6.10). Deshalb bringt die monatliche Bewegung des Mondes ihn nicht sehr weit unter den Horizont bei Sonnenuntergang von Nacht zu Nacht und seine Aufgangszeiten liegen bei Sonnenuntergang nahe beieinander. Der Zeitunterschied an aufeinanderfolgenden Nächten auf der Breite von London kann um 20 Minuten beim Ernte-Mond betragen, während im Frühling der Mond eine Stunde und 20 Minuten an aufeinanderfolgenden Nächten später aufgehen kann. Der Vollmond, der einen Monat nach dem Ernte-Mond folgt, wird der Jäger-Mond genannt, bei dem die schnellen nacheinander folgenden Aufgänge ähnlich, aber reduziert sind.

Man bemerkt, dass in verschiedenen Nächten der Mond an verschiedenen Punkten entlang des Horizontes aufgeht. In einem Monat wird der Mond an den Orten auf- und untergehen, die die Sonne am Horizont im Verlauf eines Jahres einnimmt. Zusätzlich imitiert die Bahn des Mondes die der Sonne, hoch oder niedrig, in einem Jahr. Aber eine spezielle Phase des Mondes braucht ein Jahr, um aufzugehen, vorüberzuziehen und unterzugehen, in Nachahmung aller jährlichen Bewegungen der Sonne. Dies ergibt sich aus der Diskussion im Zusammenhang mit den Figuren

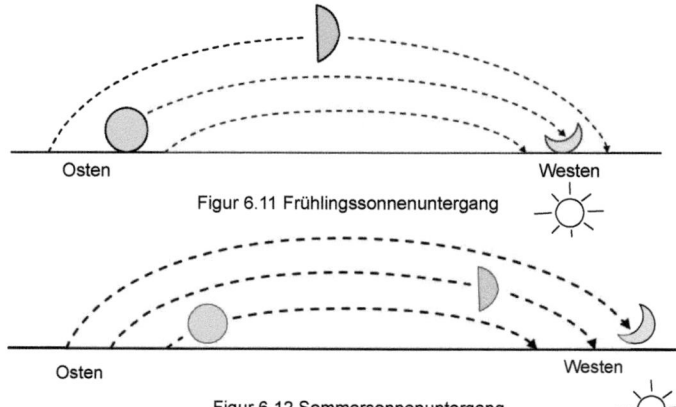

Figur 6.11 Frühlingssonnenuntergang

Figur 6.12 Sommersonnenuntergang

6.6 und 6.7. Es resultiert daraus, dass jede Jahreszeit ihr eigenes Muster lunarer Phänomene aufweist. Die Figuren 6.11 bis 6.18 zeigen Mondphasen-Aufgänge, tägliche Bahnen und Untergänge für die vier Jahreszeiten.

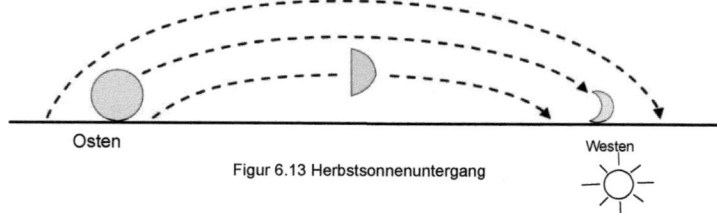

Figur 6.13 Herbstsonnenuntergang

Das Aufgehen und der tägliche Weg des Mondes über den Himmel wird in den

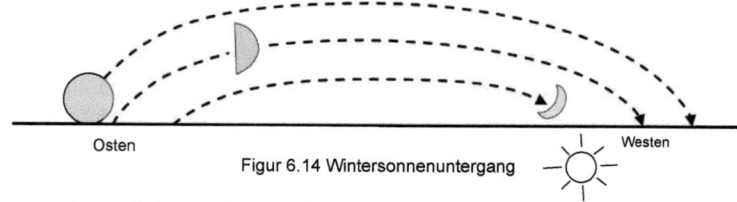

Figur 6.14 Wintersonnenuntergang

Meeresgezeiten reflektiert, die von Osten nach Westen um die Erde reisen und dabei der täglichen Bewegung des Mondes folgen. Der Mond überquert den Meridian (in südlicher Richtung) für jeden Ort von Tag zu Tag im Durchschnitt ungefähr 50 Minuten später. Die meisten Gezeiten folgen demselben Zeitplan. Aber das Gesamtbild der Gezeiten in der ganzen Welt, auch wenn sie im Rhythmus ihres Auftretens ähnlich sind, ist doch extrem kompliziert.

Wenn wir einen theoretischen Zugang zu Mond, Erde und der Wasserhülle der Erde beiseite lassen, ist ein Hauptphänomen, dass die Hauptflutwelle der Erde bei der Westküste Südamerikas beginnt, kurz nachdem der Mond darüber hinweggezogen ist. Sie wandert westwärts über den Pazifik, wobei sie sich in verschiedene Richtungen mit verschiedenen Geschwindigkeiten bewegt. Sie erreicht Australien in ungefähr 15 Stunden, das Kap der guten Hoffnung in 29 Stunden, die Ostküste der

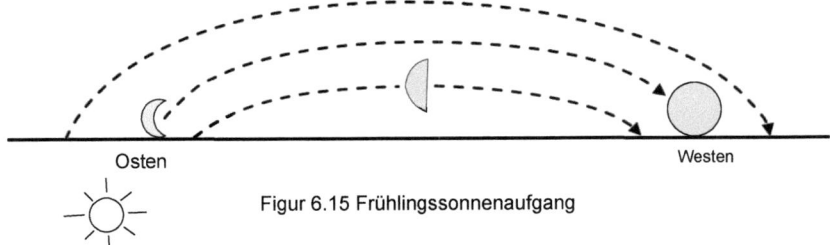

Osten   Westen

Figur 6.15 Frühlingssonnenaufgang

Vereinigten Staaten in ungefähr 40 Stunden, die Westküste von Irland in knapp 44 Stunden und um die nördliche Küste von Schottland herum abwärts nach London in

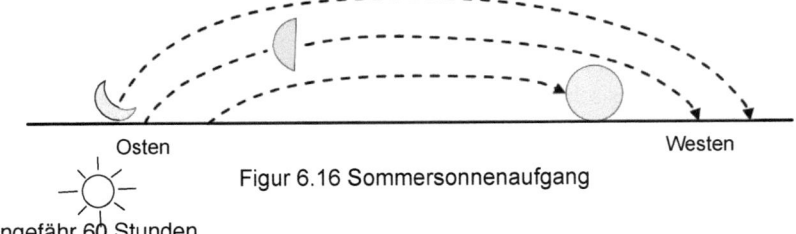

Osten   Westen

Figur 6.16 Sommersonnenaufgang

ungefähr 60 Stunden.

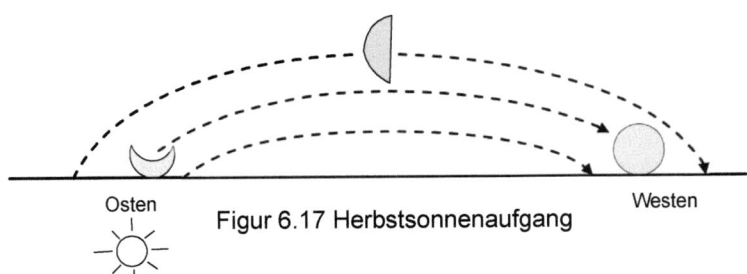

Osten   Westen

Figur 6.17 Herbstsonnenaufgang

Die Flut begann, als der Mond über der Küste von Südamerika stand und wenn der Mond direkt ‚darunter' auf der anderen Seite der Erde 12 Stunden und 25 Minuten später ist, beginnt eine zweite Welle über den Pazifik von Südamerika aus. Zu jeder

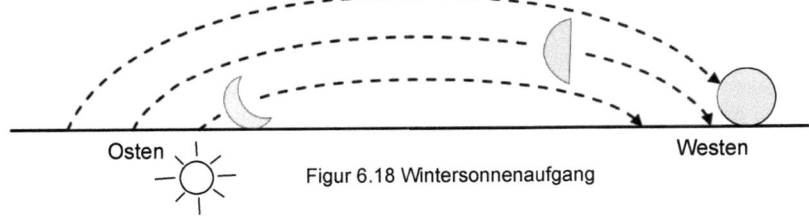

Osten   Westen

Figur 6.18 Wintersonnenaufgang

89

beliebigen Zeit gibt es fünf bis sechs Flutwellen, die um die Erde wandern, getrennt von 12 ½ stündigen Intervallen. Fluten beginnen auch im Atlantik und im indischen Ozean, die sich mit der Hauptflut aus dem Pazifik verbinden. Fluten können sich auch einer Küste aus gegensätzlichen Richtungen nähern (dies geschieht in der Nordsee) und in einigen Teilen der Welt kann dies dazu führen, dass sie sich gegenseitig aufheben, so dass es praktisch keine Gezeiten gibt oder viermal am Tag Flut. Häufiger gibt es zwei Fluten pro Tag, durchschnittlich 12 Stunden und 25 Minuten auseinander und jede von ihnen wiederholt sich am folgenden Tag ungefähr 51 Minuten später. Jedoch die Gezeiten dauern an verschiedenen Orten verschieden lange, nachdem der Mond den Meridian passiert hat. In London kommt die Flut durchschnittlich knapp unter zwei Stunden nach dem Mond, während in New York die Flut durchschnittlich 8¼ Stunden später kommt. Die astronomische Uhr über der Einfahrt zum Hampton Court Palast an der Themse, die während der Herrschaft von Heinrich dem VIII. gebaut wurde, zeigt immer noch die Zeit, wann der Mond den Meridian jeden Tag überquert, um die Gezeiten zu bestimmen.

Springfluten haben nichts mit dem Frühling (engl. ‚spring') zu tun, aber der Terminus kommt von dem altenglischen Wort ‚springan', was aufsteigen heißt. Sie sind die höchsten Fluten des Monats und werden mit dem Vollmond bzw. Neumond in Verbindung gebracht. Die höchsten Springfluten gibt es im Zusammenhang mit dem Vollmond oder Neumond, der zusammenfällt mit dem Perigäum des Mondes (der Zeit, wenn der Mond am nächsten zur Erde steht) und mit dem Perihelion der Erde (wenn die Sonne am nächsten zur Erde steht - d.h. im Januar). Der Januar ist auch eine Zeit, in der starke Stürme die Flut über normal ansteigen lassen können. Nippfluten sind die schwachen Fluten eines Monats, die zwischen zwei Springfluten liegen und mit dem ersten oder letzten Viertel des Mondes in Zusammenhang gebracht werden. Die höchsten Springfluten sind aufgezeichnet worden in Zyklen von 18,6 Jahren, welche zusammenfallen mit der Bewegung durch den Tierkreis des Perigäum und Mondknotens, die letzteren Bewegungen sollen im Kapitel über Eklipsen besprochen werden (Kapitel 7).

Die Gezeiten über die Erde hin sind so kompliziert, dass sie es zulassen, dass die Insel Tahiti eine Flut haben kann, die jeden Tag fast immer um die gleiche Zeit auftritt (mittags und um Mitternacht) und Nippfluten um sechs Uhr früh und abends. Hier ist der Einfluss der Sonne prädominant und aus irgend einem Grund zeigt sich der Mondrhythmus nicht.

Die Himmel bewegen sich in ihren Zyklen und die Erde antwortet, indem sie die Rhythmen an bestimmten Orten auf ihre Weise aufnimmt. Es ist interessant zu bemerken, dass der Ursprungsort der Flut der Pazifik, wo der Ozean am stärksten auf die Anwesenheit des Mondes reagiert, auch der Ort ist, den man dem Mond selbst zugesprochen hat. Man hat nahegelegt, dass in einem früheren Stadium der Evolution, der Mond Teil der Erde war und dass die Flüssigkeiten der Erde in großen Fluten unter den Einfluss der Sonne kamen, welche den Mond von dem Pazifikgebiet trennten und in eine Umlaufbahn warfen (Fissions-/Spaltungstheorie). Die Wissenschaftler sind sich nicht einig in Bezug auf den Ursprung des Mondes, zwei andere Theorien besagen, dass er ein eigener Körper im Raum war, der in die Bahn der Erde ‚eingefangen' wurde oder dass Erde und Mond zusammen als ein ‚Doppelplanet' geformt wurden.

Die Apollo-Serie amerikanischer Raketen brachte Proben von Mondgestein zur Erde, um sie zu analysieren und in dem Buch ‚The Moon Book' fasst Bevan French zusammen:

„Trotz der Flut von chemischen und historischen Informationen, die wir durch das Apollo Programm erhalten konnten, haben wir immer noch keine allgemein akzeptierte Theorie für den Ursprung des Mondes. Weil wissenschaftliche Theorien nur schwer ‚sterben', haben alle drei Prä-Apollo Theorien (Doppelplanet, Spaltung und Einfangen) die Ergebnisse von Apollo überlebt, obwohl oft mit erheblichen Modifikationen. Eine komplett erfolgreiche Theorie des Mondursprungs.... muss die erheblichen Unterschiede in der Chemie von Erde und Mond erklären. Diese chemische Abweichung ist das Hauptproblem der Doppelplanetentheorie, die argumentiert, dass Erde und Mond zusammen gebildet wurden in der kollabierenden Staubwolke, die zu unserem Sonnensystem wurde ... Eine neuere Variante der Spaltungstheorie besagt, dass der Mond sich allmählich aus der erhitzten Atmosphäre bildete, die von einer sich schnell drehenden Ur-Erde abgesondert wurde ... Als die Atmosphäre sich abkühlte, kondensierten sich die weniger flüchtigen Elemente in kleine Gesteinspartikel, die in eine Bahn um die Erde geworfen wurden und sich dann versammelten und zum Mond wurden."

Ein Problem der „Einfangen-Theorie" ist, dass der eingefangene Körper langsamer werden muss, um in eine Bahn um einen Planeten wie die Erde zu kommen. Die frühere Spaltungstheorie, ursprünglich von G. H. Darwin, dem Sohn von Charles Darwin, vorgestellt im Jahre 1880, würde nun nötig machen, dass der Mond eine Tasche von anderem zusammengesetztem Material gewesen sein müsste als der Rest der Erde, bevor er abgespalten wurde. Darüber hinaus, wenn es akzeptabel sein soll, dass der Mond sich aus der Pazifikregion abgetrennt hat, müsste er, im Lichte der neueren Forschung, eine solche Zusammensetzung gehabt haben, dass er nach heutiger Analyse älter wäre als der Boden des Pazifik, was bei Tiefseebohrungen herausgefunden wurde. Weil man mit früheren unbekannten Zuständen der Materie zu tun hat, ist es schwierig endgültige Schlussfolgerungen zu ziehen. Dass der Mond aus dem Pazifik kam, wurde von W. H. Pickering (1858-1938) vorgeschlagen, der amerikanische Astronom, der den neunten Satelliten des Saturn, Phoebe, entdeckt hat. Was auch immer die Schlussfolgerungen der wissenschaftlichen Welt sein werden, die Wasser des Pazifik reagieren weiterhin auf den Mond, indem sie den primären Gezeitenrhythmus in Gang setzen.

Der Einfluss des Mondes auf die Erde ist schon seit langem ein Diskussionsthema.

Das Pflanzenwachstum und das Wetter sind zwei hervorstechende Gebiete in der Diskussion und es ist schwierig für die Wissenschaft Experimente vorzulegen, die genügend sensibel und von genügend langer Dauer sind. Die Forscherin Agnes Fyfe in der Schweiz hat sich diesem Problem gestellt, indem sie eine Filterpapier-Methode ‚kapillarer Dynamolyse' auf Pflanzensaft über eine Zeit von 12 Jahren mit über 70000 Tests anwendete. Die Ergebnisse waren positiv und sprachen für eine Korrelation zwischen Pflanzensaft-Aktivität und dem Mond, beschrieben in ihrem Buch ‚Mond und Pflanze'. Das Auf- und Absteigen der Gezeiten und des Pflanzensaftes sind im Prinzip keine getrennten Phänomene. Kreaturen, die im Meer leben, wie Austern, Seeigel, Würmer und Gezeiten-Ährenfische reagieren auf den Mondrhythmus, wie es zum Beispiel von Rachel Carson in dem Kapitel über Gezeiten in ihrem Buch ‚Die See um uns' (The Sea Around Us) beschrieben wurde.

Ein Artikel in „Nature" von Peter Kahn von der Princeton Universität und von Stephen Pompea von der Colorado State Universität aus dem Jahr 1978 verknüpft die Rhythmen des Mondes mit fossilen Nautilus-Muscheln und legt nahe, dass es eine Zeit gab, in der der Mond nur halb so weit von der Erde entfernt war wie heute und dass er um die Erde in einem Drittel der Zeit wanderte, die er heute braucht. Der moderne Astronom geht davon aus, dass der Mond sich von der Erde mit einer Rate von drei Metern pro Jahrhundert entfernt. Die physikalische Dynamik des Erde-Mond Systems erfordert, dass der Mond gleichzeitig schneller wird. Gemäß der Berechnung würde das damit enden, dass der Mond die Erde in derselben Zeit umkreist, die die Erde für ihre Rotation braucht, so dass der Mond bewegungslos am Himmel des Beobachters auf der Erde stünde. V. A. Firsoff in seinem Buch ‚The Old Moon and the New' führt die Berechnung weiter bis zu dem Stadium, in dem der Mond zur Erde zurückkehren könnte, und er fügt hinzu, ‚ich werde diesen kosmischen Ragnarok nicht weiter bis zu seinem katastrophalen Abschluss verfolgen'.

Die obigen Überlegungen zur lunaren Wissenschaft wurden in diese Erörterung der Astronomie der Beobachtung eingefügt, weil der Mond als nächster der ‚Planeten', seit frühesten Zeiten den Eindruck hervorgerufen hat, sowohl ein physischer als auch ein himmlischer Körper zu sein. Anders als die weiter entfernten Planeten ist sein ‚Gesicht' sichtbar und seine Physiognomie der Interpretation so zugänglich, wie man es möchte. Ein seltsames vorchristliches Zitat gibt Britannien eine spezielle Rolle in Bezug auf das physische und himmlische Gesicht des Mondes. Im ersten Jahrhundert vor Christus schrieb der Historiker Diodorus von Sizilien, dass man in Bezug auf Britannien sage: „(D)er Mond, wie er von der Insel gesehen wird, erscheint nur eine kleine Distanz von der Erde entfernt und er habe Erhebungen, wie die auf der Erde, die dem Auge sichtbar sind. Es wird auch berichtet, dass der Gott die Insel alle 19 Jahre besuche; das ist die Periode, in welcher die Rückkehr der Sterne zu demselben Platz vollbracht wird und aus diesem Grund wird die 19 Jahr-Periode von den Griechen das Jahr des Meton genannt."

(siehe Kapitel 7 für eine Beschreibung des ‚Metonischen Zyklus'.)

Plutarch (50 -120 n. Chr.) in seiner gefeierten Diskussion ‚Über das Gesicht auf der Kugel des Mondes', welche sowohl Kopernikus als auch Newton beeinflusste, lässt einen der Teilnehmer am Gespräch sagen: „Es ist nicht wahrscheinlich, dass der

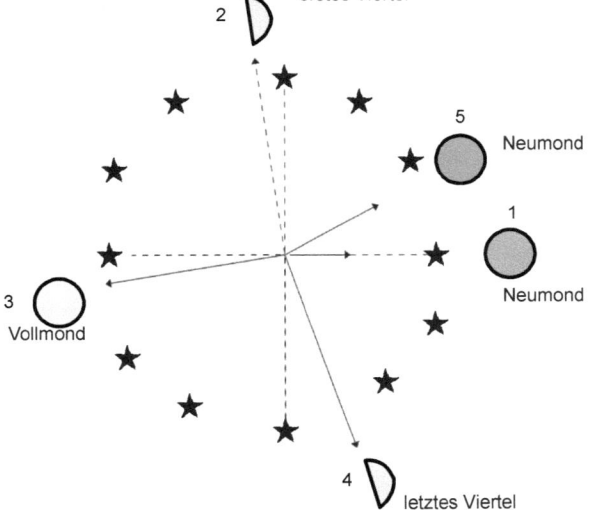

Figur 6.19

Mond nur eine Oberfläche hat, die ganz glatt und eben wie die See ist; eher, dass er seiner Natur nach im Prinzip der Erde ähnelt." Auf der anderen Seite fügt er hinzu: „Und wir sind weit davon entfernt, zu denken, dass der Mond, den wir für eine himmlische Erde halten, ein Körper ohne Seele und Geist ist, ausgenommen und beraubt von all dem, was den Göttern gegeben werden soll." Dieses Gespräch über den Mond enthält Bezüge zu den früheren Astronomen, wie Aristarchus, Überlegungen zu der Bahnbewegung der Erde und zu der fruchtbaren Idee, dass der Mond sich gemäß den Gesetzen der Gravitation bewegt. Jedoch wird die Diskussion

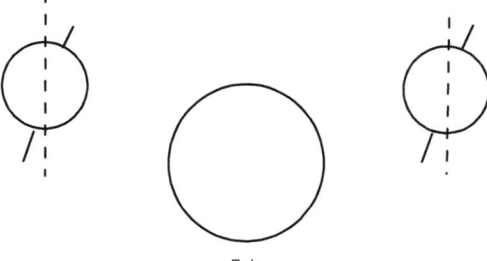

Figur 6.20

beendet mit einer Beschreibung einer Funktion des Mondes als Sammelpunkt der verschiedenen Seelen, bevor sie sich hinaus in den Kosmos begeben. Der Mond stand am Himmel als ein Vermittler, eine Schwelle an der Grenze, die zur Materialisierung des Universums auf der einen Seite und zu den Hierarchien auf der anderen Seite führt.

Im alten Osten hatte der Mond seine eigenen Tierkreisabteilungen. Unter den Völkern wie den Chinesen, Indern, Persern, Arabern und Kopten wurde ein System benutzt, das die Ekliptik in 28 (oder 27) Teile gliederte, wobei in jedem von ihnen der Mond für einen Tag verblieb. Für die Chinesen waren sie ‚Wohnhäuser‘, für die Inder waren sie ‚Ehefrauen des Mondes‘ und die Araber nannten sie ‚Ausstiegsstationen‘. Einige der Abteilungen wurden von größeren Tierkreissternen markiert, unter ihnen die Pleiaden, Aldebaran, Betelgeuse, Castor und Pollux, Regulus, Spica und Antares. Eine chinesische Karte der Häuser des Mondes aus dem 24. Jahrhundert vor Christus zeigt, dass die Abteilungen ungleich waren, aber in vier Gruppen organisiert, die gemäß den vier jahreszeitlichen Punkten der Sonne beginnen und enden. Zusätzlich erhielten die chinesischen Häuser ihre Gebiete von Messungen, die entlang des Himmelsäquators durchgeführt wurden, nicht der Ekliptik, auf diese

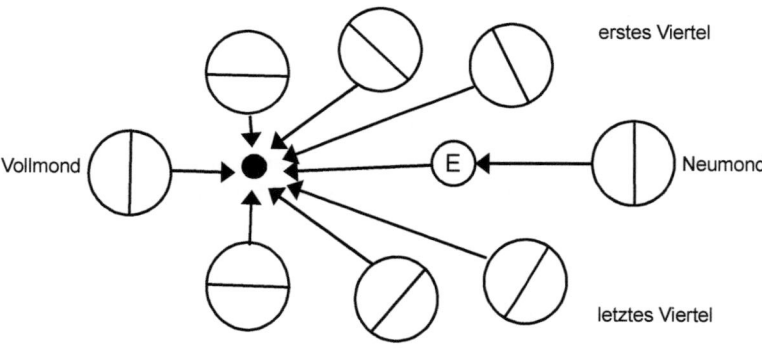

maximale Libration

erstes Viertel

Vollmond

E

Neumond

letztes Viertel

maximale Libration

Figur 6.21

Weise auf ein System hindeutend, das sich hauptsächlich auf den Himmelspol stützte. Zudem stimmten die verschiedenen Abteilungen, die von verschiedenen Kulturen gebraucht wurden, nicht immer überein, obwohl neun Grenzsterne im chinesischen System die gleichen sind wie im indischen System.

Die genaue Bewegung des Mondes vor den Sternen ist, wie schon oben gesagt, extrem kompliziert. Jedoch, zwei fundamentale Aspekte der gewöhnlichen Beobachtung sind die Positionierung der Phasen vor dem Tierkreis und die

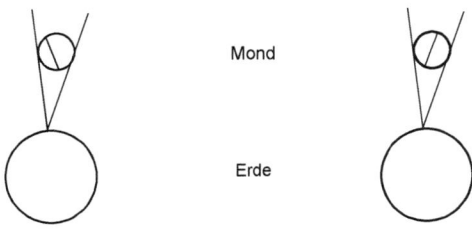

Mond

Erde

Figur 6.22
Oberfläche des Mondes, die sich bei diesen Phasen zeigt.

Erstens, wenn der Mond sich wegbewegt hat von der Konjunktion mit der Sonne zum ersten Viertel, steht er mehr als 90 Grad entfernt von dem Konjunktionspunkt vor dem Tierkreis. Der Grund ist, dass die Sonne konstant durch den Tierkreis in derselben Richtung wandert. Es dauert deshalb für den Mond länger von der Sonne 90 Grad weiter zu wandern, als 90 Grad von einem Stern. Nachfolgende Phasen, mit der Sonne verknüpft, vergrößern die Ungleichheit bis der nächste Neumond an der Position der Sonne einen Monat später stattfindet und ungefähr eine Konstellation weiter vor dem Tierkreis (Figur 6.19). Dies drückt den Unterschied zwischen einem synodischen und einem siderischen Monat aus.

Zweitens, mehr als die Hälfte der Oberfläche des Mondes ist von einem Ort auf der Erde aus im Verlauf eines Monats zu sehen. Der Mond scheint sanft vor den Sternen zu tanzen, vertikal nickend und horizontal der Ekliptik entlang wiegend. Das Nicken ist die ‚Libration in dem Breitengrad' und findet statt, weil der Mond seine Pole in gleicher Richtung in Bezug auf die Sterne behält, während er die Erde umkreist, so dass man jetzt mehr und dann weniger von seinen nördlichen und südlichen Gebieten sieht (Figur 6.20).

Das horizontale Wiegen oder Libration im Längengrad findet statt, weil der Mond sich in einer Ellipse und nicht in einem Kreis bewegt. Die Erde ist in einem Brennpunkt der Ellipse und wenn der Mond sich diesem nähert (der Zeitpunkt des Perigäums), bewegt er sich schneller. Aber die Drehung des Mondes auf seiner Achse ändert sich nicht, so dass die beiden Bewegungen nicht mehr synchron sind. Die axiale Bewegung ist mit der Erde synchronisiert und der Mond würde der Erde ein gänzlich unveränderliches Gesicht zuwenden, wenn er sich in einem Kreis bewegte. Aber mit der Beschleunigung der Bahngeschwindigkeit auf einer Ellipse wird das Gesicht, das sonst der Erde zugewendet wäre, sozusagen an der Erde vorbei 'gewischt', bevor es sich genügend gewendet hat. Der Beobachter sieht dann weiter herum an einer Seite des Gesichts, wenn es sich leicht abwendet. Das interessante Ergebnis ist, dass immer das gleiche Gesicht des Mondes dem Brennpunkt der Ellipse zugewandt ist, den die Erde nicht einnimmt. Dies ist der ‚Brennpunkt' der Mondrotation auf seiner Achse. Die Erde ist der Brennpunkt seiner Bahn. Die Figur 6.21 übertreibt die Ellipse der Klarheit wegen und setzt den Neumond an sein Perigäum - obwohl das

Perigäum mit jeder Phase zusammentreffen kann.

Das Maximum der Libration tritt zwei Mal im Monat in jeder beliebigen Phase auf, jede Gelegenheit offenbart ein Gebiet an der jeweils gegenüberliegen Kante des Gesichtes (Figur 6.22). Beim Perigäum und beim Apogäum kommt der Librationseffekt nicht zustande, da der Mond beiden Brennpunkten zugleich zugewandt ist. Über eine Anzahl von Jahren hinweg (es sind viele andere Bewegungen zu berücksichtigen) können bis zu 59 Prozent der Gesamtoberfläche des Mondes von der Erde aus kartiert werden.

In der Legende ist eine Kreatur der Hase, der oft mit dem Mond assoziiert wurde und der in Geschichten aus ganz verschiedenen Kulturen vorkommt. Gemäß einer Hindulegende war Buddha in einem frühen Stadium seiner Existenz ein Hase. Er reiste in Begleitung eines Affen und eines Fuchses. Eines Tages trafen sie einen Bettler, der um Nahrung bat. Der Hase war als einziger nicht erfolgreich bei der Suche nach Nahrung für den Bettler, aber statt dessen, ließ er ein Feuer machen und warf sich selbst hinein als Braten für das Abendessen des Mannes. Der Bettler war der verkleidete Gott Indra und er ließ den Hasen für sein Opfer auf den Mond versetzen. In ähnlicher Weise gibt der Mond jeden Monat sich selbst auf, im Licht oder Feuer der Sonne bei der Konjunktion. Im Sanskrit wird der Mond Sasanka genannt - ‚der die Anzeichen des Hasen hat'. Der Hase wird auch in China und Südafrika mit dem Mond in Zusammenhang gebracht und in Mexiko wird gesagt, dass die Gesichtszüge des Mondes, die eines Kaninchens seien. Eine taoistische Fabel beschreibt einen Hasen, der die Drogen klopft, die das Elixier des Lebens ergeben und die Chinesen stellen den Mond als ein Kaninchen dar, das Reis in einem Tiegel zerkleinert. Es wurde in der Literatur über die Mythologie des Mondes angemerkt, dass der Hase eine Tragezeit von 30 Tagen hat - vergleichbar dem synodischen Monat. Der kleine Finger hochgehalten auf Armlänge bedeckt das Gesicht des Mondes am Himmel. Und doch hat dieser Himmelskörper im Verlauf der Geschichte eine riesige Menge an Literatur angeregt, sowohl imaginative als auch wissenschaftliche. Er ist der nächste Nachbar der Erde und bewegt sich um sie herum, sicher, dass Natur und Mensch reagieren, mit Gezeiten und Kalendern. Er steht am Himmel als eine Schwelle zu den Himmeln darüber hinaus, ob physisch oder imaginativ, treu dasselbe Gesicht der Erde zugewandt, als ob er mit einer unsichtbaren Nabelschnur mit ihr verbunden wäre.

Was wäre, wenn der Mond nicht an unserem Himmel wäre? Diese Frage wird von dem wissenschaftlichen Autoren Isaac Asimov in einem Essay untersucht. Seine einleitenden Worte sind:

„Es war heute morgen ein Vollmond am Himmel. Ich war wach als die Morgendämmerung den Himmel zu einem Schieferblau aufgehellt hatte (wie es meine Gewohnheit ist, da ich ein Frühaufsteher bin) und als ich aus dem westlichen Fenster schaute, sah ich ihn. Es war eine fette gelbe Scheibe in einem schieferblauen Himmel, die bewegungslos über der Stadt hing, die noch in der Morgendämmerung träumte. Gewöhnlich werde ich nicht leicht von visuellen Reizen bewegt, da ich relativ unempfindlich gegenüber den Dingen bin, die außerhalb meines Schädels vorgehen. Diese Szene jedoch drang hindurch."

Lasst uns hoffen, dass der visuelle Stimulus des Mondes weiterhin den Schädel des modernen Menschen durchdringt und ihn herauslockt, die Phänomene am Himmel in direkter Weise zu erleben.

    * Es scheint, dass ‚der Mond erreicht die Sonne' heißt: Neumond oder Konjunktion; dass der Mond und die Sonne zugleich gesehen werden am 14ten bedeutet, dass der fast volle Mond aufging, bevor die Sonne unterging; und dass der Mond nicht auf die Sonne wartete, meint, dass er fast als Vollmond unterging, bevor die Sonne aufging.

** Götterdämmerung oder der Tag an dem die Welt vernichtet wird, bevor sie später auf einer unvergänglichen Basis wieder aufgebaut wird.

*** Es gibt besonders in Saudi-Arabien Bemühungen, den Beginn des Ramadan durch Berechnung zu bestimmen. In Ägypten wird der Beginn in Assuan bestimmt und telefonisch nach Kairo gemeldet.

Kapitel 7

Finsternisse

Das Phänomen der Finsternisse erscheint als Licht, das über die üblichen täglichen Veränderungen von Licht und Dunkelheit hinaus, verdunkelt wird. Es ist als ob Eingriffe in die üblichen Angelegenheiten der Natur stattfänden. Jedoch haben diese Eingriffe, wenn man sie genau untersucht, bemerkenswerte eigene Rhythmen, welche der Mensch seit frühester Zeit studiert und zu analysieren versucht .

Zweimal pro Jahr gibt es Zeitfenster mit Eklipsen. In diesen Zeiten ist das Licht der Sonne und des Mondes vermindert oder fast ganz ausgelöscht. Mindestens vier Finsternisse gibt es jedes Jahr, obwohl zwei von ihnen (Verdunklungen des Mondes) für das bloße Auge nicht sichtbar sein können. Mindestens zwei sichtbare Verdunklungen der Sonne müssen im Laufe von 12 Monaten stattfinden. Es kann ein Maximum von sieben normalerweise sichtbaren Eklipsen in einem Jahr geben, fünf der Sonne und zwei des Mondes oder vier der Sonne und drei des Mondes.

Die Zeiträume der Finsternisse sind im Verlauf des Jahres gegenüberliegend, ungefähr sechs Monate auseinander. Diese Perioden werden ,Eklipsen-Jahreszeiten' genannt. Sie rotieren einmal durch die vier Jahreszeiten des Jahres in 18 ½ Jahren.

Sonnenfinsternisse sind umwerfende Spektakel, selbst für den modernen, nicht abergläubischen Betrachter. Man ist sich bewusst, dass ein gigantisches Ereignis der Natur stattfindet, über welches der Mensch keine Kontrolle hat. Bei einer totalen Sonnenfinsternis verdunkelt sich der Tageshimmel in ein unheimliches Licht mit einem rötlichen Schein um den Kreis des Horizontes. Helle Sterne treten hervor, Tagvögel und Tiere verstummen und Blumen und Blätter schließen sich, was normalerweise nur bei Nacht geschieht. Die Atmosphäre kühlt ab und es kann Tau fallen. Die Sonne wird zu einem Ring von diffusem Licht am Himmel, rötlich um den Rand einer dunklen Scheibe. Dies kann bis zu 7 ½ Minuten dauern (in der Nähe des Äquators der Erde) und knapp über sechs Minuten bei einer Breite von 50 Grad. Die Rückkehr der Sonne zur Sichtbarkeit geschieht mit einem Lichtblitz über die Landschaft hinweg. Die Zeit des ganzen Vorgangs vom Anfang der Verdunklung bis zur vollständigen Wiederherstellung des Lichtes kann bis zu vier Stunden dauern.

Eine dramatische Verringerung des Lichtes tritt kurz vor der totalen Verfinsterung auf und die früheren Phasen können unbemerkt vorübergehen, außer man schaut danach. Die Sonne, selbst als schmale Sichel an einem klaren Himmel, ist sehr hell und man hat ausgerechnet, dass 98 Prozent einer Finsternis unter klaren

Bedingungen unbemerkt bleiben können. Jedoch eine dünne Wolkendecke, auch über eine kleine Teilfinsternis, macht sie leicht sichtbar. Wenn wir unsere Aufmerksamkeit der Erde zu unseren Füßen zuwenden, können wir bemerken, dass das Licht, durch eine Baumdecke gefiltert, Lichtflecken auf den Boden wirft, die sichelförmig sind, weil Projektionen der Sichel der Sonne durch schmale Öffnungen gehen. Dies ist das Prinzip der Camera obscura, die von Aristoteles beobachtet und kommentiert wurde. Es sollte ergänzt werden, dass eine Projektion des Bildes der Sonne auf eine Leinwand der sicherste Weg ist, eine Sonnenfinsternis zu beobachten, um Schäden am Auge zu vermeiden. Sicherlich sollte die Sonne nie mit bloßem Auge angeschaut werden und man sollte sich professionell beraten lassen in Bezug auf den Gebrauch von dunklen Gläsern, etc.

Was die Finsternisse des Mondes angeht, kann der komplette Verlauf einer totalen Mondfinsternis von der ersten Abdunkelung (für das bloße Auge nicht sichtbar) bis zu sechs Stunden dauern. Wenn die Finsternis fortschreitet, rötet sich der Mond oft oder wird kupferfarben. Bei seltenen Gelegenheiten kann er komplett vom Himmel verschwinden. Vom Anfang bis zum Ende kann das leicht sichtbare Verdunkeln fast vier Stunden dauern. Die Dauer der mittleren Phase der stärksten Verdunklung (totale Finsternis) kann fast 1 ¾ Stunden dauern.

Das Wort ,Eklipse' kommt aus dem Griechischen, verschieden übersetzt mit ,Versagen', ,im Stich lassen' oder ,Verschwinden'. Davon schreibt sich das Wort ,Ekliptik' her - das besagt: der Kreis auf der Himmelssphäre, auf oder nahe dem die Finsternisse von Sonne und Mond stattfinden. Frühe Völker sprachen von einem himmlischen Drachen, der die Finsternisse bewirke und in alten Illustrationen wird er dargestellt mit seinem Kopf an einem Finsternisgebiet und sein Schwanz an dem anderen, an der gegenüberliegenden Seite des Tierkreises. Gemäß der babylonischen Mythologie brachte der Gott Marduk den Großen Drachen hervor und ließ ihn sechs der Tierkreiskonstellationen auf seinem Rücken tragen und sechs unter seinem Bauch.

Drachensymbol

In Indien tauchten sich die Menschen bis zum Hals ins Wasser während einer Finsternis und in Japan wurden Brunnen abgedeckt, um Vergiftung zu vermeiden. Im arktischen Amerika sagten die Eskimos, Aleuten und die Tlingit Völker, dass während einer Finsternis die Sonne oder der Mond den Himmel vorübergehend verlassen, um nachzusehen, ob die Dinge auf der Erde in Ordnung sind. Plutarch berichtet, wie bei einer totalen Mondfinsternis am Vorabend der Schlacht von Pydna, „die Römer, gemäß ihrer Gewohnheit großen Lärm machten, indem sie auf große Kupferkessel schlugen und angezündete Reiser und Fackeln hoch in die Luft hielten, um ihr Licht zurückzuholen." Tacitus erwähnt eine Mondfinsternis, die kurz nach dem Tod von Augustus stattfand, als Soldaten „laute Geräusche machten, indem sie auf

Messing klopften, Trompeten und Hörner bliesen; wenn er heller oder dunkler schien, freuten sie sich oder lamentierten." In mittelalterlichen europäischen Chroniken war es üblich den Mond als ‚in Blut verwandelt' zu beschreiben, wenn er bei einer Finsternis eine rötliche Färbung annahm.

Finsternisse wurden lange Zeit als Ereignisse von schlechter Vorbedeutung oder Veränderung angesehen. Auch gibt es eine Tradition, die sie mit Erdbeben in Zusammenhang bringt. Das Buch der Offenbarung wurde als Beispiel angeführt, „Und ich sah, als er das 6. Siegel öffnete und siehe da gab es ein großes Erdbeben; und die Sonne wurde schwarz, wie ein Sackleinen von Haar und der Mond wurde wie Blut." Thucydides stellt fest, dass während des Peloponnesischen Krieges „Dinge, die man vormals auf Hörensagen wiederholte, aber selten durch Fakten stützte, wurden eher glaubwürdig, sowohl über Erdbeben, als auch über Sonnenfinsternisse, die sich häufiger ereigneten als man sich in früheren Zeiten erinnerte."

Frühe chinesische Aufzeichnungen machen es klar, dass astronomische Beobachtungen, inklusive derjenigen über Finsternisse, für politische Astrologie in Bezug auf den Kaiser und seine Familie gemacht wurden. Der Bericht über eine fast totale Finsternis vom 18. Januar 120 vor Christus stellt fest, „Es gab eine Sonnenfinsternis. Sie war fast total und auf der Erde wurde es wie zum Abend ... Die weibliche Herrscherin zeigte Abneigung dagegen. Zwei Jahre später verstarb Teng, die kaiserliche Witwe." Das chinesische Zeichen für alle Finsternisse (CHI) war ursprünglich das Piktogramm eines Mannes, der seinen Kopf von einem Teller mit Essen abwandte, andeutend, dass er satt war.

Soweit es existierende Berichte angeht, stellten babylonische Astronomen seit 750 v. Chr. genaue Beobachtungen der Himmelsphänomene an, einschließlich der Eklipsen. Dies wird ersichtlich durch astronomische Tafeln, die versehentlich im letzten Jahrhundert von Leuten ausgegraben wurden, die nach getrockneten Lehmziegeln für ihre Gebäude suchten. Die meisten dieser Tafeln sind jetzt im britischen Museum, aber sie alle repräsentieren nur um die fünf Prozent des originalen Archivs. Ältere Texte, die von der Astrologie handeln, beinhalten die ausführliche Sammlung von Omen, „Enuma Anu Enlil", die bis in die Zeit vor 2000 v. Chr. zurückzugehen scheinen. Ein Charakteristikum dieser alten Texte ist, dass bei Mondfinsternissen die vier Viertel des Mondes die vier Gebiete des Landes repräsentierten. Eine partielle Finsternis eines Viertels ergab ein Omen für diesen Teil des Landes, wobei eine totale Finsternis alle Teile des Landes betraf. Bestimmte Gebiete wurden auch angezeigt durch die Zeit der Finsternis in Bezug auf den Monat, Tag und Stunde. Auf diese Weise führte die Astrologie zu der Notwendigkeit einer genauen Wissenschaft der beobachtenden Astronomie.

Das grundlegende Phänomen einer Sonnenfinsternis ist, dass die Sonne durch ‚Phasen' geht, von denen einige denen des Mondes gleichen, wenn er sichelförmig

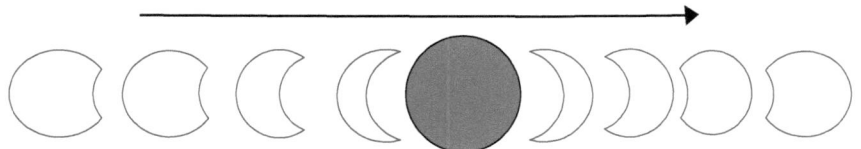

Figur 7.1

ist. Da eine totale Sonnenfinsternis bis zu vier Stunden dauern kann, wandert die Sonne in ihrer täglichen Bewegung nach Westen während dieser Zeit, deshalb muss die Figur 7.1 von links nach rechts gelesen werden. Jedoch wird der Effekt durch den Mond hervorgebracht, der vor dem Gesicht der Sonne von rechts nach links vorüberzieht in seiner eigenen monatlichen Bewegung (Figur 7.2).

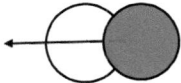

Figur 7.2

Eine totale Mondfinsternis hat eine gegensätzliche Erscheinung. Hier ist die tägliche Bewegung wiederum von links nach rechts (Figur 7.3), aber die Dunkelheit wird hervorgebracht dadurch, dass der Mond in den Schatten der Erde von rechts nach links eintritt (Figur 7.4).

Der technische Grund für diese erstaunlichen Phänomene ist die schon erwähnte bemerkenswerte geometrische Beziehung zwischen Sonne, Erde und Mond (Figur

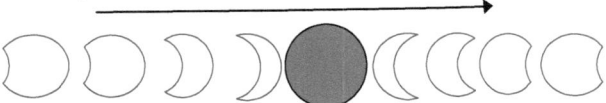

Figur 7.3

7.5). Von der Oberfläche der Erde aus gesehen ist der Durchmesser des Mondes ungefähr gleich dem der Sonne. Wenn der Mond neu ist und der Mond genau zwischen Erde und Sonne steht, dann gibt es eine Sonnenfinsternis. Wenn der Mond voll ist und Sonne, Erde und der Mond in einer Linie im Raum stehen, gibt es eine Mondfinsternis (Figur 7.6). Die Zeichnungen sind Diagramme, um die Geometrie der

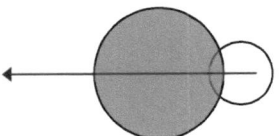

Figur 7.4

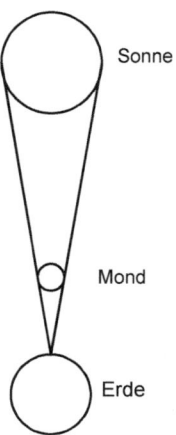

Figur 7.5

Situation zu zeigen. Bei einer Sonnenfinsternis überholt der Mond die Sonne und geht direkt vor ihr vorüber; bei einer Mondfinsternis eilt der Mond voran und tritt in den Schatten der Erde ein.

Die Entfernungen zwischen Sonne und Erde sowie Mond und Erde variieren rhythmisch und verursachen drei Grundtypen von Sonnenfinsternissen. Zum

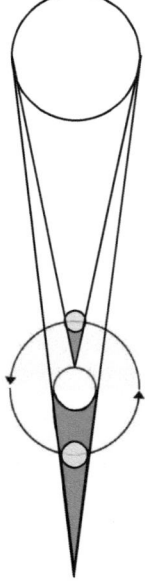

Figur 7.6

Figur 7.7

Beispiel, wenn der Mond am nächsten zur Erde steht (Perigäum) erscheint er größer
als die Sonne und wenn in dieser Zeit eine Finsternis entsteht, wird die Scheibe des

Figur 7.8

Mondes größer erscheinen als die der Sonne und sie vollständig abdecken, was zu

Figur 7.9

einer totalen Sonnenfinsternis führt. Wenn der Mond am weitesten von der Erde
entfernt ist (Apogäum) erscheint seine Scheibe kleiner als die der Sonne und es
kann eine ringförmige Finsternis geben (annular, Lat. ‚kleiner Ring‘) (Figur 7.7).
Hierbei ist der Schatten des Mondes nicht lang genug, um die Erde zu erreichen
(Figur 7.8), manchmal ist er um mehr als einen Monddurchmesser zu kurz. Drittens,
wenn der Beobachter nicht direkt im Schatten des Mondes steht, sondern auf einer
Seite davon, gibt es für ihn eine partielle Mondfinsternis (Figur 7.9).

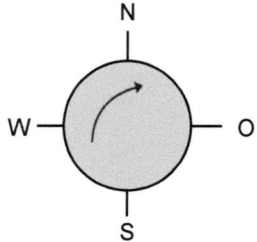

N

W — O

S

Figur 7.10

Wenn der Mond über das Gesicht der Sonne von West nach Ost zieht, verursacht dies, dass sein Schatten über die Erdoberfläche von West nach Ost zieht, eine Reise, die bis zu 6 Stunden dauern kann, mit einer Bodengeschwindigkeit von über 1600 Kilometern pro Stunde. Geographisch überquert der Schatten weniger als die Hälfte des Erdumfangs, da die Erde in derselben Richtung rotiert wie der Mondschatten. Im Raum wandert der Mondschatten mit ungefähr der doppelten Bodengeschwindigkeit über die Erde hin. Sein maximaler Durchmesser auf der

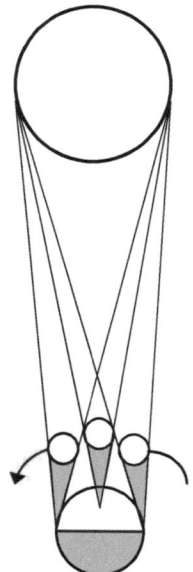

Figur 7.11

Oberfläche der Erde, wenn er senkrecht dazu steht, misst fast 250 Kilometer. Die Figur 7.10 zeigt die generelle Richtung der Bewegung des Schattens.

Eine Sonnenfinsternis erscheint zuerst in jenen Gegenden, die geographisch westlich liegen und den Sonnenaufgang erleben und wird zuletzt an Orten gesehen,

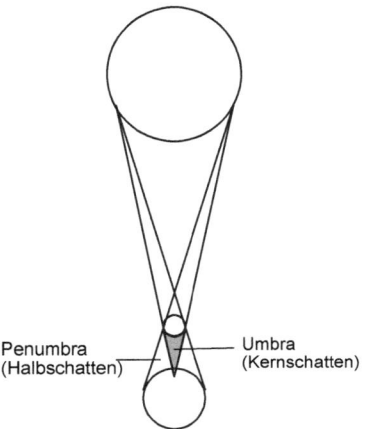

**Penumbra
(Halbschatten)**

**Umbra
(Kernschatten)**

Figur 7.12

die östlich davon den Sonnenuntergang erleben (Figur 7.11). Orte an den westlichen Grenzen der Sichtbarkeit der Finsternis werden das Ende der Finsternis erleben, wenn die Sonne aufgeht und Orte an der östlichen Grenze werden den Anfang einer Finsternis sehen, wenn die Sonne untergeht. An diesen zwei Extremen wird der geringste Teil einer Finsternis gesehen. Zwischen diesen Extremen werden Finsternisse zu Zeiten erlebt wie vormittags, mittags oder nachmittags abhängig vom Ort. Es gibt auch nördliche und südliche Grenzen, ungefähr 3500 Kilometer entfernt

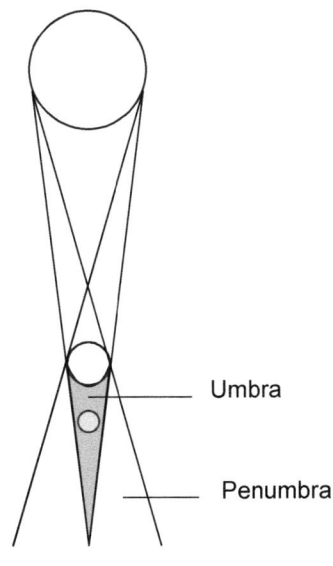

Umbra

Penumbra

Figur 7.13

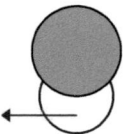

Figur 7.14

von dem Weg des Schattens, an dessen Grenze der Beobachter eine Teilfinsternis sieht und an dessen Extremen die Finsternis in dem Moment endet, wo sie beginnt.

Der Schatten des Mondes wird Umbra genannt (Lat. ‚Schatten') und um ihn herum ist ein Gebiet, das teils Licht, teils Schatten ist und Penumbra genannt wird (Lat. ‚fast Schatten', Halbschatten) - Figur 7.12. Ein Beobachter innerhalb des Umbra des Mondes wird eine totale Sonnenfinsternis sehen und innerhalb des Penumbra sieht er eine partielle Sonnenfinsternis. Die Erde hat auch ihren Umbra und wenn der Mond darin steht, kann der Beobachter auf der Seite der Erde, die dem Mond gegenüberliegt, eine totale Mondfinsternis sehen (Figur 7.13). Wenn der Mond nur teilweise durch den Konus des Erdschattens geht, sieht man von der Erde aus eine partielle Mondfinsternis (Figur 7.14). Wenn der Mond den Erdschatten verfehlt, aber den Halbschatten (Penumbra) passiert, gibt es eine Penumbra Mondfinsternis, bei der das Gesicht des Mondes sich nur etwas verdunkelt, was manchmal für das bloße Auge nicht sichtbar ist.

Also können Sonnenfinsternisse total, annular oder partiell sein; und

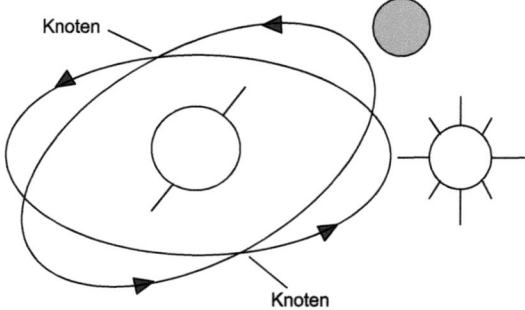

Knoten

Knoten

Figur 7.15

Mondfinsternisse können total, partiell oder penumbral sein.

Normalerweise verfehlt der Schatten des Mondes bei Neumond die Erde (geht nördlich oder südlich daran im Raum vorbei) und es gibt keine Sonnenfinsternis; bei Vollmond verfehlt der Mond normalerweise den Schatten der Erde und es gibt keine Mondfinsternis. Aber es gibt zwei Zeiten im Jahr, wo die Situation anders ist und Sonne, Mond und die Erde im dreidimensionalen Raum in einer Linie stehen. Dies

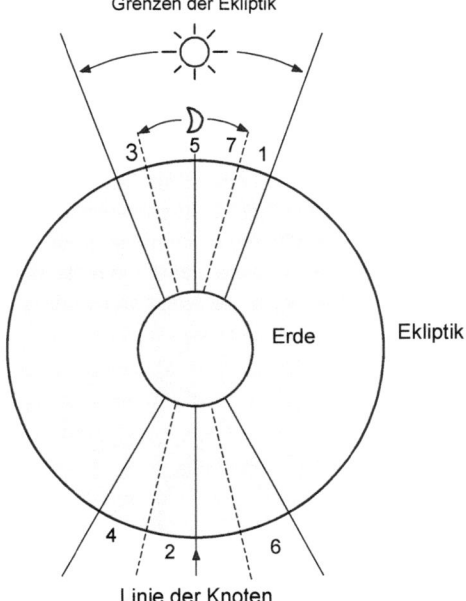

Grenzen der Ekliptik

Erde

Ekliptik

Linie der Knoten

Figur 7.16

tritt auf, an den Mondknoten (nodes: Lat. ‚Knoten') an denen der jährliche Weg der Sonne und der Weg des Mondes sich von der Erde aus gesehen kreuzen (Figur 7.15). Das Diagramm zeigt den Neumond, wenn es keine Finsternis gibt und die Sonne und der Mond für sich am Himmel stehen. Aber wenn sie zusammen nahe bei einem der Knoten, stehen, in gewissen Grenzen, dann haben wir die Möglichkeit einer Sonnenfinsternis und wenn die Sonne an einem Knoten und der Mond am anderen Knoten ist, gibt es die Möglichkeit einer Mondfinsternis, da in beiden Fällen Sonne, Mond und Erde in einer Linie liegen können. Der Ort, wo der Mond die Ekliptik kreuzt, von unten aufwärts oder von Süden nach Norden, wird der aufsteigende Knoten genannt und derjenige, wo er von Nord nach Süd kreuzt, wird

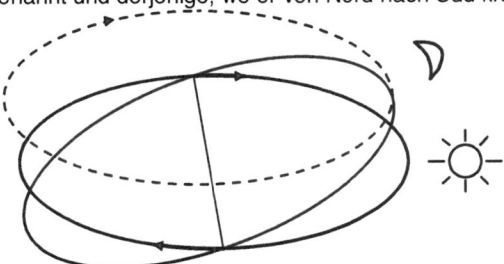

Figur 7.17

der absteigende Knoten genannt. Der aufsteigende Knoten hat das Symbol ... und wurde in früheren Zeiten der Drachenkopf genannt und der absteigende Knoten mit dem Symbol ... der Drachenschwanz.

Innerhalb eines Jahres ist ein Maximum von sieben Finsternissen möglich, ohne Penumbra (Halbschatten) Mondfinsternisse. Dies war gemeint mit sieben ‚normalerweise sichtbaren Eklipsen' in einem Jahr auf Seite 98. Ein Beispiel wie diese platziert sein könnten, wird in Figur 7.16 gezeigt. Die Eklipsen, die innerhalb von 12 Neumonden auftreten, sind in der Reihenfolge ihres Auftretens nummeriert mit 1, 3, 4, 6 und 7 als Sonnenfinsternisse und 2 und 5 als Mondfinsternisse. Eine Sonnenfinsternis muss auftreten, wenn der Neumond innerhalb von 15 Grad und 23

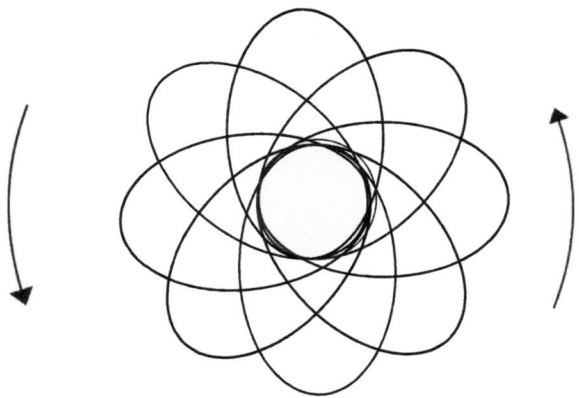

Figur 7.18

Minuten von einem Knoten auftaucht und eine Mondfinsternis (nicht im Halbschatten) muss auftreten, wenn der Vollmond innerhalb von 9 Grad und 39 Minuten aufkommt.

Weiterhin wandern diese Knotenpunkte westwärts um die Ekliptik und vollenden eine komplette Rotation vor den Sternen in 18,6 Jahren. Deshalb verteilen sich Eklipsen von Sonne und Mond in neun Jahren um den ganzen Tierkreis. Die Bewegung der Knotenpunkte um ungefähr ⅔ einer Konstellation pro Jahr wird verursacht durch die Drehung der Mondbahnebene im Raum (Figur 7.17). Dies bedeutet auch, dass die Sonne, die sich ostwärts auf der Ekliptik bewegt, einen bestimmten Knotenpunkt in weniger als einem Jahr trifft - tatsächlich etwa 18,6 Tage weniger. Dies ergibt 346,62 Tage, die als synodische Umdrehung der Mondknoten oder als Eklipsenjahr bekannt sind.

Wie gesagt, schreiten die Knoten westwärts in 18,6 Jahren ganz um die Ekliptik herum. Innerhalb dieser beweglichen Knotenregionen finden Dutzende Finsternisse an verschiedenen Punkten statt, aber in einer besonderen Periode von 18 Jahren und 11 ⅓ Tagen (die Saros Periode genannt) finden zwei Sonnenfinsternisse ganz nahe an einem Knotenpunkt statt und ebenso zwei Mondfinsternisse. Der Grund dafür ist, dass in dieser Zeit (6585 Tage) ein Knotenpunkt eine vollständige Anzahl (19) von Treffen mit der Sonne (Eklipsen Jahre) gehabt hat und die synodischen Perioden (Voll- oder Neumonde) auch eine ganze Zahl von Umläufen in Bezug auf die Sonne vollendet (223). Deshalb stehen die Sonne, der Mond und der Mondknoten in der genau gleichen Beziehung am Himmel.

Es gibt eine weitere Bewegung des Mondes, die in seltsamer Weise mit der obigen synchronisiert ist, was diesen nachbarlichen Saros Eklipsen einen erstaunlichen letzten Schliff gibt. Nicht nur, dass die Ebene der elliptischen Mondbahn sich dreht, wie in Figur 7.17 gezeigt, sondern die Ellipse selbst rotiert innerhalb dieser Ebene (Figur 7.18). Sie tut das gegen den Uhrzeigersinn oder ostwärts von der Erde aus gesehen und braucht etwa neun Jahre, um eine Rotation zu vollenden. Der Effekt ist, dass der Perigäum Punkt sich ostwärts durch die Tierkreiskonstellationen bewegt und einen Durchgang in neun Jahren vollbringt, zwei in 18 Jahren. Deshalb, wenn

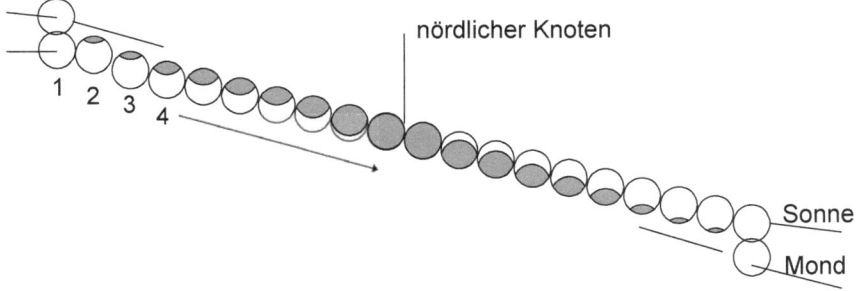

Figur 7.19

zwei Saroszyklen Eklipsen nahe beieinander am Himmel stattfinden, sind die scheinbaren Größen von Sonne und Mond gleich und es gibt eine Wiederholung des Eklipsenphänomens 18 Jahre und 11 ⅓ Tage früher (die genaue Anzahl der Tage hängt von der Menge an Schaltjahren in der Zeit ab).

In Bezug auf den Knotenpunkt wird die wiederholte Sonnen- oder Mondfinsternis um einen Sonnen- oder Monddurchmesser weiter westlich stattfinden. Um den Fall des solaren Saroszyklus aufzunehmen: diese Eklipsen schreiten durch die gesamte Knotenregion in einer Zeit zwischen 1244 und 1515 Jahren. Diese Abfolge wird in einem Diagramm in Figur 7.19 gezeigt. Die erste Eklipse (1) dieser Serie am nördlichen Knotenpunkt wird als eine schmale partielle Sonnenfinsternis nur von der Nordpolregion aus gesehen werden, weil der abdunkelnde Mond nördlich von der

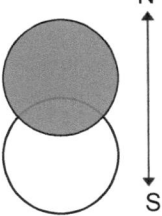

Figur 7.20

Sonne im Breitengrad ist (Figur 7.20). Die nächste Finsternis bringt den Weg des Schattens weiter südlich auf der Erde, aber um ⅓ weiter um den Globus herum. Dies deshalb, weil die Finsternis 18 Jahre und 11 ⅓ Tage nach der letzten stattfindet und die Erde sich um ⅓ weiter gedreht hat. Also bewegen sich aufeinander folgende

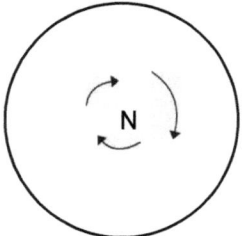

Figur 7.21

Eklipsen fortschreitend südwärts und westwärts vom nördlichen Knotenpunkt aus in einer Spirale um die Erde vom Nordpol zum Südpol in, wie gesagt, einer Periode zwischen 1244 und 1515 Jahren (Figur 7.21). Während dieser Zeit gibt es zwischen 70 und 85 Sonnenfinsternisse. Im Süden oder beim absteigenden Knotenpunkt erscheint die erste Sonnenfinsternis einer Serie als eine partielle am Südpol.

Wie man aus der Figur 7.19 ersehen kann, werden die Finsternisse in der Mitte einer Serie total oder ringförmig (annular). Dieses Stadium dauert 40 oder mehr Eklipsen, das sind über ⅔ der Serie. Zu jeder beliebigen Zeit gibt es circa 40 solare Eklipsen in einer Saros Serie, die zu dem Prozess gehören, südwärts oder nordwärts in einer Spiralbewegung zu erscheinen. Im Durchschnitt beginnt eine neue Serie von Eklipsen alle 31 Jahre und sie kommen in demselben Zeitrahmen zu Ende. In einer Saros Periode von 18 Jahren und 11 ⅓ Tagen finden durchschnittlich 86,4 Eklipsen statt, inklusive solarer und lunarer Ereignisse an beiden Knotenpunkten (Halbschatten-Mondfinsternisse eingeschlossen). Wenn man die Halbschatten Mondereignisse ausschließt, sinkt der Durchschnitt auf 70,6. Wegen der speziellen geometrischen Beziehungen, die dabei für die gesamte Erde eine Rolle spielen, gibt es grob gesprochen die gleiche Anzahl von totalen Sonnenfinsternissen wie ringförmigen Eklipsen - die Häufigkeit ist einmal in 1,4 Jahren für beide Typen im Durchschnitt.

Wenn man auf die Eklipsen-Phänomene vor dem Hintergrund der Sterne schaut, findet man heraus, dass aufeinander folgende Finsternisse in einem Saros Zyklus (nebeneinander in Bezug auf den Knotenpunkt) grob gesprochen ⅓ einer Konstellation voneinander entfernt stattfinden, ostwärts weiter wandernd. Dies ist ein Ausdruck für die 11 überzähligen Tage, die über eine ganzzahlige Anzahl von Jahren der Saros-Periode hinausgehen. (Von Jahr zu Jahr wandern Neumonde oder Vollmonde, die voneinander durch 12 synodische Monate getrennt sind, durch den Tierkreis um ⅓ einer Konstellation getrennt, obwohl westwärts, was den Unterschied zwischen einem lunaren und solaren Jahr ausmacht: d.h. ungefähr 11 Tage, die auch den Bruchteil in einer Saros Periode darstellen.)

Der Ausdruck ‚Saros‘, der für gewöhnlich für diese Periode von 18 Jahren und 11 ⅓

Tagen gebraucht wird (6585,32 Tage) ist ein griechisches Wort mit der babylonischen Wurzel ‚Sar‘. Jedoch gebrauchten die Babylonier diesen Ausdruck nie im Zusammenhang mit dieser Periode, stattdessen nannten sie sie ‚die 18‘. Tatsächlich bezog sich das Wort ‚Sar‘ auf einen Zeitraum von 3600 Jahren. Aber heute ist das Wort ‚Saros‘ ein Teil des Vokabulars des Astronomen im Zusammenhang mit den Eklipsen.

Den Babyloniern wird oft die Entdeckung der 18-jährigen Saros-Periode, um Eklipsen vorauszusagen, zugeschrieben. Aber es ist nicht plausibel, dass sich dies auf Sonnenfinsternisse bezog, da Babylonien ein kleines Gebiet auf dem Globus ist und aufeinander folgende Sonnenfinsternisse in einer Saros-Periode nur von verschiedenen Längen- und Breitengraden sichtbar sind, da ihre Bahnen in Spiralen um die Erde gehen. Von jedem beliebigen Punkt auf der Erde aus (kein erweitertes Gebiet) ist im Durchschnitt eine totale oder eine ringförmige Sonnenfinsternis alle 140 Jahre sichtbar. Totale Sonnenfinsternisse sind von einem Ort aus im Durchschnitt alle 375 Jahre zu sehen.

Die durchschnittliche Häufigkeit von totalen Sonnenfinsternissen ist in der nördlichen Hemisphäre am größten, weil die Erde im Juli am weitesten von der Sonne entfernt ist (Aphelion) und die Sonne im Norden mehr Zeit über dem Horizont verbringt und der Schatten des Mondes am längsten ist. Was die Nähe des Mondes zur Erde angeht, ist die außerordentliche Tatsache wert nebenbei erwähnt zu werden, dass ‚extreme‘ Perigäen und Apogäen in der nördlichen Hemisphäre nur im Winter stattfinden, wenn die Erde der Sonne am nächsten ist; und dass diese Extreme (sagen wir des Perigäums) die Gewohnheit haben, sich in Intervallen von 18 Jahren und 11 Tagen zu ereignen - die Saros-Periode! Jedoch sind diese Ereignisse nicht mit den Finsternissen verbunden. In der Zeit von 1750 bis 2125 war die größte Annäherung des Mondes zur Erde am 4. Januar 1912 gegeben. In jener Nacht gab es auch einen Vollmond (nicht verdunkelt) und am Tag davor war die Erde im Perihelium, weswegen der Mond etwas heller geschienen hat. Die weiteste Entfernung zwischen Erde und Mond in dieser Periode lag vor am 2. März 1984 - zudem die weiteste zu erreichende bis zum ersten Viertel des 22. Jahrhunderts.

In Bezug auf die Saros-Periode muss jedoch gesagt werden, dass den Babyloniern das Verdienst gebührt, das 18 Jahre und 11 Tage Intervall zwischen Mondfinsternissen entdeckt oder gekannt zu haben, dessen Begründung ist, dass eine Mondfinsternis von einem Gebiet der halben Erdoberfläche aus sichtbar ist - der Hälfte, die dem Mond zugewandt ist, wenn der Mond in den Erdschatten eintritt. Deshalb gibt es eine größere Zahl von sichtbaren Mondfinsternissen als Sonnenfinsternissen von jedem beliebigen Ort aus - ungefähr doppelt so viele, selbst wenn man die lunaren Halbschatten-Finsternisse ausschließt.

Weil die Saros-Periode einen 1/3 Tag als einen seiner Faktoren hat, wird jede dritte Finsternis einer Serie ungefähr zur selben Tageszeit und grob gesprochen an derselben Stelle am Himmel erscheinen und im Fall der Mondfinsternisse erlaubt dies, dass sie regelmäßig alle 18 x 3 = 54 Jahre am gleichen Ort erlebt werden. Der griechische Autor Geminos (circa 70 v. Chr.) schreibt das Auffinden dieser Periode den Chaldäern zu und sie wird auch in einem Keilschrifttext aus Uruk erwähnt. Griechische Autoren nannten diese Periode ‚exeligmos‘, was ‚ein vollständiges Abrollen‘ heißt. Es gibt weiterhin viele Bezugnahmen auf eine 18 Jahresperiode für Mondfinsternisse in späten babylonischen Zeiten - seit der Herrschaft des persischen Königs Cyrus (539 v. Chr.).

Ein lunarer Saros Zyklus (nur von Ganzschatten-Finsternissen) dauert zwischen 685 bis 1046 Jahren und enthält 39 bis 59 Eklipsen.

Das Wissen um den Saros Zyklus in alten Zeiten ist bemerkenswert, wenn man die begrenzte geographische Fläche bedenkt, die eine einzelne Kultur einnahm und die Menge an systematischen Beobachtungen und Berechnungen, die nötig sind, um Regelmäßigkeiten zu entdecken. Mit der Entwicklung des modernen globalen Bewusstseins, ist es jetzt möglich, von Phänomenen wie den Eklipsen über die ganze Erde hin zu sprechen. Zum Beispiel erlebt die Erdoberfläche dieselbe Anzahl von Sonnenfinsternissen wie Mondfinsternissen bis zu einem hohen Grad an Genauigkeit - wenn man jene Halbschatten-Mondfinsternisse mit einschließt, die so schwach sind, dass sie dem bloßen Auge entgehen. Es kommt durchschnittlich zu 2,38 Sonnenfinsternissen und 2,41 Mondfinsternissen in einem Jahr. Auf dieser Basis gibt es mindestens eine Sonnenfinsternis und eine Mondfinsternis in jeder Eklipsen-Saison oder -Periode. Jedoch, wenn die schwachen Halbschatten Mondfinsternisse nicht eingeschlossen sind, dann kann es sein, dass es in einem Kalenderjahr keine Mondfinsternis gibt. Im Durchschnitt gibt es auf der Gesamtfläche der Erde 20 Sonnenfinsternisse verglichen mit 13 sichtbaren Mondfinsternissen (nicht im Halbschatten). Mondfinsternisse, die nicht im Halbschatten sind, haben eine durchschnittliche Frequenz von 1,54 pro Jahr.

Wird die ganze Erde betrachtet, kann eine seltene Sonnenfinsternis entdeckt werden, die eine Kombination aus total und ringförmig darstellt. Am Anfang und am Ende des Schattenlaufes sieht man die Finsternis als ringförmige, aber in der Mitte, wenn die Oberfläche der Erde näher am Mond ist, wird sie total. Solche Eklipsen werden ringförmig-total oder zentrale Finsternisse genannt und sie tauchen zweimal in einem Saros Zyklus auf. Es gab eine im April 1912, gerade eben total in Portugal und seine Nachfolgerin war knapp total in Kalifornien im April 1930. Es scheint, dass in frühen Zeiten ein Unterschied zwischen total und ringförmig nicht gemacht wurde, beide wurden als totale angesehen. Die Unterscheidung begann erst nach dem Jahr 1000 n. Chr. aufzukommen.

Heute kann die Berechnung von Ort und Zeit einer Finsternis in frühen Zeiten manchmal helfen, die Daten eines historischen Ereignisses, die im Zusammenhang mit Eklipsen in zeitgenössischen Texten genannt wurden, zu bestimmen. Ein gut bekanntes Beispiel, welches jedoch eine Geschichte von Kontroversen unter modernen Gelehrten hatte, wird von Herodot beigesteuert, der über eine Voraussage einer Sonnenfinsternis durch Thales, im Zusammenhang mit einer Schlacht zwischen Medern und Lydiern, schreibt:

„Als die Waagschale sich nicht zum Vorteil einer Nation geneigt hatte, fand eine weitere Begegnung im 6. Jahre des Krieges statt, in dessen Verlauf, gerade als die Schlacht anfing heiß zu werden, sich der Tag zur Nacht wandelte. Dieses Ereignis war den Ioniern durch Thales von Miletus vorhergesagt worden, der sogar das genaue Jahr, in welchem es tatsächlich stattfand, bestimmte. Als die Lydier und die Meder den Wandel wahrnahmen, hörten sie auf zu kämpfen und waren beide begierig Frieden zu schließen."

Moderne Berechnungen zeigen, dass es am 28. Mai 585 v. Chr. am Ort der Schlacht im Norden der Türkei eine totale Sonnenfinsternis gab.

Ein Beispiel für das Datieren eines Schriftstückes betrifft „Della Compositione del Mondo" von Ristoro d'Arezzo:

„Und während wir in der Stadt Arezzo waren, wo wir geboren wurden und wo wir dieses Buch in unserem Kloster schreiben ... begann eines Freitags um die 6. Stunde des Tages, als die Sonne 20 Grad in den Zwillingen stand und das Wetter ruhig und klar war, der Himmel gelb zu werden und wir sahen, wie der ganze Körper der Sonne Schritt für Schritt bedeckt und verdunkelt wurde und es Nacht wurde und wir sahen den Merkur nahe bei der Sonne und alle Sterne über dem Horizont; und alle Tiere und Vögel waren verängstigt und die wilden Tiere konnten leicht gefangen werden ... und wir sahen, dass die Sonne ganz bedeckt war für eine Zeitspanne in welcher ein Mann ganze 250 Schritte laufen könnte. Die Luft und der Boden begannen kalt zu werden und die Sonne begann von Westen her bedeckt und (wieder) aufgedeckt zu werden."

Das Datum kann als Freitag der 3. Juni 1239 n. Chr. berechnet werden.

In anderen Fällen können Daten, die in der Vergangenheit aufgezeichnet wurden, korrigiert werden. Clavius „In Sphaeram Ionnis de Sacrobosco" stellt fest:

„Im Jahre 1559 um die Mittagszeit in Coimbra in Lusitanien (Portugal) ... wurde der Mond genau zwischen meinen Augen und der Sonne platziert, mit dem Ergebnis, dass er die Sonne für eine beträchtliche Zeit ganz bedeckte und es gab Dunkelheit, die in gewisser Weise stärker als die der Nacht war. Noch konnte man sehr klar sehen, wohin man den Fuß setzte; Sterne erschienen am Himmel und (wunderbar zu beobachten) die Vögel fielen vom Himmel auf den Boden aus lauter Angst vor solch schrecklicher Dunkelheit."

Clavius Gedächtnis (er schrieb aus der Erinnerung) war nicht genau, weil die totale

Sonnenfinsternis, die in Portugal zwischen 1540 und 1600 sichtbar war, am 21. August 1560 stattfand und ihre maximale Totalität kurz vor Mittag erreichte.

Diese Beispiele werden nicht nur angeführt, um die Präzision in Raum und Zeit, die Finsternis-Phänomene einer historischen Perspektive verleihen, zu demonstrieren, sondern auch, um etwas von der Qualität dieser außergewöhnlichen Ereignisse durch die Worte der Autoren wiederzugeben.

Eine weitere Einsicht, die durch Eklipsen vermittelt wurde, ist der Beleg dafür, dass die Geschwindigkeit der Erdrotation sich verlangsamt. Eine wichtige totale Sonnenfinsternis fand in diesem Zusammenhang am 15. April 136 v. Chr. in Babylon statt. Es ist die einzige totale Sonnenfinsternis, die bis heute in babylonischen Aufzeichnungen entdeckt wurde und zusätzlich ist das Britische Museum im Besitz zweier unterschiedlicher Tafeln, die dieselbe Finsternis dokumentieren. Berechnungen zeigen, dass, wenn die Erde mit derselben Geschwindigkeit wie heute 136 vor Christus rotierte, dann wäre der Schatten der Finsternis über die westliche Spitze Afrikas, Europa und das Baltikum gezogen. Dies stellt einen Zeitunterschied (gemessen von einer ‚idealen' Uhr) von über drei Stunden dar. Einige Faktoren steigern die Rotationsgeschwindigkeit, andere verlangsamen sie. Allmählich wird sie jedoch langsamer - wenn auch in Schwankungen.

Das Spektakel einer sich drehenden Erde ist heute in Reichweite für die direkte Erfahrung des Menschen. Die Astronauten, die den Mond betraten, taten dies während des Tages auf der Seite des Mondes, der der Erde zugewandt ist. Da der Mond keine Atmosphäre hat, war der sonnenerhellte Tag für sie schwarz und die

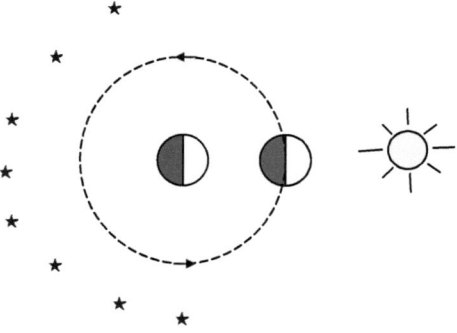

Figur 7.22

Sterne konnten im grellen Tageslicht nicht scheinen. Jedoch würde die Erde als ein großer Mond sichtbar sein und, wenn nahe bei der Sonne, würde sie als Sichel erscheinen und sich langsam drehen. Wenn die Erde die Sonne verdunkelte, würden die Astronauten im rötlichen Schatten der Erde gestanden haben.

Eine mondzentrierte Astronomie erfährt die Erde so, wie wir sie im Zusammenhang

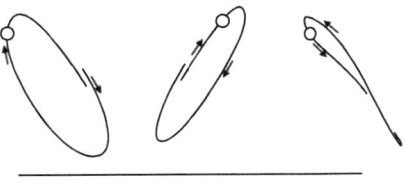

Figur 7.23

mit den Eklipsen besprochen haben. Die Erde steht praktisch bewegungslos an dem lunaren erdzugewandten Himmel und sie hängt auf immer an einem Ort über dem Horizont und rotiert um die eigene Achse. Der Grund dafür ist, dass die erdzugewandte Seite des Mondes in dieser Position verharrt. Die Sonne, die Planeten und die Sterne würden hinter der stationären Erde im Verlauf eines Mondtages und einer Nacht (einem Erdmonat) vorbeiziehen. In dieser Zeit würde die Erde durch eine Reihe von Phasen gehen: von neu zur Sichel, Dreiviertel, voll, etc. Die Figur 7.22 zeigt die Erde als voll in einem sternenerleuchteten Himmel, wie sie von der Seite des Mondes, der der Erde zugewandt ist, erschiene.

Jedoch würde die Erde nicht ganz bewegungslos am lunaren Himmel stehen. Wie in Kapitel 6 erwähnt, hat der Mond eine seitwärts tanzende Bewegung, die Libration in der Länge genannt wird. Er vollführt auch eine kleinere Bewegung auf und nieder, die Libration in der Breite genannt wird. Diese beiden Bewegungen zusammen verursachen für einen Mondbewohner, dieselbe Bewegung der Erde gegen den Horizont des Mondes. Die Erde ‚tanzt‘ dann nach links-rechts und auf- und abwärts im Verlauf eines lunaren Tages und einer Nacht und beschreibt eine Lemniskate nahe der Ekliptik 8 Grad weit und 5 Grad hoch (Figur 7.23).

Wie bereits gesagt, unsere Astronauten würden im Erdschatten stehen, wenn die Sonne verfinsterte. Die Menschen auf der Erde jedoch, würden in dem Moment eine Verfinsterung des Mondes beobachten. Dieses Bild wurde von Kepler in seinem kleinen Buch ‚Somnium' oder ‚Traum' über lunare Astronomie gebraucht. Darin wird der Schatten der Erde während einer Mondfinsternis zum Vehikel für mysteriöse Wesen, die einen jungen Mann (ein Student von Tycho Brahe) transportieren und auf dem Mond absetzen. Von da aus wird die einzigartige Erscheinung des Himmels beschrieben mit einer Erde, die ‚fixiert an ihrer Stelle bleibt, als wäre sie am Himmel mit einem Nagel befestigt'. Viele Einzelheiten werden durch die Augen des Lehrlings der Astronomie im Blick auf diesen seltsamen Himmel mitgeteilt. ‚Da die Sonne und Sterne nicht einheitlich jeden Tag über den Himmel des Mondbewohners ziehen' wird die regelmäßige Rotation von Formationen auf der Erde zu ihrem einzigen Zeitmesser. Sie können sich nicht auf die Sonne verlassen, da sie ‚in Bezug auf die Fixsterne gewisse Sprünge zu machen scheint, täglich verschiedene sogar' - die Sonne beschleunigt mittags für die Bewohner der erdzugewandten Seite des Mondes (ein Parallaxeneffekt). Es wird auch darauf hingewiesen, dass die Phasen von Erde und Mond immer gegensätzlich zueinander sind - zum Beispiel, wenn der Mond eine zunehmende Sichel zeigt, von der Erde aus gesehen, ist die Erde eine abnehmende Dreiviertel-Erde vom Mond aus gesehen.

Es ist ein brillanter kleiner Text und man sollte heute mehr über die lunare Astronomie wissen. Schließlich stand der Mensch schon auf dem Mond und wir sollten ihm die Ehre erweisen, seinen Himmel zu verstehen. Jedoch wird überraschenderweise wenig zu dem Thema geschrieben und die Öffentlichkeit muss immer noch in ihren Filmen und Büchern mit interplanetarischen Reisenden aus ihren Raumschiffen auf sternenübersäte Himmel schauen. Niemand scheint die realen Astronauten gefragt zu haben, was sie durch ihre Luken gesehen haben - einen schwarzen Himmel mit nur dem hellsten Stern oder Planeten sichtbar. dasselbe ist der Fall von der Oberfläche des tageszeitlichen Mondes aus.

Zurück auf der Erde dient die Technik weiterhin dem Astronomen und wenn es eine Sonnenfinsternis gibt, fliegen die Wissenschaftler manchmal innerhalb des Mondschattens in einem Überschallflugzeug, so dass sie für mehr als eine Stunde darin sein können. Wieder in unserem Garten hinter dem Haus, nachdem wir dem Erdschatten entlang mit Kepler und im Mondschatten mit den Wissenschaftlern gereist sind, können wir am frühen Abend zu einem Sichelmond aufschauen und bemerken, wie der unbeleuchtete Teil mit einem ,aschefarbenen' Licht leuchtet. Wenn dies im Frühling passiert, mit der inneren Seite nach unten gebogen, wie eine Tasse gefüllt mit einer silbrigen Substanz, wird dies manchmal der Gralsmond genannt. Nach unserer Reise realisieren wir jetzt, dass die innere Sichel mit unserem eigenen Licht gefüllt ist, denn vom Monde aus gesehen, scheint die Erde in einer Dreiviertel-Phase zu ihm hin mit einer bläulichen Farbe. Der erste Mensch, der diesen Grund ,für den jungen Mond mit dem alten in seinen Armen' durchschaute, war Leonardo da Vinci. Das aschefarbene Leuchten in der Sichel des Mondes ist die Signatur der Aktivität der Erde im Reich des Lichtes, da sie, normalerweise unsichtbar für uns, in den Raum hinaus scheint.

Um direkt zu unserem Thema zurückzukehren, sollte etwas mehr über Eklipsenzeiten und einige besondere Eklipsen aus der Geschichte gesagt werden. Die Saros-Periode wurde schon erwähnt, aber die Besonderheiten des Sonne-, Erde-, Mondsystems erlauben noch andere. Es wurde schon gesagt, wie unwahrscheinlich (dies gilt nicht für die Mondfinsternisse) es für die Babylonier war, dass sie, besonders zu Anfang ihrer Geschichte, die Saros Periode benutzten, um Sonnenfinsternisse vorauszusagen. Die möglichen (annäherungsweise) Eklipsen-Zeiten von weniger als 30 Jahren sind die mit den Monatsabständen 6, 41, 47, 88, 135, 223, und 358. Die Saros-Periode ist 223 Monate lang. Babylonische Aufzeichnungen zeigen, dass sie möglicherweise die Periode von 47 Monaten benutzten, um Sonnenfinsternisse vorauszusagen.

Interessehalber sei erwähnt, dass ein längerer Zyklus 521 Jahre und 3 oder 4 Tage dauert (die Anzahl der Tage hängt von der Anzahl der Schaltjahre in dieser Zeit ab). Zum Beispiel, die Sonnenfinsternis am 17. Juni 157 v. Chr. war total in England, die vom 16. Juni 364 war total in Schottland, die vom 16. Juni 855 war total in Schottland, die vom 16. Juni 1406 war total in Belgien und die vom 29. Juni 1927 war total in Wales, Lancashire und Yorkshire. Ein Zyklus, der, wie der Saros-Zyklus, die Durchmesser und Bewegungen von Sonne und Mond fast genau wiederherstellt, ist derjenige von 1805 Jahren und einigen Tagen. Zum Beispiel, die Finsternis von 1927 (oben erwähnt) geschah am Morgen in Schottland und seine Partnerin vom 21. Juni 122 war total im Shetlandgebiet am Abend.

Dann gibt es noch den Metonischen-Zyklus von Finsternissen, welcher eine Finsternis alle 19 Jahre am selben Kalendertag hervorbringt. Jedoch ist er nicht sehr nützlich für Voraussagen, da der Zyklus nur vier bis fünf Eklipsen enthält und es schwer wäre, zu bestimmen, wann die Serie begann oder endete. Der 19-jährige Zyklus bezieht sich im wesentlichen auf den Kalender, weil nach 19 Jahren die Phasen des Mondes an den selben Tagen desselben Monats innerhalb von ungefähr zwei Stunden wieder erscheinen. Dieser Zyklus wurde von den Griechen benutzt, um die Tage, an welchen ihre religiösen Feste gefeiert werden sollten, die von den Phasen des Mondes abhingen, vorauszusagen. Er wird heute noch immer von Kirchen benutzt und die Jahreszahl innerhalb einer bestimmten Spanne von 19 Jahren wird die goldene Zahl genannt. Der christliche Kalender führt den Beginn seiner Metonischen-Serie auf das Jahr 1 v.Chr. zurück. Es wird gesagt, dass der griechische Astronom Meton (5. Jahrhundert v.Chr.) die Jahre dieses Metonischen-Zyklus mit goldenen Buchstaben an einen Tempel in Athen einschreiben ließ, von daher der Name goldene Zahl.

Einige weitere Details können über spezielle Finsternisse angefügt werden. Zur Zeit der Niederschrift haben die USA und Kanada ihre letzte totale Sonnenfinsternis in diesem Jahrhundert erlebt - am 26. Februar 1979. Die nächste wird am 21. August 2017 dort erscheinen. Aber in Großbritannien wird der Pfad einer totalen Sonnenfinsternis über Cornwall am Morgen des 11. August 1999 hinweggehen und dann ostwärts weiterlaufen, um 35 Kilometer nördlich vom Zentrum von Paris (nahe Chantilly) vorüberzuziehen. Der Pfad wird im westlichen Atlantik beginnen, über Europa, das Schwarze Meer, die Türkei, Iran und Indien hinziehen und im Golf von Bengalen enden. Dies ist auch das Jahr und die Jahreszeit, die in einer Prophezeiung von Nostradamus erwähnt wird - ,Im Jahr 1999 und sieben Monaten, wird der große König des Terrors vom Himmel steigen. Er wird den großen König der Mongolen wieder zu Leben erwecken. Davor und danach wird der Krieg fröhlich herrschen.' Die Finsternis von 1999 gehört zu einer Saros-Periode, die im Jahr 1639 am Nordpol begann. Die Serie wurde total im Jahr 1891 und die Finsternis vom 29. Juni 1927, sichtbar in England, gehörte auch dazu.

Mondfinsternisse sind historisch weniger herausgestellt, da sie nicht auf bestimmte Orte bezogen sind, sondern auf die halbe Erdoberfläche. Jedoch kann die Datierung interessant sein und eine Mondfinsternis, die erwähnenswert sein könnte, ist diejenige vom 3. April 33 n. Chr.. Dies wird von einigen Autoren als der Tag der Kreuzigung Christi angesehen (siehe Ormond Edwards's 'Eine neue Chronologie der Evangelien'). An jenem Tag war der Mond teilweise bis zu einem Maximum von 60 Prozent, eine Stunde vor seinem Aufgang (ungefähr 6.15 Uhr am Nachmittag) in Jerusalem verdunkelt. Als der Mond bei Sonnenuntergang aufging, war er noch verdunkelt (etwa um 20 Prozent) und blieb teilweise im Erdschatten eine halbe Stunde danach. Dies, zusammen mit seiner tiefen Position in der Atmosphäre, würde dem Mond ein rötliches Aussehen gegeben haben. Auf dieses Phänomen wird von Colin Humphreys und W. G. Waddington hingewiesen (im Wissenschaftsmagazin 'Nature' im Dezember 1983) als überzeugender Beweis, dass die Kreuzigung am Freitag, dem 3. April 33 n.Chr., stattfand. Neben anderen Quellen zitieren sie das Apokryphe Neue Testament, welches einen Bericht von Pilatus enthält, der besagt, dass ‚die Sonne verdunkelt war; die Sterne hervortraten und überall auf der Welt zündeten die Menschen Lampen an - von der 6. Stunde an bis zum Abend; der Mond erschien wie Blut'. Diese Finsternis war eine der Saros-Periode, die als eine Halbschatten-Finsternis beim absteigenden Mondknoten (Drachenschwanz) am 4. Juni 473 v.Chr. begann und am 11. Juli 808 n.Chr. endete. Diese Serie produzierte totale Finsternisse vom 16. Mai 105 n.Chr. bis zum 1. September 285 n.Chr..

Jedoch wurde gesagt, dass die Sonne sich am Nachmittag der Kreuzigung verdunkelte und Sacrobosco schrieb darüber in seiner ‚Sphäre' -

„Als die Sonne verfinstert war, während der Passion und dieselbe Passion bei Vollmond geschah, war diese Finsternis nicht natürlich - nein, sie war wunderbar und gegen die Natur, weil eine Sonnenfinsternis bei Neumond oder in der Nähe stattfinden sollte. Zu welcher Darstellung Dionysius der Areopagite während eben jener Passion gesagt haben soll, ‚Entweder leidet der Gott der Natur oder der Mechanismus des Universums ist aufgelöst.'"

Darüber hinaus passen die Berichte von einer Verdunklung der Sonne über eine Zeit von drei Stunden nicht zu einer Sonnenfinsternis, die nur ein paar Minuten dauern kann.

Wenn wir für einen Moment die Frequenz von Mondfinsternissen untersuchen (inklusive der Halbschatten-Finsternisse), finden wir, dass fünf in einem Jahr stattfinden können. Dies geschah zuletzt im Jahr 1879 und wird wieder stattfinden im Jahr 2132. In einem Kalenderjahr kann es ein Maximum von drei totalen Mondfinsternissen geben und dies hat in diesem Jahrhundert zweimal stattgefunden: 1917 und 1982. Es gibt lange Lücken vor und nach diesen Ereignissen, so dass die dreifache vor 1917 im Jahr 1544 stattfand und die nächste dreifache nach 1982 im Jahr 2485 erfolgt. In einem Jahrhundert finden im Durchschnitt 241 Mondfinsternisse statt (Halbschatten-Mondfinsternisse eingeschlossen). In der Zeit von 1501 bis 2200 hat das 21. Jahrhundert die höchste Zahl an totalen Mondfinsternissen (84), mit dem

20. Jahrhundert auf dem zweiten Platz, mit 81. Das 19. Jahrhundert hatte nur 62. Ein zusätzliches Phänomen ist, dass vier totale Mondfinsternisse in sechsmonatigen Intervallen aufeinander folgen können. Dies wird eine ‚Tetrade' genannt und einige davon finden in Jahresgruppen statt, die im Durchschnitt durch eine Periode von 586 Jahren voneinander getrennt sind. Dieses Intervall wurde von dem italienischen Astronom Schiaparelli (1835-1910) entdeckt. Zwischen 1582 und 1908 fand keine Tetrade statt, während es von 1909 bis 2156 insgesamt 16 Tetraden geben wird, eine davon in den Jahren 1985-6.

Zurück zu den Saros Zyklen: es würde einen sehr langen Zeitraum brauchen, bis sie außer Kraft gesetzt würden. Bis heute haben sie die Entwicklung der Menschheit über viele Tausende von Jahren begleitet, sie durchwirkend mit erstaunlich regelmäßigen Rhythmen und das reine Denken des Menschen herausfordernd, den Faden zu entwirren und mit mathematischer Einsicht zu verstehen. Wenn jemand fragt „Was ist eine Eklipse?", dann ist eine Antwort: „Wenn ein Drachen kommt und die Sonne oder den Mond verschluckt." Der Drache ist heute die Mathematik, aber sie ist eine wohlwollende Kreatur, die uns in die klare Luft von Zahl, Ebene, Punkt und Gerade führt, welche hinter dem Phänomen der Verfinsterung stehen.

Das Studium der Eklipsen wird nicht reduziert durch einen Zugang, der auf quantitativen Berechnungen und Himmelsmechanik beruht, weil die genauen Details ihrer Zahlen und ihrer Geometrie für sich selbst erstaunlich genug sind und sie sprechen ihre eigene Sprache von Ordnung und Organisation zwischen Sonne, Mond und Erde. In alten Zeiten fühlten die Priester-Astronomen, dass die Ankunft einer bestimmten Finsternis Einfluss und Bedeutung mit sich trug. Heute erkennt die Wissenschaft diesen Aspekt nicht an, aber nichtsdestoweniger produziert sie ihre eigenen Erfahrungen aus den Phänomenen, die dem entsprechen. Zum Beispiel sind in der Schweiz Experimente in Bezug auf das Verhalten von Pflanzensäften im Zusammenhang mit dem Mond durchgeführt worden, wie im letzten Kapitel erwähnt. Es wurde dabei herausgefunden, dass während einer totalen Sonnenfinsternis in Neuseeland und dem südlichen Pazifik die Pflanzensäfte in ihrer Aktivität geschwächt waren. Dies legt nahe, dass die Erde, wie ein lebendiger Körper, ein ganzer Organismus in sich selbst ist und, was in einem Teil geschieht, beeinflusst alles andere. Die Wissenschaft muss zum Verständnis solcher Aspekte der Natur noch einige Schritte gehen. Das Phänomen der Eklipsen kann genau so viel Ehrfurcht und Einsicht bewirken wie in alten Zeiten, wenn auch auf neue Art.

Kapitel 8

Die inneren Planeten

Das Wort ‚Planet' kommt aus dem Griechischen und bedeutet ein Wanderer. Sonne und Mond wurden vor dem Hintergrund der Sterne wandernd gesehen, die Sonne bewegte sich durch alle Tierkreiszeichen in einem Jahr, der Mond in einem Monat. Dies war eine ‚direkte' Bewegung nach Osten. Deshalb wurden Sonne und Mond Planeten genannt, zusammen mit fünf anderen Wanderern - Merkur, Venus, Mars, Jupiter und Saturn.

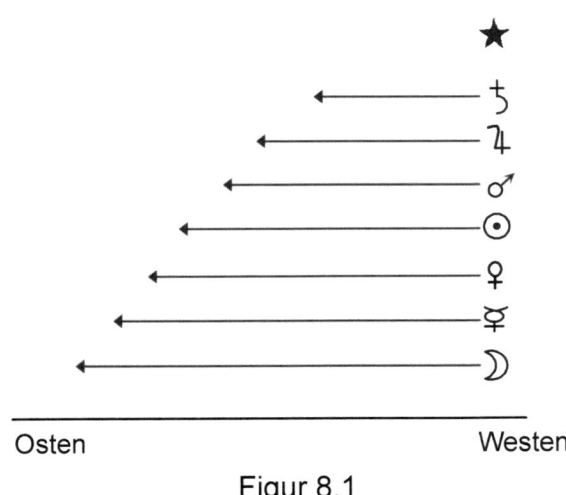

Osten   Westen

Figur 8.1

Die durchschnittliche Geschwindigkeit ihrer Bewegung variiert, der Mond ist der schnellste und Saturn der langsamste (Figur 8.1). Dies war die alte Ordnung der Planeten, als eine Bewegung in der Zeit erlebt. Wenn wir diese Planeten auf einem Kreis anordnen, erhalten wir die Wochentage (Figur 8.2a). Auf Englisch behielten Saturday, Sunday und Monday ihren offensichtlichen Bezug zu Saturn, Sun, Moon. Auf Französisch ist die planetarische Verbindung offensichtlich bei mardi (Marstag), mercredi (Merkur), jeudi (Jupiter) und vendredi (Venus). Man erzielt dieselbe wöchentliche Reihenfolge, wenn man jeder Stunde des Tages einem Planeten zuordnet (wie man es früher tat) in der Ordnung von Figur 8.1, von Saturn bis zum Mond, und benennt jeden Tag nach dem Planeten, der die erste Stunde einnimmt (Figur 8.2b).

In dieser zeitlichen Reihenfolge der Planetenordnung liegen Merkur und Venus zwischen Erde und Sonne und wir werden von ihnen als den inneren Planeten

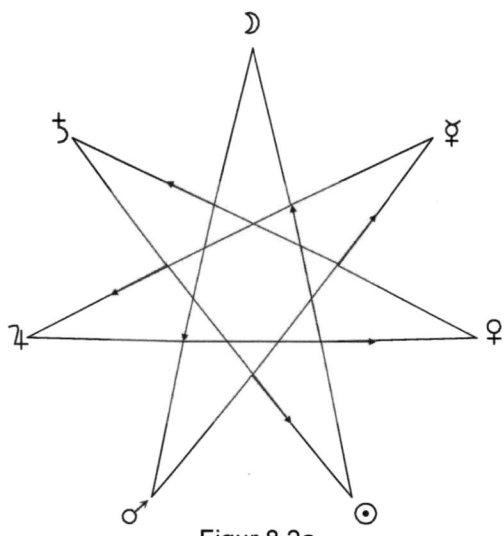

Figur 8.2a

sprechen. (Eine ältere Benennung für sie war ‚inferiore Planeten'. In diesem Text
wird der Terminus ‚interior' - innere - bevorzugt, wie auch von dem Astronomen V. A.
Firsoff verwendet. ‚Innere Planeten' wird von einigen Astronomen verwendet, obwohl
der moderne Astronom damit die Himmelskörper meint, die (einschließlich der Erde)
innerhalb des Asteroidengürtels liegen.) Eine klare Unterscheidung muss gemacht
werden, soweit es die Erdbeobachtung angeht, zwischen diesen inneren Planeten
und den äußeren: Mars, Jupiter und Saturn. Die Phänomene ihrer jeweiligen
Erscheinung sind andere und sie fallen ganz natürlich in zwei getrennte Gruppen.

Zunächst die inneren Planeten: wenn man alles Licht der sichtbaren Sterne in einer
Hemisphäre zusammen nähme und es in einem Punkt zusammen brächte, würde es

Tage   **Stunden**   ⟶

SA	♄	♃	♂	☉	♀	☿	☽	♄	♃	♂	☉	♀	☿	☽	♄	♃	♂	☉	♀	☿	☽	♄	♃	♂
SO	☉	♀	☿	☽	♄	♃	♂	☉	♀	☿	☽	♄	♃	♂	☉	♀	☿	☽	♄	♃	♂	☉	♀	☿
MO	☽	♄	♃	♂	☉	♀	☿	☽	♄	♃	♂	☉	♀	☿	☽	♄	♃	♂	☉	♀	☿	☽	♄	♃
DI	♂	☉	♀	☿	☽	♄	♃	♂	☉	♀	☿	☽	♄	♃	♂	☉	♀	☿	☽	♄	♃	♂	☉	♀
MI	☿	☽	♄	♃	♂	☉	♀	☿	☽	♄	♃	♂	☉	♀	☿	☽	♄	♃	♂	☉	♀	☿	☽	♄
DO	♃	♂	☉	♀	☿	☽	♄	♃	♂	☉	♀	☿	☽	♄	♃	♂	☉	♀	☿	☽	♄	♃	♂	☉
FR	♀	☿	☽	♄	♃	♂	☉	♀	☿	☽	♄	♃	♂	☉	♀	☿	☽	♄	♃	♂	☉	♀	☿	☽

Figur 8.2b

dieselbe Helligkeit haben, wie die Venus in ihrer hellsten Phase. Die Venus ist immer weit heller als irgendein anderer Stern, sogar heller als jeder der anderen Planeten. Tatsächlich kann man sie bei Tageslicht sehen, wenn man zur rechten Zeit genau hinschaut und sie kann bei Nacht einen Schatten werfen. Ihr Partner Merkur, auf der anderen Seite, ist bescheiden in Bezug auf seine Helligkeit und wurde in alten Zeiten der ‚schwache' Planet genannt. Merkur und Venus sind sehr verschieden, sogar gegensätzlich in ihrem individuellen Charakter, aber sie vollführen von der Erde aus gesehen denselben Tanz der inneren Planeten.

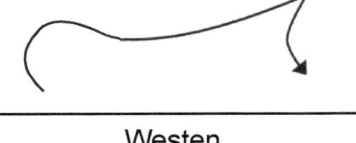

Westen

Figur 8.3

Die Natur ihres Auftretens ist, dass sie im wesentlichen ihre Erscheinung als Morgen- oder Abendstern haben. Sie tauchen in der Nähe der Sonne für eine Weile auf, nachdem sie untergegangen ist oder bevor sie aufgeht, ihre Gebiete liegen westlich oder östlich über dem Horizont. Während sie so auftauchen, beschreiben sie Kurven in Bezug auf diesen Horizont, welche in ihrer Gestalt von Auftritt zu Auftritt wechseln - besonders die Venus zeigt Veränderungen. Sie vollführt lange elegante Formen über eine relativ ausgedehnte Zeit, während der Merkur schnelle, häufige Kurven von kurzer Dauer vollzieht. Die Venus kündigt sich stolz für alle sichtbar an, der Merkur schlüpft still in den Himmel und fordert Kenntnis und Sehschärfe heraus.

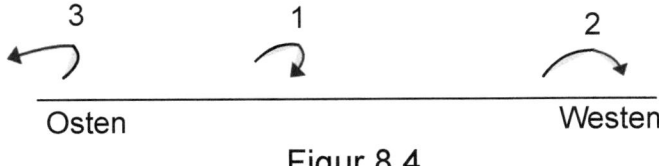

Osten   Westen

Figur 8.4

Zum Beispiel kann die Venus die Bewegung innerhalb einer 6-monatigen Periode ausführen, die in der Figur 8.3 gezeigt wird, aber der Merkur kann in dieser Zeit dreimal erscheinen - zweimal im Osten und einmal im Westen, wie es in Figur 8.4 gezeigt wird.

Der geometrische Hintergrund für die inneren Planeten ist der, dass Venus und

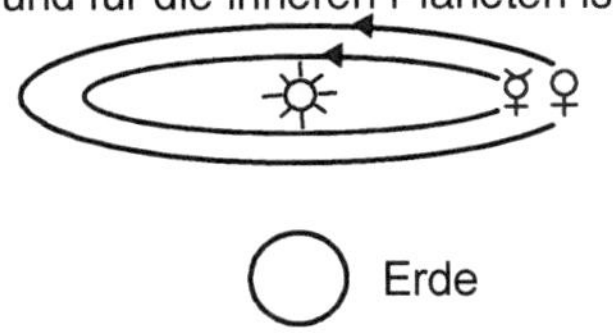

○ Erde

Figur 8.5

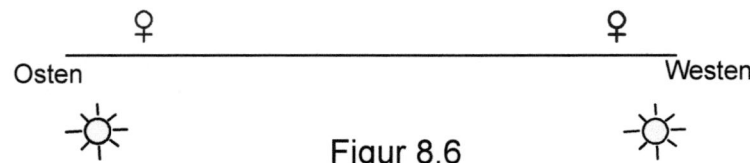

Osten | Westen

Figur 8.6

Merkur von der Erde aus gesehen von einer Seite der Sonne zur anderen zu oszillieren scheinen. Ihre Bewegungen in Bezug auf die Sonne kann man, wie in Figur 8.5 gezeigt, ableiten. Wenn einer der beiden Planeten nahe bei der Sonne ist, ist er für einen Beobachter auf der Erde nicht sichtbar. Aber, wenn sie nach links oder rechts von der Sonne ziehen, können sie am Morgen- oder Abendhimmel gesehen werden (Figur 8.6). Der Planet bewegt sich in Bezug auf die Sonne und die Sonne und die Ekliptik bewegen sich von Tag zu Tag in Bezug auf den Horizont (Figur 8.7), welche, kombiniert, eine solche Kurve, wie in Figur 8.3 gezeigt, ergeben.

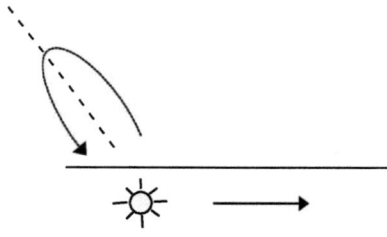

Figur 8.7

Die Geschwindigkeit, mit welcher diese Planeten sich auf ihrer Kurve bewegen, variiert ebenfalls. In einer Ebene angeschaut, zeigt das geometrische Bild, dass der weiteste Winkel, in welchem die Planeten sich links oder rechts von der Sonne bewegen können, sich da befindet, wo Tangenten von der Erde die Bahnen der Planeten berühren(Figur 8.8).

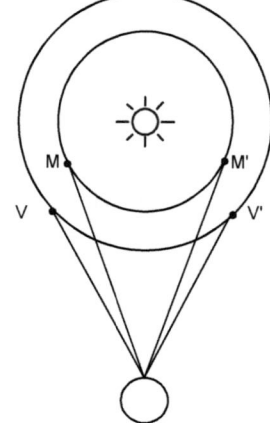

Figur 8.8

Die Tangentenpunkte liegen auf ihren jeweiligen Kreisen nicht gegenüber. Deshalb, seitlich angeschaut, wie es der erdgebundene Betrachter tun muss, beschreibt ein innerer Planet eine Ellipse, aber die Punkte V und V' repräsentieren nicht die Enden des Durchmessers durch das Zentrum der Bahn (Figur 8.9). Im Raum muss der Planet weiter wandern zwischen V' und V als zwischen V und V'. Das Resultat ist, dass der Planet sich langsamer zu bewegen scheint von V' zu V als von V zu V'. Bei den Tangentenpunkten wird es scheinen, als ob er seine Bewegung nach Osten oder Westen anhielte und sich umwendete. (Figur 8.10) Wenn der Planet zwischen Sonne und Erde oder direkt auf der entfernten Seite der Sonne steht, ist er im Sonnenlicht

Figur 8.9

unsichtbar. Diese Positionen sind jeweils die untere oder obere Konjunktion (die Konjunktion wird mit   symbolisiert). Bei den Tangentenflügeln ergibt sich die weiteste Elongation ◯(Figur 8.11)

Ein innerer Planet ist deshalb am schnellsten in Bezug auf die Sonne bei der unteren Konjunktion. In Bezug auf die Helligkeit verhalten sich Venus und Merkur unterschiedlich. Die Venus hat zwei Orte, an denen sie die ‚größte Brillanz' zeigt und die nahe der unteren Konjunktion liegen, der Merkur hat zwei Momente der größten Brillanz, wenn er nahe der oberen Konjunktion steht (Figuren 8.12 und 8.13). Der Grund dafür kann durch Beobachtung mit dem Teleskop entdeckt werden, was in Kapitel 12 besprochen werden soll.

Es folgen aus dem oben gesagten bestimmte Gesetze der Bewegung und des

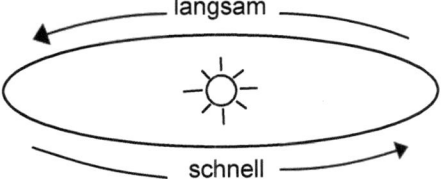

Figur 8.10

Lichtes in Bezug auf beide Planeten. Die Venus bewegt sich schnell in den Morgenhimmel, leuchtet schnell auf, bevor sie sich verdunkelt und den Himmel langsam verlässt (Figur 8.14). Der Merkur bewegt sich schnell aber schwach beleuchtet in den Morgenhimmel und wird heller, wenn er langsam abgeht (Figur 8.15). Auf der anderen Seite bewegt sich die Venus langsam, aber schwach beleuchtet, in den Abendhimmel und verlässt ihn schnell und hell, während der

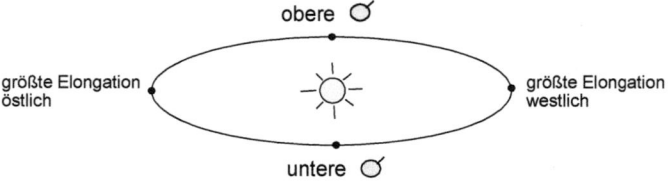

Figur 8.11

Merkur langsam und hell in den Abendhimmel zieht und ihn schnell und schwach erleuchtet verlässt.

Venus und Merkur sind Hüter des östlichen und des westlichen Horizontes, die die Eintrittspforten und Ausgänge der Sterne sind. Besonders im Falle der Venus ist man sich der starken Präsenz bewusst, wenn sie, sagen wir den westlichen

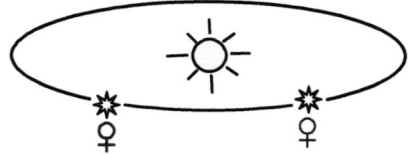

Figur 8.12

Abendhimmel dominiert und wenn sie nicht da ist, empfindet man den Verlust und der Charakter des Himmels ist anders. Als wäre man sich bewusst, ob die

Figur 8.13

Königin in ihrem Palast ist oder nicht. Wenn sie in ihrem westlichen Zuhause ist, geht sie heiter in die Dunkelheit unter und war für diese Zeiten eine Göttin der Liebe für die Babylonier. Als Morgenstern geht sie in das Tageslicht auf und kämpft darum, selbst die Sonne zu übertreffen und zu diesen Zeiten galt sie den Babyloniern als eine Kriegsgöttin. Eine Tafel identifiziert die Venus als weiblich zur Zeit ihrer Sonnenuntergangs-Erscheinung und als männlich bei Sonnenaufgang. Die morgendliche Erscheinung der Venus wurde in alten Zeiten auch mit Luzifer als eines Boten des Lichtes oder Phosphoros verbunden.

Der Merkur, auf der anderen Seite, vervollständigt die Venus mit seinen kurzen aber rhythmischen Besuchen flach über dem östlichen und westlichen Horizont.

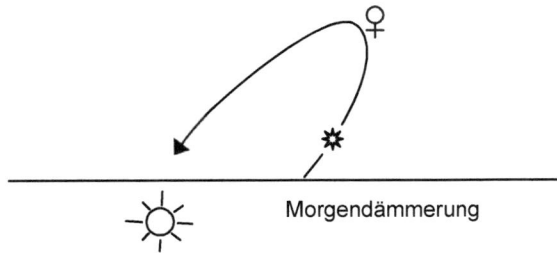

Figur 8.14

In dieser Rolle bleibt er nahe bei der Erde und scheint an der Schwelle zwischen oben und unten zu vermitteln. Er galt als der Bote der Götter, die Griechen nannten ihn Hermes bei seinem abendlichen Erscheinen und Apollo am Morgen. Sein Licht ist völlig von dem der Venus verschieden. Die letztere verkündet sich selbst und scheint auf einen zu. Der Merkur verlangt vom Betrachter aktiv zu sein und konzentriert zu

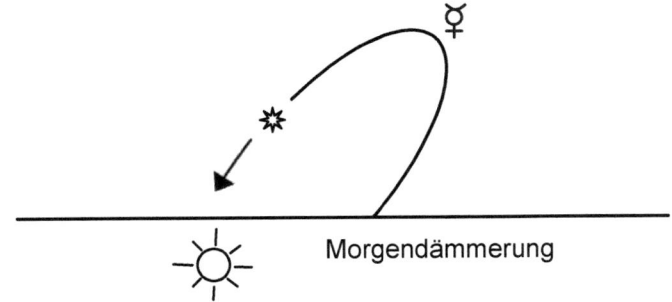

Figur 8.15

schauen. Wenn man ihn sieht, trifft man oft auf einen scharfen stetigen Punkt, der den Schleier des Lichtes durchdringt, zurückgelassen vom nahen Sonnenuntergang oder -aufgang. Ein türkischer Name für ihn war Tir, was Pfeil bedeutet. Der Merkur ist tatsächlich ein heller Planet, aber er wird meist gesehen, wenn das Zwielichtglühen der Sonne am Himmel ist und er deshalb relativ schwach erscheint. Proclus Diadochus (410-485 v.Chr.), Vorsteher der Platonischen Akademie in Athen, nennt ihn ‚Merkur der Flüchtige' und der platonische Philosoph Apuleius (geboren: 124 n.Chr.) nannte ihn ‚den Flinken'. Er scheint immer wie aus der Ferne zu leuchten, aus einem fernen Reiche. Er kann unbemerkt da sein und man muss ihn suchen. Den Merkur zum ersten Mal bewusst zu sehen, ist ein Initiationsmoment in die Wunder der Sternenwelt.

Das Quecksilber wurde seit Jahrhunderten mit dem Planeten Merkur in Verbindung gebracht und die Forscherin Agnes Fyfe in der Schweiz hat bei Experimenten mit Pflanzensäften und metallischen Salzen, eine Reaktion, insbesondere des Quecksilbers, auf Bewegungen des Planeten Merkur gefunden. Sie fand auch eine

Verbindung der Sonne zum Gold, des Mondes zum Silber und der Venus zum Kupfer. Mittelalterliche Alchemisten zogen dieselben Verbindungen zwischen diesen speziellen Metallen und den Planeten, im weiteren Mars mit Eisen, Jupiter mit Zinn und Saturn mit Blei - eine Korrespondenz, die in Experimenten mit Metallsalzen und Kapillargefäßreaktionen durch L. Kolisko in der Schweiz bestätigt wurde.

Die Venus braucht von der Erde aus gesehen 19 Monate (584 Tage) um von der einen Seite der Sonne bis zur anderen und wieder zurück zu schwingen. Dies ist ihre synodische Periode und bedeutet, dass alle ihre Positionen in Bezug auf die Sonne (z.B. größte abendliche Helligkeit) in dieser Zeit wiederholt werden. Aber die Zeit, die sie von der westlichen Elongation zur östlichen braucht, ist länger, als von der östlichen zur westlichen, da die letztere Reise schneller geht (Figur 8.10). Die Passage von der westlichsten Position seitlich der Sonne durch die obere Konjunktion zur östlichsten braucht fast 15 Monate, während die gegenüber durch die untere Konjunktion nur an 5 Monate herankommt.

Die synodische Periode des Merkur dauert vier Monate (ungefähr 116 Tage im Durchschnitt). Seine Reise durch die obere Konjunktion, von der westlichen Elongation bis zur östlichen, beträgt 2 ½ Monate, während die Reise vom entferntesten östlichen Punkt bis zum entsprechenden westlichen 1 ½ Monate beansprucht.

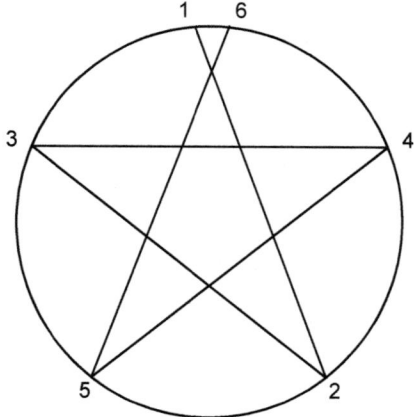

Figur 8.16

Die Venus wandert weit genug weg von der Sonne, um in der Dunkelheit gegen einen Sternenhimmel gesehen zu werden. Wenn man einen bestimmten Punkt in ihrer synodischen Umlaufbahn nimmt, sagen wir die äußerste östliche Elongation, kann es passieren, dass sie dann in die Nähe des Sternes Hamal im Widder kommt. 19 Monate später, die größte östliche Elongation ist wieder eingetreten, aber diesmal nahe des Sternes Antares im Skorpion. Diese Ereignisse sind ziemlich genau sieben

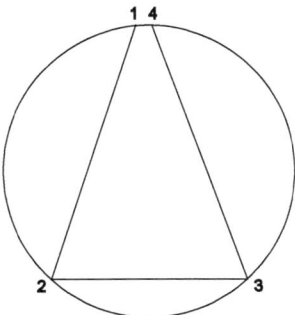

Figur 8.17

gleiche Konstellationen auseinander und das führt dazu, dass in acht Jahren (8x12 = ca. 5x19 Monate) der östliche Elongationspunkt nahe dahin zurückkehrt, wo er begann - nur um 2 Grad weniger - und er beschreibt ein Pentagramm auf dem Tierkreis (Figur 8.16).

Wenn solche Beobachtungen für den Merkur unter guten Bedingungen, sagen wir in der Nähe des Äquators, durchgeführt würden, dann würde die größte Elongation nach Osten in 12 Monaten fast um den Tierkreis herum wandern (wenn auch nicht im Kalenderjahr), um eine ½ Konstellation zu kurz. Es gäbe vier östliche Elongationen in dieser Zeit, die ein unvollständiges Dreieck bilden (Figur 8.17). Die größten Elongationen nach Westen würden ein ähnliches Dreieck nahe an dem anderen bilden, nur um wenige Grade verschieden - wie zum Beispiel in der Figur 8.18 (welche eine Periode von ungefähr 14 Monaten abdeckt). Die synodischen Positionen des Merkur gegen den Sternenhimmel wiederholen sich sehr genau nach 46 Jahren.

Die besten Zeiten des Jahres auf der nördlichen Hemisphäre, um die Elongationen

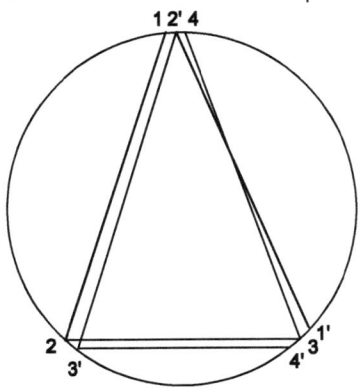

Figur 8.18

129

der inneren Planeten zu beobachten, gibt es im Frühling (wenn die Ekliptik einen steilen Winkel zum Horizont bei Sonnenuntergang hat) und im Herbst (mit einem steilen Winkel bei Sonnenaufgang). Jedoch ist es leider so, dass der Merkur sich in dem Teil seiner Bewegung befindet, die am nächsten zur Sonne verläuft (Perihelion), wenn es Frühling und Herbst in der nördlichen Hemisphäre ist, deshalb wird der Planet zu diesen günstigen ,Sichtzeiten' in seiner ungünstigsten Position für Elongationen sein und in einem Winkelabstand von nur um 18 Grad platziert sein. In der südlichen Hemisphäre wird der Merkur am besten sichtbar und ist im Frühling und im Herbst am weitesten entfernt von der Sonne (um 28 Grad), deshalb ist seine Sichtbarkeit sehr gesteigert.

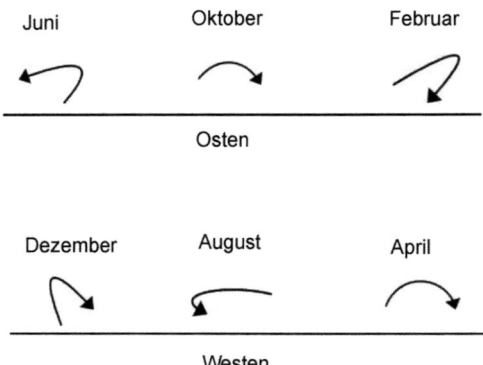

Figur 8.19

Der Merkur erscheint alle vier Monate am Morgenhimmel oder am Abendhimmel. Auf diese Weise fallen sechs komplette Erscheinungen in ein Kalenderjahr zwischen Januar und Dezember, wie in der Figur 8.19 schematisiert gezeigt. Vielleicht mag es erlaubt sein, zu bemerken, dass diese häufigen Passagen von einer Seite des Himmels zur anderen an den Caduceus erinnern, der traditionell von dem Gott Merkur getragen wurde - ein Stab mit zwei darum gewundenen Schlangen (Figur 8.20).

Wenn Merkur und Venus zwischen Himmel und Erde ziehen, kann man erwarten, dass sie manchmal direkt dazwischen stehen und als schwarze Punkte auf dem Antlitz der Sonne erscheinen. Der arabische Astronom Alpetragius aus dem 12. Jahrhundert wunderte sich, warum er nie den Merkur das Gesicht der Sonne überqueren sah und schloss daraus, dass der Planet sein eigenes Licht haben müsste. Aber er realisierte nicht, dass der Merkur zu klein ist, um auf diese Weise mit dem bloßen Auge gesehen zu werden. Die Erwähnung der ,Transite' des Merkur wird bis zum 12. Kapitel mit der Besprechung des Teleskops aufgeschoben, das für die Beobachtung dieses Phänomens benötigt wird.

Jedoch ist die Venus groß genug, um sie im Vorbeiziehen mit bloßem Auge zu sehen

Figur 8.20

- obwohl dies nur mit einem Schutz gegen Blendung getan werden sollte oder indirekt mit einer camera obscura, wie bei den Sonnenfinsternissen. Es ist am sichersten, um eine Verletzung der Retina zu vermeiden, die Sonne nie direkt zu beobachten, sondern die Camera obscura Methode zu benutzen, indem man das Bild der Sonne durch eine Öffnung auf einen Bildschirm oder eine Wand projiziert.

Transite der Venus sind selten, es gibt dieses Jahrhundert (20. Jh.) keine. Den letzten gab es 1882 und der nächste wird in 2004 stattfinden. Die erste historische Voraussage eines Transits der Venus wurde von Kepler für das Jahr 1631 berechnet. Ein Versuch, sie zu beobachten, wurde von Pater Pierre Gassendi unternommen, der jedoch nichts sah. Aber Keplers Voraussage war korrekt und der Transit fand statt, aber nach Sonnenuntergang in Frankreich. Jedoch hat Kepler einen weiteren Transit acht Jahre später nicht vorausgesagt und dies wurde von einem jungen englischen Priester, Jeremiah Horrocks aus Lancashire berichtigt, der seine Berechnungen kurz vor dem Ereignis am 4. Dezember 1639 fertiggestellt hatte. Dies fiel auf einen Sonntag (nicht günstig wegen kirchlicher Pflichten) mit schlechtem Wetter (ungünstig für astronomische Beobachtungen). Jedoch, bei der Rückkehr von der Kirche in sein verdunkeltes Zimmer, in welches ein Bild der Sonne durch ein Teleskop projiziert wurde, erlaubte ein Aufbrechen der Wolkendecke ihm, den dunklen Fleck der Venus zu sehen, die schon ein Stück auf der Sonnenscheibe vorgerückt war und er konnte das Ereignis in einem Bericht festhalten. Die Figur 8.21 zeigt den Weg des Transits, den er wahrgenommen hat, der 6½ Stunden gedauert haben würde.

Transite der Venus gibt es nur im Dezember oder Juni in Abständen von 113 ½ Jahren plus oder minus 8 Jahre. Zum Beispiel dem Transit von 1639 folgten weitere im Juni 1761, Juni 1769, Dezember 1874, Dezember 1882 und Juni 2004. Sie folgen einander in Intervallen von 121½ Jahren, 8 Jahren, 105½ Jahren, 8 Jahren, 121½ Jahren ... und so weiter. Eine Serie von fünf Transiten deckt eine Periode von 243 Jahren ab, nach welcher eine Kombination der Jahresintervalle für eine Zeit von

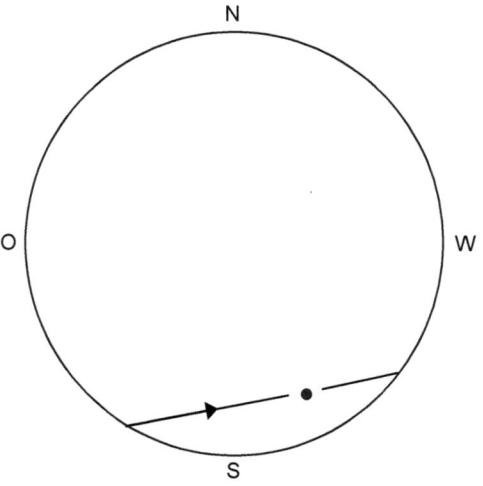

N

O   W

S

Figur 8.21

weiteren 243 Jahren wiederholt wird.

Der Transit von 2004 wird am 8. Juni stattfinden und wird in Gänze in Großbritannien sichtbar sein, während der nächste, der 8 Jahre später am 5.- 6. Juni 2012 stattfindet, vor Sonnenaufgang in Großbritannien beginnt und nur das Ende wird von dort sichtbar sein. Die Figur 8.22 zeigt diese zwei Ereignisse, wovon das erste über fünf Stunden dauern wird und das zweite mehr als sechs. Die Transite sind kleinste Sonnenfinsternisse, wobei die Venusscheibe nur ungefähr 1/30 der Sonne groß ist und in der Gegenrichtung des Mondes über die Sonne hinweg zieht.

Es wird manchmal gesagt, dass Menschen mit extrem scharfen Augen sehen können, dass die Venus Phasen entwickelt wie der Mond. Vom Mathematiker Gauß wird erzählt, dass er seine Mutter überraschen wollte, als er sie aufforderte, die Venus durch sein Teleskop zu betrachten, aber die Sichelform, die sie sah, war ihr geläufig und sie fragte nur, warum die Sichel zur falschen Seite zeige (das astronomische Teleskop invertiert das Bild). Die Überraschung war auf Gaußens Seite darüber, dass seine Mutter die Phasen der Venus mit bloßem Auge sehen konnte. Ich vermute, dass die Augenschärfe nur weniger Leser sich mit der von Gaußens Mutter vergleichen lässt und werde die Phasenerscheinung der inneren Planeten aufbewahren bis zur Diskussion des Teleskops in Kapitel 12.

Die inneren Planeten sind ‚wandernde' Rebellen gegen die Himmelssphäre der Sterne und zeigen unabhängige Taten. Ihr Zentrum oder zentraler Referenzpunkt ist die Sonne, in deren Nähe sie bleiben. Ebenso unabhängig von den Sternen sind die äußeren Planeten und die Summe aller Planeten (selbst den Mond miteinbegriffen) bezieht sich natürlicherweise auf den Hauptwanderer, die Sonne, wie sie durch ihren selbsterzeugten Tierkreis zieht, der mit dem Frühlingswendepunkt beginnt (siehe Kapitel 5). Man kann die Sternensphäre als fixiert und regelmäßig behandeln und die

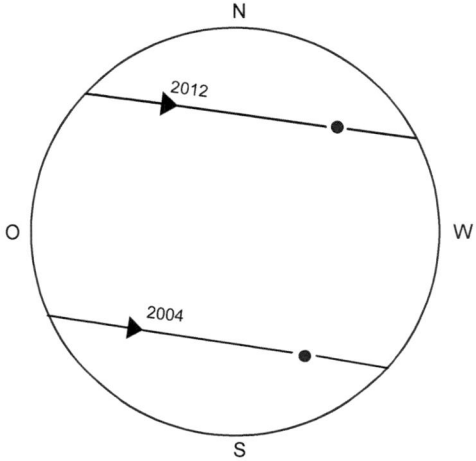

Figur 8.22

Planeten als das Element von beweglicher Lebendigkeit und eigenen Rhythmen: Zu-
und Abnehmen, Auf- und Absteigen, Erscheinen und Verschwinden. Diese
Rhythmen können in vielen Aspekten des Lebens auf der Erde gespiegelt
wiedergefunden werden. Mit ihnen verbunden ist die Drehung der Sternensphäre,
welche einen langsamen majestätischen Hintergrund liefert. In diesem Kontext kann
die Schrift der Planeten gelesen und ihre Erscheinungen können auf bewusste
Weise Teil unserer Umwelt werden.

Kapitel 9

Die äußeren Planeten

Gerade so wie es die wesentliche Charakteristik der inneren Planeten ist, Kurven in Bezug auf den Horizont zu beschreiben, so ist es die Haupteigenschaft der äußeren Planeten, Kurven oder Schleifen in Bezug auf die Sterne zu beschreiben. Die inneren Planeten führen ihre Schauspiele am Horizont bei Sonnenaufgang und -untergang auf, während die äußeren Planeten zu jeder Nachtzeit erscheinen können, den Himmel sichtbar von Ost nach West überqueren und mutig im Süden um Mitternacht leuchten. Dies bedeutet, dass sie zu gewissen Zeiten der Sonne gegenüber stehen, statt immer wieder zu ihr zurückgezogen zu werden, bevor sie sich zu weit hinaus wagen.

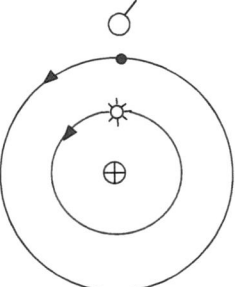

Figur 9.1

Ein äußerer Planet bewegt sich im Verlaufe eines Jahres entgegen dem Uhrzeigersinn um den Tierkreis herum, aber langsamer als die Sonne (siehe Figur 8.1). Deshalb holt die Sonne ihn periodisch ein und überholt ihn. Im Moment des Überholens ist er natürlich in Konjunktion, oberer Konjunktion, da der Planet jenseits

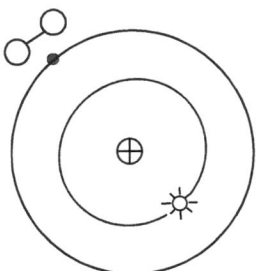

Figur 9.2

der Sonne ist. In einer anderen Phase ist der Planet in ‚Opposition' (symbolisiert durch   ) zur Sonne, wenn der Planet auf der einen Seite des Tierkreises erscheint und die Sonne direkt gegenüber auf der anderen. Das geozentrische Bild wird in den

Figur 9.3

Figuren 9.1 und 9.2 gezeigt.

Mars, Jupiter und Saturn betreten den Abendhimmel immer im Osten, Merkur und Venus immer im Westen. Technisch gesprochen, beginnt ein äußerer Planet sein Leben als ein Abendstern, wenn er in Opposition ist und deshalb bei Sonnenuntergang aufgeht. Da die Sonne ungefähr 1 Grad jeden Tag nach Osten durch den Tierkreis wandert, um hinterher zu kommen, geht der Planet jeden Abend

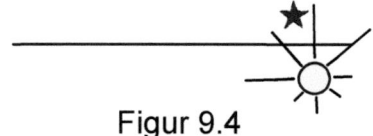

Figur 9.4

früher auf. Dies platziert ihn von Abend zu Abend bei Sonnenuntergang höher am Himmel (Figur 9.3). Sein Auftritt als Abendstern endet, wenn er in das Glühen der Abenddämmerung sinkt, wenn die Sonne ihn eingeholt hat (Figur 9.4) und er sich in die Konjunktion bewegt.

Wenn der äußere Planet sich bei Opposition in den Himmel bewegt, ist er auf der anderen Seite des Horizonts in Bezug auf die Sonne und ist von ihrem Licht entfernt. Für den Rest des Abends steigt er in einen dunklen Himmel mit den Sternen als Hintergrund und in dieser Umgebung stellen sich die speziellen Bewegungen und Variationen der Helligkeit dar. Innere Planeten erscheinen niemals in Opposition zur Sonne und können deshalb die Bewegungen der äußeren Planeten vor den Sternen nicht nachahmen.

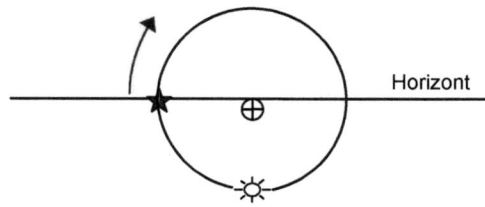

Figur 9.5

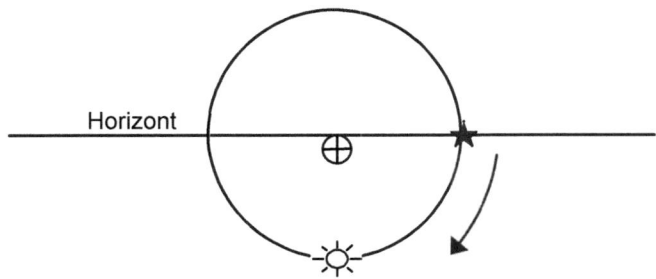

Figur 9.6

Wenn wir beginnen einen äußeren Planeten früher als in der Opposition zu beobachten, sagen wir bei der Quadratur (90 Grad von der Sonne), wenn er um Mitternacht aufgeht (Figur 9.5) bis er um Mitternacht bei der anderen Quadratur untergeht (Figur 9.6), dann haben wir die Opposition zwischen diesen Zeiten und

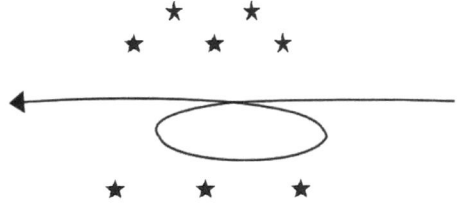

Figur 9.7

eine Chance einen Überblick über einen wichtigen Teil der Bewegung des Planeten zu erhalten. Vor den Sternen betrachtet, über eine Zeitspanne von Monaten, wird er eine Schleife oder eine ähnliche Form vollführen (Figur 9.7). Oftmals kann der moderne Mensch zuerst nicht glauben, dass äußere Planeten solche Formen vor unseren Augen zeigen, bis man ihm den heliozentrischen Grund dafür angibt. Dann hat er die rationale geometrische Erklärung, aber die Verwunderung und das qualitative Gefühl sind verloren gegangen. Hier überholen mechanische Gesetze die ursprüngliche Erfahrung.

Das Phänomen ist, dass eine Schleife oder Ähnliches entsteht, wenn der Planet schneller wird und rückwärts von links nach rechts zieht (retrograde Bewegung) und

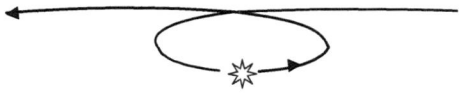

Figur 9.8

dass er, wenn er in oder nahe der Mitte dieser rückläufigen Bewegung ist, heller erscheint als zu irgendeiner anderen Zeit (Figur 9.8). In dieser hellsten Phase läuft er rasch rückwärts nach Westen und befindet sich in Opposition zur Sonne genau in der

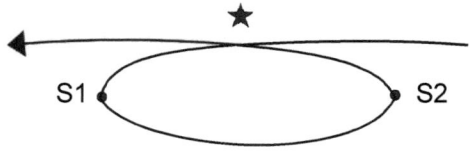

Figur 9.10

Mitte der Schleife. Deshalb findet die Hälfte dieser Bewegung statt, wenn er technisch gesehen ein Abendstern ist und die andere Hälfte als Morgenstern (Figur 9.9 zeigt die beiden Hälften). Als Abendstern geht er vor Sonnenuntergang auf und als Morgenstern geht er vor Sonnenaufgang auf.

Wir sehen, dass in Bezug auf eine Ost-West Richtung entlang des Tierkreises, ein

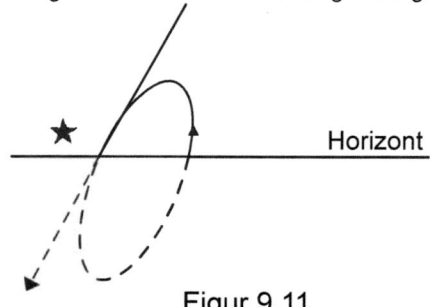

Figur 9.11

äußerer Planet zwei ‚stationäre Punkte' vor dem Hintergrund der Sterne erreicht (Punkte S1 und S2 in der Figur 9.10). In diesen Positionen bewegt sich der Planet wie die Sterne, mit derselben Geschwindigkeit auf- und untergehend. Wenn wir in der Vorstellung die Schleife auf den östlichen Himmel bei Sonnenuntergang projizieren,

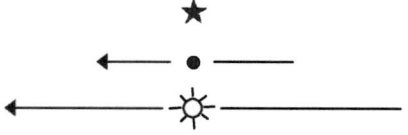

Figur 9.12

sehen wir die folgende Konsequenz. In Opposition trägt die rückläufige Schleifenbewegung ihn schneller als die Sterne in den Nachthimmel von Nacht zu

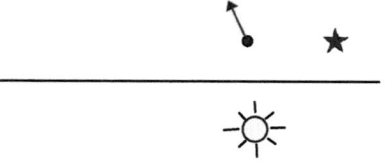

Figur 9.13

138

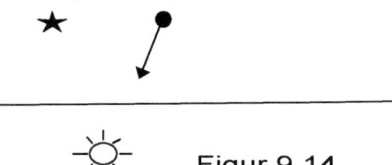

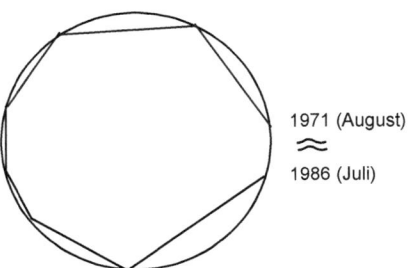

Figur 9.14

Nacht (Figur 9.11). Am stationären Punkt S2 (Figur 9.10) fällt sie mit der Geschwindigkeit der aufgehenden Sterne zusammen und danach wird er langsamer als die Sterne aufgehen. Wenn wir dann dem Planeten zur oberen Konjunktion folgen, finden wir, dass die Sonne ihn überholt und beide bewegen sich westwärts mit den Sternen (Figur 9.12). Deshalb wird der Planet vor der oberen Konjunktion langsamer als die Sterne im westlichen Abendhimmel untergehen(Figur 9.13). Nach der oberen Konjunktion wird er langsamer als die Sterne am Morgenhimmel aufgehen (Figur 9.14). So gehen die äußeren Planeten schnell und hell auf sowie unter in der Mitte der Schleife in Opposition und gehen zögernd und weniger hell auf sowie unter, wenn sie nahe der Sonne und der Konjunktion sind. Solcherart ist die Beziehung der äußeren Planeten zu den Sternen und, als Konsequenz, zum Horizont - ganz anders als die der inneren Planeten.

Innere Planeten sind heller, wenn sie der Sonne nahe sind, äußere Planeten sind heller, wenn sie von ihr entfernt sind. Die äußeren Planeten erreichen eine Unabhängigkeit von der Sonne und scheinen zu dieser Zeit am hellsten - wie auch der Mond. Aber zusätzlich bewegen sie sich rückläufig gegen ihre normale ostwärts gerichtete Bewegung und intensivieren ihre Aktivität und ihre Geste der Unabhängigkeit. Sie tun dies zwischen der Quadratur, Opposition und der nächsten Quadratur, während die inneren Planeten nie die Quadratur erreichen und ihr Schauspiel auf der anderen Seite des Kreises der Konfigurationen aufführen - in der Region, wo Konjunktionen stattfinden. Äußere Planeten dagegen haben niemals innere Konjunktionen; zusammen mit den Sternen des Tierkreises ziehen sie stattdessen durch die Opposition. Dies ist ein Hinweis auf ihre Verwandtschaft mit den Sternen.

Wir können uns jetzt einzelnen Planeten zuwenden und nehmen Mars als ersten. Es

1971 (August)
≈
1986 (Juli)

Figur 9.15

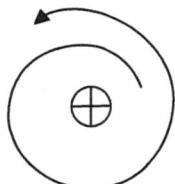

Figur 9.16

gibt große Variationen in der Helligkeit seines roten Scheins. Wenn er nahe der Sonne ist, scheint er bescheiden wie der Polarstern, aber wenn er in Opposition zur Sonne steht, kann er die Helligkeit von Sirius übertreffen. Er hat auch Variationen in seinem Grad höchster Helligkeit, mit einem Höchstmaß an Helligkeit, wenn er seine Schleife zwischen den Sternen des Wassermanns zieht. Dann ist der Mars der Erde am nächsten. Dieses Maximum an Helligkeit findet ungefähr alle 15 Jahre statt und ist am deutlichsten, wenn die Opposition am 23. August stattfindet. Die Oppositionen von 1986 und 1988 finden beide nahe der günstigen Position im Wassermann statt, die erstere am 10. Juli und letztere (etwas heller) am 28. September.

In 15 Jahren bewegen sich die Schleifen des Mars um den Tierkreis in sieben Schritten und kehren zu dem Gebiet der ersten Schleife mit der achten zurück. Die Figur 9.15 zeigt die Oppositionspunkte des Mars von einer günstigen Position (1971) zu einer weiteren 15 Jahre später (1986). Jeder Schritt oder jedes Intervall zwischen den Schleifen repräsentiert eine synodische Periode des Mars, die im Durchschnitt zwei Jahre und sieben Wochen dauert. Deshalb vollführt der Planet eine Schleife in jedem zweiten Jahr. Dies ist die längste synodische Periode aller Planeten. Die Figur 9.16 zeigt die Distanz entlang des Tierkreises, die der Mars zwischen Oppositionen zurücklegt. Die Tierkreisphänomene des Mars wiederholen sich genau alle 79 Jahre in diesem Zeitraum gibt es 37 Schleifen.

Wie die anderen äußeren Planeten vollführt der Mars vier Grundformen von Schleifen, mit kleineren Variationen. Wenn er oberhalb der Ekliptik ist, ist die Schleife nach oben gewendet, wenn er unterhalb ist, dann nach unten gewendet und wenn er

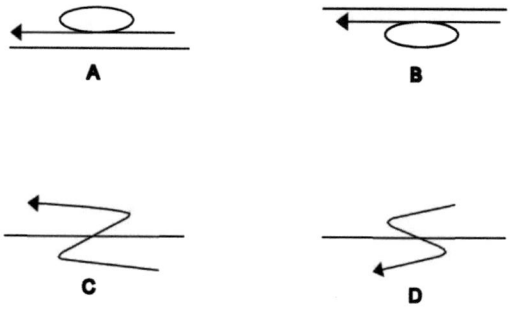

Figur 9.17

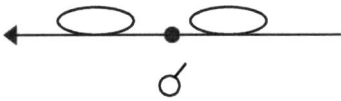

Figur 9.18

die Ekliptik während der Opposition von oben oder unten überquert, dann nimmt sie Zickzackform an (Figur 9.17). Das Zickzack ist die seltenste Form im Falle des Mars, wenn die Opposition zwischen den Sternen des Widders im November stattfindet und zwischen den Sternen der Waage im Mai. In diesen Gebieten liegen die aufsteigenden respektive absteigenden Knoten des Planeten. Die Konjunktion mit der Sonne findet zwischen den Schleifen statt (Figur 9.18). Hier ist der Planet am dunkelsten.

Der Mars vollführt die größten Schleifen der äußeren Planeten. Seine rückläufige Bewegung zwischen den stationären Punkten überspannt mehr als eine halbe Tierkreiskonstellation, die er aber schnell zurücklegt - in ungefähr zwei Monaten und 10 Tagen - verglichen mit den rückläufigen Bewegungen der anderen äußeren Planeten.

Es gibt Stärke und Schnelligkeit in den scheinbaren Bewegungen des Mars. Er wartet am längsten bevor er den Mitternachtshimmel betritt, um aufzutreten, dann aber in großem Maßstab und mit feuriger Farbe. Die Chaldäer nannten ihn Negral - den König des Konflikts und den Meister der Schlachten. In Persien war er bekannt als Bahram und Pahlavani Siphir, der himmlische Krieger. Die Griechen nannten ihn Ares, den Gott des Krieges. Der Gott Mars war der legendäre Vater von Romulus, dem Begründer von Rom und unser ungestümer Monat März hat von demselben Gott seinen Namen. Es gibt eine Geschichte von Mars und Venus, die eine heimliche Liebe zueinander hatten und sich nur in der Nacht trafen, wenn Apollo, der Sonnengott, sie nicht sehen konnte. Der Diener des Mars, Alektryon, wurde dazu bestimmt, Wache zu halten, aber einmal schlief er ein, die Liebenden wurden entdeckt und von den anderen Göttern lächerlich gemacht. Ärgerlich verwandelte Mars den Alektryon in einen Hahn, der nun jeden Morgen den Sonnenaufgang verkünden muss. Diese äußeren und inneren Planeten sind wie Romeo und Julia - Mitglieder zweier verschiedener Familien, deren nahe Verbindung nicht den Regeln gemäß ist.

Den Namen Jupiter und Saturn werden hohe Positionen in der Mythologie zugewiesen. In der indischen Rig-Veda war Jupiter Dyaus Pitar, Vater des Himmels, und er war im gesamten Himmel verkörpert. In Babylonien wurde der Schöpfergott Marduk auch Nebiru genannt und gewöhnlich war der Planet Jupiter gemeint. Nebiru kann auch das ganze Himmelsband bedeuten oder auch einen zentralen Punkt oder Pol. Der Planet war den Babyloniern bekannt als der ‚Stier des Lichtes' und als der Hirte der Sterne.

Gottheiten nahmen zu unterschiedlichen Zeiten verschiedene planetarische oder Sternennamen an. Zum Beispiel war die Göttin Ishtar im Januar und Februar der Stern Capella, aber im Mai und Juni war der Gott Marduk Capella. Marduk konnte auch die tägliche Sonne sein, Jupiter, Merkur oder der Stern Regulus, abhängig von der Jahreszeit. Die Götter nahmen ihre himmlischen Erscheinungen gemäß der Zeit und Natur der Phänomene an, die sie trugen, wie himmlische Kleider. Sie konnten auch mehr als eine Erscheinung zur gleichen Zeit annehmen.

Der Saturn erfreute sich einer herausgehobenen Stellung unter den Planeten. Für die Babylonier konnte er sogar die Sonne ersetzen, wenn die letztere unter dem Horizont verschwand und war bekannt als die ‚Sonne der Nacht‘. Der griechische Historiker Diodorus (ca. 50 v.Chr.) sagte, dass die Chaldäer - ‚den Stern, den die Griechen Kronos (Saturn) nennen, den ‚Stern der Sonne‘ nennen, weil er am meisten hervorsticht und die wichtigsten Voraussagen gibt‘.

Jupiter und Saturn haben die am wenigsten unregelmäßigen oder rückläufigen Bewegungen der für das bloße Auge sichtbaren Planeten und nähern sich der regelmäßigen Bewegung der Sonne gegen die Sterne an. Ihre Schleifen sind relativ klein - die des Saturn haben die halbe Länge von denen des Mars, wobei die des Jupiter in Bezug auf die Größe zwischen beiden stehen. Für den Saturn ist die Tierkreisdistanz, die er zwischen den Extremen zweier Schleifen zurücklegt ungefähr gleich der Länge der Schleife selbst, während für Jupiter die Entfernung zweimal die seiner Schleifen ist. Der Mars wandert, wie schon erwähnt, mehr als einen Umgang des Tierkreises von einer Schleife zur nächsten.

Anders als der Mars vollführen Jupiter und Saturn Schleifen, mit einem Intervall von knapp über einem Jahr zwischen ihnen. Die synodische Periode des Saturn liegt im

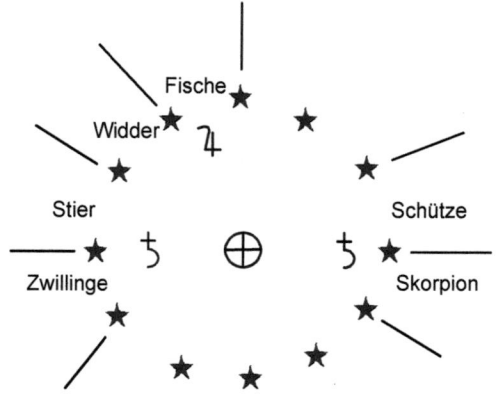

Figur 9.19

Durchschnitt bei einem Jahr und 13 Tagen und die des Jupiter bei einem Jahr und 34

Tagen. Mit seinen größeren Schleifen und größeren Distanzen zwischen ihnen bewegt sich Jupiter schneller um den ganzen Tierkreis als Saturn, er braucht nämlich fast 12 Jahre und bringt ungefähr 11 Schleifen in dieser Zeit hervor, wohingegen Saturn in 29½ Jahren durch den Tierkreis geht und dabei 28 Schleifen vollendet. Die Schleifen von Jupiter und Saturn sind kleiner, flacher und werden langsamer gebildet als die des Mars. Ihre Flachheit macht es schwierig die Zickzackgestalten, die zweimal in ihren Umläufen um den Tierkreis auftauchen, zu unterscheiden.

Jupiter in Opposition ist der hellste der äußeren Planeten und er scheint mit einer leuchtenden und majestätischen weißen Farbe. Im günstigsten Fall kann er Sirius

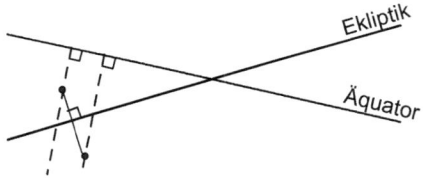

Figur 9.20

überstrahlen und wenn er am wenigsten hell ist, scheint er ungefähr wie dieser Stern. Wenn die Opposition im Oktober zwischen den Sternen der Fische oder des Widders stattfindet, erreicht er den höchsten Grad seiner Helligkeit.

Der Saturn andererseits hat zwei Perioden der hellsten Opposition im Winter bei den Sternen des Stieres oder der Zwillinge und im Sommer bei denen des Skorpions oder des Schützen. Wenn er ganz hell scheint, ist er heller als Arkturus, was während der Winteroppositionen stattfindet. Die beiden hellsten Punkte des Planeten befinden sich an gegenüberliegenden Seiten des Tierkreises und sie erscheinen alle 15 Jahre; der Grund für diese Aufhellungen war bis zur Erfindung des Teleskops und den Beobachtungen von Christian Huygens in Holland im 17. Jahrhundert unbekannt (siehe Kapitel 12). Die Figur 9.19 zeigt diese Positionen in den Tierkreiskonstellationen, in denen Jupiter und Saturn am hellsten sind.

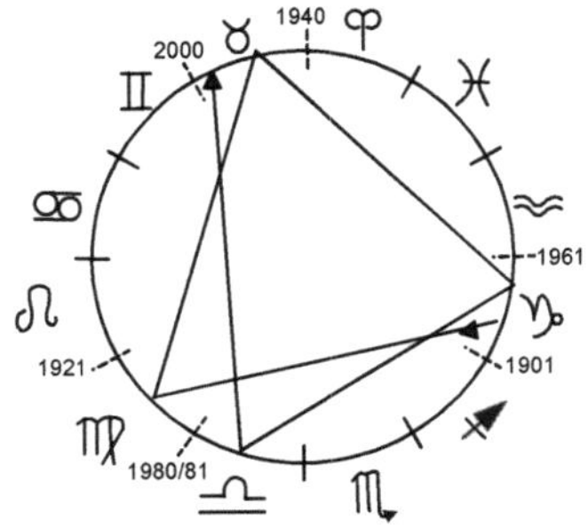

Figur 9.21

Alle 20 Jahre stehen Jupiter und Saturn in Konjunktion zueinander. Es gibt zwei wichtige, aber ganz unterschiedliche Wege diesen Moment zu bestimmen - entweder in Bezug auf die Ekliptik oder den Himmelsäquator. Das Datum einer Konjunktion kann um Tage oder Wochen abweichen, je nachdem, welche Methode angewendet wird. Die Figur 9.20 illustriert den Grund - die Planeten müssen auf einer Linie im rechten Winkel zur Ekliptik oder dem Äquator liegen. Die Figur zeigt eine Konjunktion mit der Ekliptikmethode, aber nicht der äquatorialen. Die Ekliptik-Beziehung zu den Planeten scheint die natürlichere für die Beobachtung und sie markiert oft die geringste Abweichung im Winkel, soll heißen ihre nächste Annäherung.

Die Konjunktionen von Jupiter und Saturn werden traditionell Große Konjunktionen genannt und wurden mit besonderem Interesse betrachtet in den Tagen als die Astrologie Teil der Wissenschaft war. Auch der sechzehnjährige Tycho Brahe beobachtete die Große Konjunktion von 1563 mit den Augen eines Astronomen und hielt das Ende eines Paares von geometrischen Winkeln nahe an seine Augen, um die Winkelabweichung der Planeten zu messen. Er fand heraus, dass die Voraussage der Ephemeriden von Johannes Stadius, die auf der Arbeit von Kopernikus basierten, um einige Tage falsch lagen, was dazu führte, dass er sein Leben der Feststellung von exakten astronomischen Positionen widmete. Da Große Konjunktionen um durchschnittlich 117 Grad getrennt stattfinden, bilden sie bei ihrer Wanderung durch den Tierkreis Dreiecke. Tierkreiszeichen in Dreiecksbeziehung wurden von den Astrologen ,Trigone' genannt und teilten dasselbe Element Erde, Luft, Feuer oder Wasser. Die Große Konstellation von 1583 fand in dem Zeichen (nicht der Sternenkonstellation) der Fische statt und markierte somit das Ende der Herrschaft der ,Wasser-Zeichen', die die Tierkreisgebiete für Große Konjunktionen seit 1365 gewesen waren. Diese Konjunktionen bleiben ungefähr 200 Jahre in einem bestimmten Trigon und wandern durch alle vier Trigone oder Tierkreiszeichen in ungefähr 800 Jahren. Der letztere Zyklus wurde in älteren Zeiten als sehr wichtig angesehen und Tycho Brahe bezieht sich auf seine Wichtigkeit für die Geschichte in seinen Schriften über den neuen Stern von 1572.

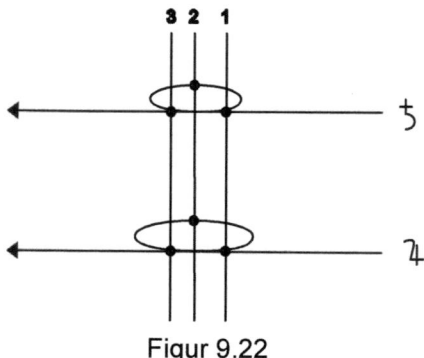

Figur 9.22

Er sprach über die 800jährige Periode, die mit einer Großen Konjunktion in dem ‚Feuer' Zeichen des Schützen im Dezember 1603 beginnt, die ein Zeitalter einläutet, wie es von den Propheten Jesajah und Micah vorausgesagt wurde, in dem der Löwe wie der Ochse Stroh fressen wird und der Säugling wird auf dem Loch der Giftschlange spielen. Die Figur 9.21 zeigt die Großen Konjunktionen in ihren Tierkreiszeichen in diesem Jahrhundert (wobei 1980/1 den ersten Einstieg in die Luftzeichen darstellt).

Es gibt Gelegenheiten, bei denen Jupiter und Saturn weniger als 1,7 Tage getrennt voneinander in Opposition stehen und somit eine ‚dreifache' Konjunktion wahrscheinlich ist. Die Schleifen der Planeten fallen im Längengrad zusammen und Jupiter mit seiner größeren Schleife und schnelleren Bewegung geht dreimal gleichen Schrittes mit dem Saturn (Figur 9.22). Diese Ereignisse sind selten: im Durchschnitt ungefähr alle 139 Jahre. Das letzte fand 1980/1 statt und das nächste wird 2238/9 (in Bezug auf die Ekliptik berechnet) sein. Wenn wir alle äußeren Planeten bei den Möglichkeiten für dreifache Konjunktionen mit berücksichtigen, dann gab es für Mars und Jupiter die letzte in den Jahren 1979/80 und die nächste in 2123, für Mars und Saturn war die letzte 1945/6 und die nächste wird 2148/9 sein. Dreifach-Konjunktionen können auch zwischen äußeren Planeten und Sternen stattfinden. Jene mit hellen Tierkreissternen am Ende dieses Jahrhunderts sind: Saturn und Antares 1986; Mars und Aldebaran 1990/1; Mars und Regulus 1994/5; Jupiter und Antares 1995; Jupiter und Aldebaran 2000/1; und Saturn und Aldebaran 2001/2. Es ist interessant zu bemerken, dass eine Dreifach-Konjunktion von Mars und Spica zwei Jahre später immer von einer Dreifach-Konjunktion von Mars und Antares gefolgt wird.

Ptolemäus gab Sternen planetarische Qualitäten, zum Beispiel habe Aldebaran die Natur des Mars, Regulus die von Mars und Jupiter; Antares die des Mars und in einem geringeren Maße die des Jupiter.

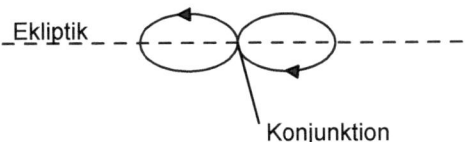

Figur 9.23

In Dreifach-Konjunktionen zwischen Planeten kommen diese Himmelskörper in die engste Beziehung zueinander, während sie gleichzeitig in ihren stärksten und hellsten Phasen in der Opposition zur Sonne stehen. Sie teilen praktisch einen Oppositionspunkt im Tierkreis miteinander und es ist, als ob sie ein unsichtbarer Knoten zusammenbände.

Für einen Augenblick können wir uns einem einzigartigen Gesichtspunkt innerhalb des Studiums der planetarischen Bewegungen in dem System des platonischen Mathematikers Eudoxus (ca. 370 v. Chr.) zuwenden. Dies führt uns wieder zu der Lemniskate, die notwendigerweise im Zentrum der Bewegung auf Breiten- und Längengraden steht. Wenn wir gehen, scheint ein fester Punkt vor uns, sich auf diese Weise zu bewegen, wenn unser Kopf sich auf- und ab und von links nach

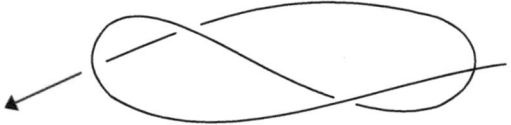

Figur 9.24a

rechts mit den Schritten bewegt. Eudoxus versuchte, die Geste der planetarischen Schleifen in einem mathematischen Modell zusammenzufassen, das eingebaute Lemniskaten enthielt. Er entwickelte ein System von konzentrischen Sphären, die ineinander rotierten. In einer Gruppe von Sphären, die einem bestimmten Planeten zugeordnet waren, war der Pol einer Sphäre angeheftet an die innere Oberfläche einer anderen. Vier Sphären waren jedem der fünf Planeten zugeordnet, wobei der Planet selbst an die innerste der vier Sphären geheftet war. Die zwei äußersten Sphären lieferten die tägliche Bewegung und die Bewegung entlang des Tierkreises. Die zwei innersten bewegten den Planeten auf einer scheinbaren Lemniskate entlang der Ekliptik, obere und untere Konjunktionen mit der Sonne traten an dem doppelten Punkt (Schnittpunkt) auf (Figur 9.23). Die Kombination dieser Bewegungen produzierte eine scheinbare Bewegung zwischen den Sternen. Beispiele der möglichen resultierenden Bewegungen werden in der Figur 9.24 (a,b,c,d) gezeigt. Dies war ein Versuch, dem Verhalten der Planeten eine verallgemeinerte charakteristische Form zu geben, die die beobachteten Phänomene nicht exakt wiedergab. Die größten Diskrepanzen gab es bei Venus und Mars, die beide nicht dazu gebracht werden konnten, eine retrograde Bewegung zu zeigen. Die Kurve der Lemniskate wurde von den Griechen ,Hippoped' genannt, weil die Pferde in dieser Form während des Trainings in der Reitschule herumgeführt wurden.

Insgesamt enthielt das System des Eudoxus 27 konzentrische Sphären (darin enthalten jeweils drei für die Sonne und den Mond und eine für die Sterne). Das System wurde später von dem Astronom Callipus von Cyzicus verbessert mit zusätzlichen Sphären (was die Anzahl auf 33 erhöhte). Dafür arbeitete er mit

Figur 9.24b

Figur 9.24c

Aristoteles in Athen zusammen. Es wurden zusätzliche Sphären nicht nur für die Planeten Venus, Merkur und Mars hinzugefügt, sondern auch für Sonne und Mond. Der Sonne und dem Mond wurden jeweils fünf Sphären gegeben, die wohl die Lemniskatenbewegung in den Fortlauf dieser leuchtenden Körper entlang der Ekliptik mit einschlossen und auf diese Weise die ungleichen Bewegungen bei den Längengraden berücksichtigten. Aristoteles selbst fügte später einige Zwischensphären zwischen den Planeten hinzu, in der Absicht ihre Bewegungen zu einem mechanischen Ganzen zu vereinen, mit durchgängigen beweglichen Kontakten, was das rein abstrakte geometrische System des Eudoxus, in welchem jeder Planet eine unabhängige Bewegung hatte, ersetzte. Auf diese Weise war ein weiterer Schritt in Richtung 'Rettung der Erscheinung' getan.

Der Mars wurde inzwischen von einem unbemannten Raumschiff erreicht, das Bodenanalysen durchführte und 'Photographien' per Fernbedienung von der Erde

Figur 9.24d

aus aufgenommen hat. Dieser Planet wird sicherlich das nächste Ziel für den Menschen jenseits des Mondes sein. Wir sind jetzt bekannt mit Bildern der roten trockenen Erde des Mars und seinem rosa Himmel durch den Staub gesehen. Wie steht es also mit der Astronomie des Mars?

Gemessen nach der Erdzeit ist das Jahr auf dem Mars fast zweimal so lang, wie das der Erde (687 Erdentage) und der Sonnentag ist länger, nämlich 24 Stunden und 37 Minuten nach irdischer Zeit. Es gibt 668,6 Marstage in einem Marsjahr und die Sonne bewegt sich durch eine Tierkreiskonstellation in ungefähr 56 Marstagen.

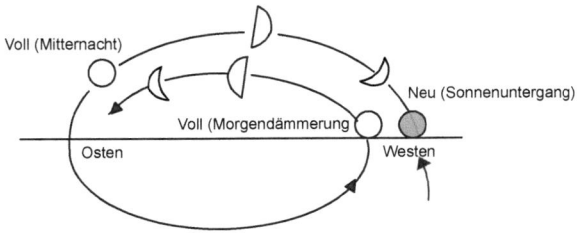

Figur 9.25 Phobos in einer Nacht

Die Sonnenphänomene laufen langsamer ab als auf der Erde, aber die Mondphänomene sind viel schneller und voller Dynamik, Energie und Abwechslung. Es gibt zwei kleine Monde, die nicht groß genug sind, um die Sonne bei einer Finsternis zu bedecken. Der größte, Phobos, bewegt sich ostwärts mehr als dreimal komplett um den Tierkreis herum im Verlauf eines siderischen Tages, deshalb geht er im Westen auf und im Osten unter. Ein schwaches Licht werfend erscheint er zweimal so groß, wenn er hoch am Himmel steht als wenn er nahe am Horizont ist, da er der Oberfläche des Mars so nahe ist. Für einen Beobachter nahe des Mars-Äquators verbringt Phobos etwas mehr als vier Marsstunden über dem Horizont, aber bleibt länger darunter und geht etwa alle 11 Stunden auf. An einem Tag (24 Stunden und 37 Minuten) kreuzt er dreimal komplett über den Marshimmel, während er dreimal durch seine Phasen geht. Jedesmal, wenn er über dem Horizont erscheint, ist er in einem anderen Phasenzyklus als zuvor, wobei ein Zyklus weniger als ein Drittel eines Tages braucht. Er hat einen ‚Monat' von 7 Stunden und 39 Minuten. Er kann zweimal in einer Nacht von einer festen Position auf der Marsoberfläche als Vollmond erscheinen (Figur 9.25). Phobos ist dem Mars so nahe, dass seine lebendige Aufführung an den Polarkreisen des Planeten jenseits von 70 Grad nicht gesehen werden kann.

Finsternisse von und durch Phobos sind sehr häufig - über 1400 kommen in einem Marsjahr vor. Bei Sonnenfinsternissen erscheint der Mond als ein schwarzes Gebiet, das über das Gesicht der Sonne wandert. Bei einer deutlichen ringförmigen Finsternis ist er nur in der Lage, die Sonnenscheibe in geringem Ausmaß zu bedecken. Von Phobos aus gesehen würde der Mars mit einer Kante auf dem Horizont einen Durchmesser haben, der sich von dem Horizont über die halbe Strecke bis zum Zenit erstreckt. Die Beziehung des Mars zum Horizont würde fixiert bleiben und der Planet würde in 11 Stunden zu rotieren scheinen und in gerade mal etwas mehr als sieben Stunden durch seine Phasen gehen.

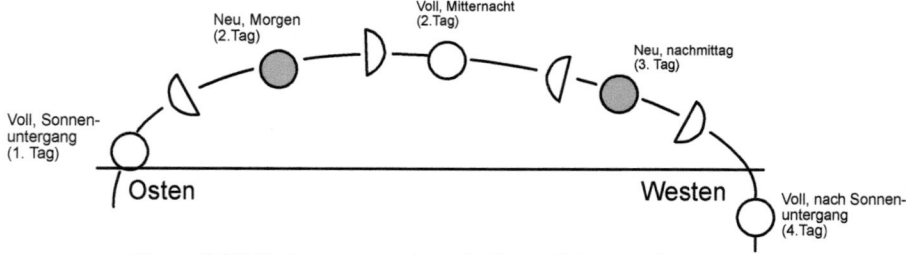

Figur 9.26 Deimos zwischen Auf- und Untergehen

Der kleinere und entferntere Mond Deimos zeigt ein sehr gegensätzliches Verhalten. Er geht sehr langsam im Osten auf und im Westen unter und braucht mehr als zwei Tage (58 Marsstunden), um diese Reise zu vollenden und er kann, über dem Horizont bleibend, zweimal voll werden, vom Marsäquator aus gesehen (Figur 9.26).

Zwischen zwei Aufgängen kann Deimos durch mehr als vier ‚Monate' an Phasen gehen, aber die meiste Zeit davon verbringt er unter dem Horizont.

Da er sowohl kleiner als auch entfernter als sein Begleitermond ist, erscheint Deimos am Himmel wie ein heller Planet und nimmt in seiner Helligkeit mit seinen Phasen zu und ab. Er hat weniger Finsternisse als Phobos (ungefähr 130 im Jahr) und es gibt seltene Gelegenheiten, bei denen Deimos komplett durch Phobos verfinstert wird. Bei anderen Gelegenheiten können beide Monde über das Gesicht der Sonne wandern oder beide können durch den Schatten des Mars gleichzeitig verfinstert werden. Von Deimos aus gesehen würde der Mars stationär über dem Horizont verbleiben und einen Durchmesser von ungefähr einer halben Tierkreiskonstellation haben. Phobos würde in allen Phasen erscheinen und über das Gesicht vom Mars hinziehen oder von ihm in verschiedenen Phasen verdeckt werden.

Diese zwei Monde wurden 1877 von dem amerikanischen Astronomen Asaph Hall entdeckt und Phobos (Terror) und Deimos (Panik) benannt - Begleiter des Mars nach Homers Ilias (Buch 15), welches beschreibt wie Mars auszieht, den Tod seines Sohnes zu rächen: ‚Und er rief Terror und Panik, um seine Pferde zu satteln, während er seine funkelnden Waffen anlegte.'

Im Jahre 1610, nach Galileos Entdeckung der vier Monde des Jupiter, stellte Kepler fest, dass Mars aus mathematischen Gründen wahrscheinlich zwei Monde haben würde. Offensichtlich von Keplers Idee ausgehend, gab Jonathan Swift eine überraschend gute annähernde Beschreibung der Monde in Gullivers Reisen 150 Jahre bevor sie entdeckt wurden. Swift schrieb, dass die fortgeschrittenen Laputanischen Astronomen zwei Satelliten des Mars entdeckt hätten, von denen der

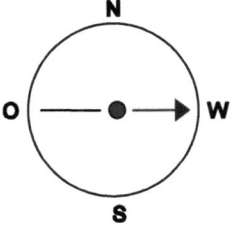

Figur 9.27

innere vom Zentrum des primären Planeten genau drei seiner Durchmesser und der äußere fünf entfernt sei; der letztere wandere in einem Zeitraum von 10 Stunden und der letztere in 21½ Stunden herum'.

Die Welt des Mars hat seit langem die Imagination des Menschen befeuert. Sie kann es auch heute noch, wenn wir uns in Gedanken auf seine Oberfläche versetzen und die von unserer sehr verschiedene Astronomie vorstellen, die ein Bewohner erleben würde. Das Bild würde unsere Erde einschließen, die am Himmel als ein innerer

Planet und als heller Morgen- oder Abendstern erscheinen würde. Periodisch würde die Erde über das Gesicht der Sonne ziehen, dieses Ereignis fand vor nicht allzu langer Zeit und in der näheren Zukunft (am 8.- 9. November 1800, 12.-13. November 1879, 8.- 9. Mai 1905, 11. Mai 1984, und am 14.-15. November 2163) statt. Es tritt entweder im April-Mai auf, wenn der Mars nahe dem absteigenden Knoten seiner

Figur 9.28

Umlaufbahn ist, oder Oktober-November, wenn er nahe seines aufsteigenden Knotens ist. Der Mars ist natürlich von der Erde aus gesehen in Opposition wenn diese Transite stattfinden. Der Transit des Jahres 1984 (Figur 9.27) dauerte 8½ Stunden.

Zu guter letzt können wir alle für das bloße Auge von der Erde aus sichtbaren Planeten zusammen nehmen und die Phänomene der Versammlungen betrachten. Zwischen den Jahren 1007 n.Chr. und 2100 n.Chr. gibt es 14 Gelegenheiten, bei welchen Sonne, Mond und fünf weitere Planeten in einem Gebiet des Tierkreises von weniger als 30 Grad, von der Erde aus gesehen, stehen. Die kompakteste Gruppierung fand innerhalb eines Winkels von 12 Grad zwischen den Sternen der Jungfrau im September 1186 statt; die nächste kompakteste Gruppe am 5. Februar 1962 als die Planeten innerhalb eines 16 Grad Winkels in der Konstellation des Steinbocks zusammen kamen. Dieses Ereignis war auch insofern außerordentlich, als die Sonne komplett vom Mond verfinstert wurde, sodass die Planeten an einem dunklen Himmel an jedem Ort innerhalb des Mondschattens sichtbar waren. Der Schattenweg begann in Borneo und zog über Neu Guinea und über den Pazifik und endete kurz vor der Küste der USA. Beobachter in Neu Guinea sahen Venus, Mars, Jupiter und Saturn während der Finsternis. Der Merkur war ein wenig oberhalb der Sonne und zu nahe, um gesehen zu werden. Normalerweise sind diese Versammlungen überhaupt nicht beobachtbar, weil sie die Sonne einschließen.

Die nächste Gruppierung wird am 5. Mai 2000 stattfinden, wenn die Planeten innerhalb einer 26 Grad Spanne in der Konstellation des Widders stehen werden (Figur 9.28). Zwei weitere werden folgen, beide innerhalb von 29 Grad und beide in der Konstellation der Jungfrau im September 2040 und im November 2100.

In diesem Kapitel war das Hauptziel, einen Weg zu bahnen zu einer qualitativen Kenntnis der dem bloßen Auge zugänglichen Planeten und zweitens, die wesentlichen Unterschiede zwischen inneren und äußeren Planeten herauszuarbeiten, wie sie von der Erde aus erlebt werden. Zum Beispiel nimmt man nach einer Weile eine gewisse jugendliche Qualität bei den inneren und eine des Alters bei den äußeren Planeten wahr. Diesen Gedanken hatte auch Ptolomäus, der in seinem Buch ‚Tetrabibilos' die Zeitalter des Menschen als Abfolge der Planetensphären von Mond bis Saturn beschreibt. Die ersten vier Jahre des Lebens sind auf den Mond abgestimmt (der Mond habe vier Viertel, erklärt er); das Alter von vier bis 14 passt zu Merkur; 14 bis 22 korrespondiert mit der Venus (da ihr synodischer Zyklus 8 Jahre umfasst); 22 bis 41 ist der Sonne unterworfen (er nannte 19 die Zahl der Sonne, vielleicht im Zusammenhang mit dem Metonischen Zyklus); 41 bis 56 wurde von Mars beansprucht (synodischer Zyklus von 15 Jahren); 56 bis 68 kam unter die Herrschaft des Jupiter (synodischer Zyklus von 12 Jahren); und das Alter von 68 aufwärts wurde von Saturn reguliert.

Solcherart ist eine alte Lesart der qualitativen Sternenschrift. In seinem Kommentar zum ‚Tetrabibilos' „Alte Wissenschaft und moderne Zivilisation" sagt der Wissenschaftshistoriker George Sarton:

„Man kann nicht das Ganze oder einen Teil jener Abhandlung lesen, ohne schrecklich bestürzt zu sein. Wenn Ptolomäus wirklich der Autor war, ist es tausendfach schade, aber zeigt nur, dass er ein Mensch seiner Zeit und Herkunft war. Auch das größte Genie kann nicht alle diese Einschränkungen auf einmal überwinden."

Wenn das größte Genie nicht alle ‚Einschränkungen' eines imaginativen Auges überwinden kann, dann kann Dr. Sarton nicht alle Einschränkungen eines zynischen Blickwinkels überwinden.

Kapitel 10
Kometen, Meteore und neue Sterne

Kometen, Meteore und neue Sterne haben gemeinsam, dass sie temporäre Phänomene und oft, wenn nicht immer, unerwartete Erscheinungen an unserem Himmel sind, die die Schwelle zwischen der sichtbaren und unsichtbaren Welt überschreiten.

Die dramatischen Erscheinungen dieser Phänomene nehmen den Charakter von Ankündigungen für unsere Imagination an. Die Kometen haben eine lange Geschichte der Assoziation mit menschlichen Angelegenheiten, indem sie positive oder negative Ereignisse begleiten. Sie wurden mit Katastrophen zusammenfallend gesehen oder mit den Geburten und Todesfällen von wichtigen Persönlichkeiten. Giotto malte einen Kometen über den Kopf des Jesuskindes auf einem Fresko im Inneren der Avena Kapelle in Padua. Shakespeares ‚Julius Cäsar' enthält die wohlbekannten Zeilen:

„Wenn Bettler sterben, sieht man keine Kometen:
Die Himmel selbst verkünden hell den Tod von Prinzen."
(Akt II, Szene ii)

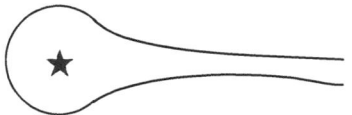

Figur 10.1

Im selben Jahr als König Harold von England geschlagen und getötet wurde, stand der Halley Komet in einer frühen Erscheinung am Himmel und wurde mit in den Bayeux Teppich, zum Gedenken an die Invasion von Wilhelm dem Eroberer, eingewoben. Ein Bild zeigt eine Gruppe von Engländern, die auf den Kometen zeigen und der Text lautet: ‚Sie sind in Ehrfurcht vor dem Stern.' Johannes von Damaskus, ein griechischer Kirchenvater, schrieb „Es kommt oft vor, dass Kometen erscheinen. Diese ... sind keine der Sterne, die am Anfang geschaffen wurden, sondern werden zeitgleich auf göttlichen Befehl geschaffen und wieder aufgelöst."

Giottos Komet ist bemerkenswert in seinem Naturalismus und es gibt Hinweise, dass er den Halleyschen Kometen von 1301 als Modell benutzt hat, den er ziemlich sicher gesehen haben dürfte. Man geht davon aus, dass Giottos Avena Fresken 1303/4 gemalt wurden.

Giotto gibt dem Geburtskometen eine rote Farbe und platziert in seine Mitte, dem Nukleus (Kern), einen achtstrahligen Stern. Der Kometenkern ist nicht wirklich sichtbar, aber es gibt oft ein helles Gebiet nahe dem Zentrum des umgebenden Koma. Zusammen bilden sie den ‚Kopf'. Auf diese Weise haben viele Kometen eine dreigliedrige Erscheinung von Koma, Kern und Schweif (Figur 10.1). Der Schweif hat häufig zwei Aspekte - eine gerade Kante oder Linie und einen gebogenen Teil. Das Licht von dem geraden Teil ist leuchtend und bläulich und von dem gebogenen Teil ist es reflektiertes Sonnenlicht, wie auch im Falle des Kerns und das Koma hat beide Eigenschaften. Einige Kometen haben nur gerade oder gebogene Schweife, während andere die beiden kombinieren. Viele haben überhaupt keinen Schweif. Der Komet IRAS-Araki-Alcock im Mai 1983 glühte als ein gespensterhafter runder Fleck am nördlichen Himmel und drehte sich um den Polarstern mit dem großen und kleinen Bären. Selbst so eine bescheidene schweiflose Erscheinung beeindruckte mit seiner unheimlichen Gegenwart, die sich dem gewohnten Himmel aufdrängt: eine nebulöse Amöbe, die vorüber treibt.

Es ist in der Tat eine weithin akzeptierte Annahme, dass Kometen aus verdünnter ursprünglicher Substanz bestehen, die bei der Bildung der Sonne und Planeten hervorgebracht wurde und deshalb Materie eines frühen Stadiums der Evolution darstellen: Besucher aus der Vergangenheit. Eine Mission der europäischen Raumfahrtbehörde ‚Giotto' genannt (in Erinnerung an den ‚Geburtskometen' des Künstlers, den er in Padua malte) wird ein Raumschiff losschicken, um den Halleyschen Kometen im Jahre 1985/6 abzufangen und in seinen Kern einzudringen, als Versuch mehr über die physische Beschaffenheit dieser seltsamen Besucher aus

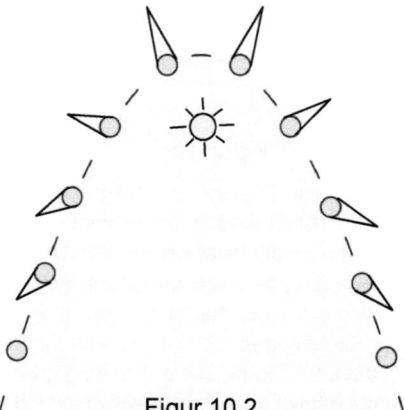

Figur 10.2

dem Weltraum zu erfahren. Zwei Raumschiffe der UDSSR und zwei von Japan werden sich auch dem Kometen nähern.

Der Durchmesser des Koma vom Kometen Halley wird ein Vielfaches des Erddurchmessers sein. Einige Kometenköpfe wachsen zu einem Umfang größer als die Sonne heran. Jedoch kann man nicht von dem Kopf oder Schweif eines Kometen sagen, dass er im gewöhnlichen Sinne physisch sei. Die Dichte wäre in etwa ähnlich 12 Murmeln, die man in einem Gebiet von einem Quadratkilometer verteilte. Im Jahre 1910 könnte der Schweif des Halleyschen Kometen über die Erde gefegt sein, aber es wurde nichts gefunden. (Einige Astronomen zweifeln, dass er dies tat, obwohl sein Kern (ohne stofflichen Nachweis) vor der Sonne vorbeizog.) Die Sterne scheinen unverändert, wenn man sie durch den Schweif eines Kometen sieht, als ob er nicht da wäre. Selbst Astronomen in diesem Jahrhundert haben den Kern als ein ‚scheinbares Phänomen‘ klassifiziert.

Kometen sind unstoffliche Schleier von Lumineszenz und reflektiertem Sonnenlicht mit kaum einem physischen Körper. Und doch verursachen sie die größten

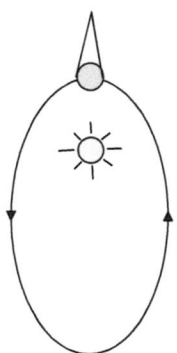

Figur 10.3

dramatischen Erscheinungen aller Himmelsphänomene. Ihre Eigenschaften machen

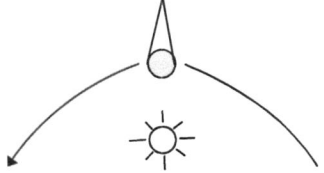

Figur 10.4

sie geneigt, von jedem Punkt der Himmelssphäre aus zu erscheinen; zu sichtbarer Existenz heranzuwachsen, wenn sie sich der Sonne nähern; auf die Sonne zu reagieren mit häufig verlängertem Schweif, riesigem Koma und heller werdendem Kern; um die Sonne herumzuwandern, bevor sie in der Größe abnehmen, ihren Schweif zurückziehen, ihre Lumineszenz auslöschen und zu verschwinden, wenn sie jenseits der zweifachen Entfernung der Sonne zur Erde gezogen sind. Die Schweife von Kometen sind immer von der Sonne abgewendet, als ob etwas abgeleitet würde und können sich so weit erstrecken wie die Entfernung zwischen Erde und Mars und darüber hinaus.

Die Figur 10.2 zeigt in vereinfachter Weise den Weg eines Kometen. Kometen wandern tatsächlich auf hochkomplizierten dreidimensionalen Kurven, wegen der Ablenkung (Perturbation) durch große Planeten wie Jupiter. Wenn es keine Ablenkung gäbe und die Kometen nur durch die Sonne angezogen würden, bewegten sie sich auf Ebenen, meistens Parabeln. Eine Parabel ist die Kurve, die in Figur 10.2 gezeigt wird, deren Arme sich in den Raum weiten und, mathematisch gesprochen, in der Unendlichkeit zusammen kommen. Also würde der Komet nicht zurückkommen. Die meisten Kometen werden in Ellipsen abgelenkt (Figur 10.3) und kehren zurück. Sie können aber auch zu Hyperbeln abgelenkt werden, die sich noch weiter ausdehnen als Parabeln (Figur 10.4) und kehren auch nicht zurück. Kepler dachte, dass Kometen sich in Geraden bewegten, ein Gedanke, der nicht im Widerspruch zu ihrer Erscheinung auf der Himmelssphäre steht und tatsächlich die Essenz ihrer parabolischen, nicht zurückkehrenden Natur wahrt. Kepler führte als erster den Gedanken ein, dass eine Gerade nur einen Punkt in der Unendlichkeit hat, ein Theorem das Teil der synthetischen oder projektiven Geometrie, wie sie heute gelehrt wird, ist. Beide, die Gerade und die Parabel, kommen in gewissem Sinne von und gehen zurück zu dem gleichen Punkt in der Unendlichkeit.

Figur 10.5

Aber die meisten Kometen werden zu ausgeweiteten Ellipsen abgelenkt, die über die Planeten hinausgehen und die durchschnittliche Zeit ihrer Rückkehr wurde auf mehr als 40000 Jahre geschätzt. Bei jeder Rückkehr wird ein neues Koma gebildet, wenn er sich der Sonne nähert. Die kürzeste bekannte Rückkehrzeit ist 3,3 Jahre und gehört zu dem Kometen Encke, der zuerst im Jahre 1786 gesehen wurde. Periodisch zurückkehrende Kometen nehmen einen Planeten-Charakter an und sind auf dem Weg reguläre Mitglieder des Planetensystems zu werden, wobei ihre berechneten Bahnen Schleifen auf ihrem ganzen Weg um die Himmelssphäre aufweisen, wenn sie auf den Sternenhintergrund projiziert werden. Die Figur 10.5 zeigt den ‚eine-Schleife-pro-Jahr' Fortschritt des Halleyschen Kometen bei seiner ersten Entdeckung am 16. Oktober 1982 nahe dem Stern Procyon im Kleinen Hund. Der Komet war zu der Zeit etwas weiter entfernt als der Planet Saturn. Seine Richtung und Geschwindigkeit kamen den Voraussagen nahe, was bedeutete, dass der Komet nur einen halben Tag früher als erwartet bei seiner nächsten Annäherung an die Sonne

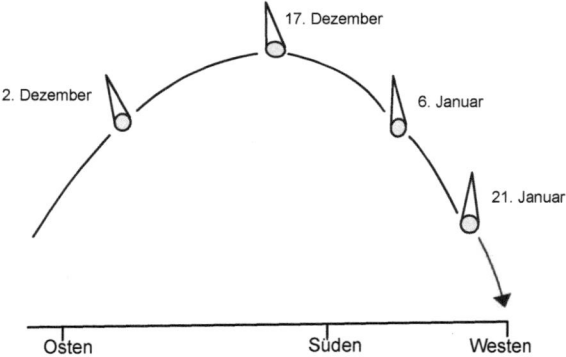

Figur 10.6 Abendhimmel

(Perihelion) am 9. Februar 1986 ankommen würde. Bei vielen periodischen Kometen ist es erheblich schwerer, ihre Rückkehr vorauszusagen und manchmal kommen sie auch gar nicht zurück.

Wie oben beschrieben bewegt sich der Halleysche Komet in rückläufiger Richtung

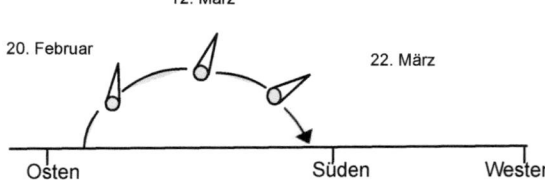

Figur 10.7 Morgenhimmel

156

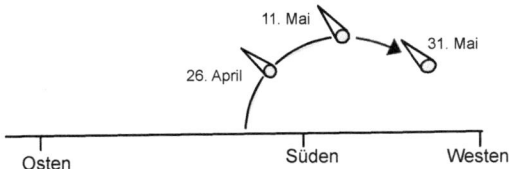

11. Mai

26. April

31. Mai

| Osten | Süden | Westen |

Figur 10.8 Abendhimmel

(westwärts) entgegen der normalen, direkten Bewegung der Planeten. Das ist ungewöhnlich für einen 'kurz-periodischen' Kometen, d.h. einer, der innerhalb von 200 Jahren zurückkehrt. Fast alle 'kurz-periodischen' Kometen haben eine Bewegung direkt wie die Planeten. Jedoch von den 'lang-periodischen' Kometen haben genauso viele rückläufige Bahnen wie direkte.

Seit der wahrscheinlich ersten Sichtung des Halley Kometen im Jahre 240 v.Chr. scheint er in einer mittleren Periode von fast 77 Jahren zurückgekommen zu sein. Im Jahre 1985/6 wird seine Erscheinung nicht so günstig zu sehen sein wie im Jahre 1910 - in seinem Perihelion wird er auf der entfernten Seite der Sonne von der Erde aus sein und unter dem Äquator sowie bei den Sternen des Wassermanns. In der nördlichen Hemisphäre wird er am besten Anfang 1986 am Abendhimmel zu sehen sein und in der südlichen Hemisphäre nach dem Perihelion am Morgenhimmel. Er wird jedoch auch am Abend- und Morgenhimmel in beiden Hemisphären zu sehen sein und die Figur 10.6 zeigt seine Positionen von der geographischen Breite 50 Grad Nord eine halbe Stunde nach Sonnenuntergang, wenn die hellsten Sterne sichtbar sind. Die Figur 10.7 zeigt die morgendliche Erscheinung von demselben Breitengrad aus. Ende April wird er den Abendhimmel der nördlichen Hemisphäre noch einmal betreten, wenn er sich zurückzieht und dabei aufwärts über den südlichen Horizont steigt (Figur 10.8).

Mitte Januar wird der Komet am Abend unter den Sternen des Wassermanns stehen. Es ist interessant zu bemerken, dass genau 12 Jahre vorher der Komet Kohoutek in genau derselben Position am Abendhimmel stand und da Jupiter einen 12-jahres Zyklus hat, wird er 1986 nahe dem Kometen Halley stehen, so wie Kohoutek im Januar 1974. Die Venus war ein Abendstern in diesem Teil des Himmels im Jahr 1974, wird aber Mitte Januar 1986 abwesend sein, ersetzt durch eine Mondsichel. Die Venus wird nahe ihrer oberen Konjunktion mit der Sonne sein, aber sie wird am Abendhimmel aufgehen und Jupiter folgen, nachdem der Komet Halley den anderen Weg genommen hat und er am 9. Februar die Konjunktion mit der Sonne erreicht.

Wie der Komet Halley hatte Kohoutek sein Perihelion auf der entfernten Seite der Sonne (28. Dezember 1973), aber er bewegte sich in der normalen ‚direkten' Bewegung vor den Sternen, der planetarischen Bewegung folgend. Ein anderer Unterschied ist, dass Kohoutek vor dem Perihelion von innen her am hellsten scheint, während Halley dazu neigt, das Entgegengesetzte zu tun. Deshalb erreichen

157

beide ihre maximale Helligkeit auf derselben Seite der Sonne (im Westen). Weiterhin nimmt man an, dass dies die erste Erscheinung von Kohoutek war und dass er für etwa eine Million Jahre nicht zurückkehrt, wenn überhaupt. So haben wir ein Bild von einem sich direkt bewegenden Kometen, der dem üblichen Weg widerstrebt, vor den Sternen des Wassermanns und von einem alten Kometen mit rückläufiger Bewegung mit Jupiter als Begleiter. Kohoutek nahm Halley vorweg und bereitete sogar die Öffentlichkeit für die Rückkehr von Halley vor. Obwohl er visuell eine Enttäuschung war, erregte Kohoutek 1974 beträchtliches weltweites Interesse und beflügelte die Imagination in Bezug auf Kometen und die Astronomie im allgemeinen. Er war ein Vorläufer für dieselben Ereignisse 12 Jahre später, mit der Aufmerksamkeit auf dieselbe Konstellation des Tierkreises und denselben Abendhimmel im Januar.

Es wird geschätzt, dass um 20 bis 30 Kometen in jedem Jahrhundert sichtbar werden, aber diese sind nur ein Bruchteil der Anzahl, die kontinuierlich in Richtung Sonne zieht. Kepler war auf dem richtigen Weg, als er nahelegte, dass es wahrscheinlich so viele Kometen am Himmel gibt, wie Fische im Meer. Wenn sie sichtbar sind, können sie es von ein paar Tagen bis zu mehr als einem Jahr bleiben. In unserer Zeit waren die meisten Kometen in der jüngsten Geschichte von weißer Farbe, obwohl es viele Berichte von gefärbten Kometen gibt, besonders in frühen Darstellungen. Es gibt Berichte von blauen, bläulichen, roten oder rötlich-gelben, goldenen und grünlichen. Es ist schwer zu entscheiden, wieviele von diesen Berichten die Eigenfarbe des Kometen beschreiben oder die Effekte der Atmosphäre. Kometen können auch in allen möglichen Gestalten erscheinen. Mehrteilige Schweife sind möglich; zum Beispiel der Chéseaux Komet von 1744 hatte 6 Schweife, die wie ein Fächer ausgebreitet waren und noch mehr wurden bei anderen Gelegenheiten bemerkt . Ein Manuskript aus dem 16. Jahrhundert, dem Nostradamus zugeschrieben, verbildlicht und beschreibt die Effekte von neun Kometentypen, verschiedener Farbe und Gestalt, von sternenähnlich, mit der Farbe des Mondes, bis zu rot und schwertförmig. Möglicherweise war der hellste in der modernen Zeit der Große Komet von 1843, der bei Tageslicht entdeckt wurde. Er zog ganz nahe an der Sonne vorbei und entwickelte einen Schweif von 70 Grad scheinbarer Länge, der die Strecke vom Mars bis zur Sonne überspannte.

Das Wort Komet kommt aus dem Griechischen ‚aster kometes', was langhaariger Stern bedeutet. Dieser Ausdruck legt eine weibliche Nuance nahe. Gemäß griechischer Autoren bildeten die Ägypter vor ihnen die Analogie zwischen weiblichen Locken und der Erscheinung von Kometen. Die Chinesen nannten sie ‚Besensterne' und die chinesische Beschreibung des Kometen von 524 v.Chr. sah ihn an als einen ‚neuen Besen', der alte Traditionen und die alte Ordnung der Dinge wegfegen sollte.

Der Ursprung der Kometen ist immer noch eine Sache der Vermutung und des Theoretisierens und sie haben immer noch etwas von einem Rätsel. Es wird heute für gewöhnlich angenommen, dass sie innerhalb des Planetensystems entstehen und nicht aus der Sternensphäre kommen. Jedoch sind diese wandernden Körper so fein, dass sie auf halbem Weg zum nächsten Stern, immer noch, technisch gesprochen, im Planetensystem stehen und veranlasst werden können, sich der Sonne zu nähern. Viele Theorien sind in den letzten 200 Jahren vorgestellt worden, um ihren Ursprung zu erklären. Sie fallen in zwei Hauptgruppen - das Konzept, dass es eine riesige Wolke von ‚eingefangener' interstellarer Masse in weiten Raumesfernen gibt, die unter den Einfluss der Sonne fällt und das Konzept, dass die Kometenmaterie zuerst von Körpern des Sonnensystems hinausgeschleudert wurde.

Eine Weiterentwicklung dieser Theorien legt nahe, dass jene weit entfernte ‚Wolke' herrührt von der Auflösung eines Planeten, der zwischen Mars und Jupiter seine Bahn zog. Das Gebiet dieser Bahn enthält jetzt Tausende von Asteroiden oder kleineren Planeten, die zu klein sind, um mit bloßem Auge gesehen zu werden. Andere Theorien besagen, dass Kometen das Ergebnis von Auswürfen der Planeten, wie Jupiter oder Saturn sind.

Eine früher weithin akzeptierte Theorie behauptete, dass die Kometenmaterie von der Sonne ausgeworfen wurde, aber es erhoben sich Zweifel, in Bezug auf die möglichen Flugbahnen, die dann in die Wege der Kometen übergehen müssten. Jedoch erscheint es sinnvoll, keine Möglichkeit außer Acht zu lassen, wenn man es mit Phänomenen zu tun hat, deren physische Eigenschaften noch nicht vollständig verstanden sind. Die Wissenschaft ist schon zu oft überrascht worden. Bis in die späten 1950er Jahre hat der Astronom aus Cambridge R. A. Lyttleton sich vorgestellt, dass Kometen aus einem Prozess der Ansammlung von interstellarer Materie in der Nähe der Sonne entstünden. Auf diese Weise erzeuge die Sonne die Kometen und teile ihnen ihre Bahnformen mit.

Auf der imaginativen Ebene ist die Erscheinung eines neuen Kometen wie ein Pfingstereignis unter den Sternen - eine plötzliche Flamme aus den Tiefen des Raumes, die aus dem Unbekannten hervorgeht und wieder da hinein verschwindet. Die eigentliche Natur der Kometen ist so geartet, dass wir unermüdlich zu wissen suchen, woher sie kommen und sie bleiben ein Rätsel an unserem Himmel, das Fragen nach dem Ursprung und der Bildung von Materie auslöst. Jedoch wurde in heutiger Zeit auf die Kometen verwiesen als Ursprung eines anderen flüchtigen himmlischen Phänomens - des Meteorblitzes.

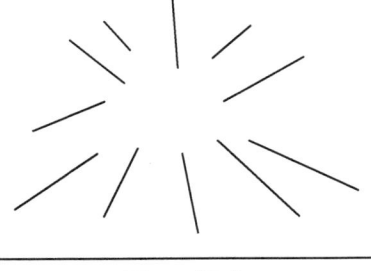

Figur 10.9

Im Jahre 1861 behauptete der amerikanische Astronom Kirkwood, dass Meteore durch den Kontakt von feinem Abfall, der auf den Bahnen von Kometen verteilt liegt, mit der Atmosphäre der Erde hervorgebracht würden. Diese Theorie ist noch heute die Bevorzugte. Die erste beobachtete Verbindung gab es 1866 als der italienische Astronom Schiaparelli bekannt gab, dass der berühmte Perseiden Meteorregen, der jedesmal im August in der Konstellation des Perseus aufblitzt, mit der Bahn des Kometen Swift-Tuttle zusammenhing (1862). Dieses jährliche Schauspiel, der ergiebigste der regelmäßigen Meteorregen, ist traditionell bekannt als die ‚Tränen des Heiligen Laurentius‘, da es um den 10. August stattfindet, wenn an den Heiligen erinnert wird. Das Auftreten dieser Erscheinung kann bis in das 10. Jahrhundert zurückverfolgt werden und er ist lange Zeit in dem Kirchenkalender von England festgehalten worden. Die Bahn des Halley-Kometen wird in Zusammenhang gebracht mit den Orioniden im Oktober und den Eta Aquariden im Mai.

So kommt es, dass, obwohl nicht wegen irgendwelcher technischen astronomischen Gründe, die Verteilung der hauptsächlichen Meteorschwärme dazu führt, dass sie zwischen August und Januar reichlicher sind. Aber das hat keine Verbindung mit dem Meteoreisen oder dem Niedergang von Meteoriten auf die Erde. Der gewöhnliche Meteor ist ein Lichtphänomen, von dem man nicht beobachtet, dass er einen Meteoriteneinschlag hervorbringt. Man schätzt, dass die Partikel, die Meteorblitze (Sternschnuppen) so klein wie Sandkörner oder höchstens kieselsteingroß sind, wenn sie auf die Erdatmosphäre treffen und verglühen. Meteoriten, die man auf der Erde findet, sind andererseits, wie man beobachten konnte, aus Feuerbällen hervorgegangen - große Lichtblitze heller als Venus, die selten auftauchen und nicht mit normalen Meteorschwärmen zusammenhängen. Der Ursprung von Meteoriten wird oft in dem Asteroidengürtel vermutet, obwohl Kometenmasse in manchen Fällen auch nicht ausgeschlossen wird und selbst die

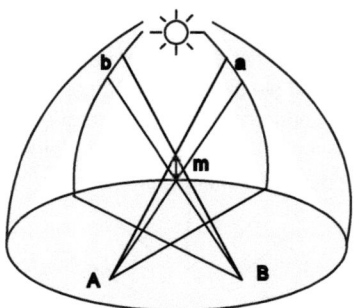

Figur 10.10

Planeten oder der Mond sind als Quelle in Betracht gezogen worden. Aber die gewöhnliche ‚Sternschnuppe‘ und Meteoritenniedergänge werden nicht als miteinander verbunden angesehen.

Ein Schwarm von Meteoren kann einfach bedeuten, dass ein Meteorblitz pro Minute oder länger niedergeht. Die Streifen über dem Himmel von einer kleinen Gruppe oder einem Schwarm scheinen von einer Quelle auf der Himmelssphäre auszustrahlen, die als ein kleines rundes Gebiet ausgemacht werden kann. Dieses wird der Radiant (Strahlungsquelle) genannt und ein grobes Zurückverfolgen der Pfade der Blitze eines Schwarms deutet auf einen Strahlungsursprung. Dies ist tatsächlich der Effekt der Perspektive. Genauso, wie Sonnenstrahlen, die von einer Wolke ausgehen im Grunde parallel sind, scheinen sie doch auf einen Punkt zurückzugehen, so sind auch die einzelnen Streifen in einem Meteorschwarm letztlich parallel (Figur 10.9). Die Partikel, die auf die Erdatmosphäre auftreffen und den Blitz verursachen sind relativ nahe, im Durchschnitt 150 Kilometer, aber sie werden vom Blickpunkt des Beobachters auf die Himmelssphäre projiziert. Das führt dazu, dass die Richtung des Blitzes für verschiedene Beobachter anders erscheint, aber der Strahlungsursprung mehr oder weniger gleich ist. Die Figur 10.10 zeigt einen Meteorpfad (m), der einen Blitz gegen die Sterne (a) für einen Beobachter in A zeigt und für einen Beobachter in B zeigt er den Blitz b. Genau genommen würden die beiden Beobachter etwas

Figur 10.11

andere Himmelssphären von ihren verschiedenen Positionen erleben, aber der Unterschied ist für den Zweck dieser Illustration zu vernachlässigen. Ein Beobachter, der genau in der Flugbahn stünde, würde einen Lichtpunkt sehen, da der Meteorit direkt auf ihn zufliegt.

Die meisten Meteorblitze werden als ‚geradlinig‘ eingestuft, aber von einigen sagt man, dass sie gebogen seien. Sicherlich erscheint ein langer Blitz dem Autoren oftmals gebogen. Von einigen hellen Kometen wurde berichtet, dass sie die Richtung wechselten und sogar, dass sie sich auf dem Bogen eines Kreises bewegten. Für gewöhnlich wird die Farbe des leuchtenden Streifens als weiß beschrieben, obwohl es auch Beschreibungen von grünlichen, rötlichen oder gelben Lichtspuren gibt. Man hat bemerkt, dass die Farbe mit der Höhe und der berechneten Geschwindigkeit variiert. Ein Feuerball (der einen Niedergang von Meteoriten verursachte) in Pultusk in Polen im Januar 1868 begann seine Erscheinung als ein gewöhnlicher Meteor, dann nahm sein Licht zu und die Farbe änderte sich zu einem bläulichen Grün und dann zu einem Rot. Bei einem Feuerball hat die Zunahme der Intensität des Lichtes in einer Phase den Effekt, dass seine Spur breiter zu werden scheint und dann wieder schmaler, was ihn wie ein Speer aussehen lässt (Figur 10.11). Ein Feuerball wird manchmal ‚Bolide' genannt, was im Griechischen ‚ein geworfener Speer' bedeutet.

Manche ihrer Spuren bleiben lange Zeit am Himmel, sogar für Stunden. Es gibt Berichte, dass die Ankunft eines Feuerballs begleitet wird von Geräuschen wie Singen, Summen, Knistern, Zischen und Rascheln.

In der Stadt Helston in Cornwall gibt es einen Stein, der in die Wand des Angel Hotels eingelassen wurde, von dem die lokale Legende sagt, dass er vor Jahrhunderten von einem Drachen in das Zentrum der Stadt geschleudert wurde. Der Schutzpatron von Cornwall und Helston ist der Erzengel Michael, der Drachentöter und während des 11. bis 18. Jahrhunderts wurden meteorische Feuerbälle als fliegende Drachen bezeichnet. Ein altes Relief eines anderen Feuerballs aus dem Jahr 1000 n.Chr. zeigt neben der feurigen Spur nach unten einen Drachen mit einem leuchtenden Kopf und blauen Klauen, der sich kopfüber vom Himmel hinabstürzt.

Der deutsche Wissenschaftler Alexander von Humboldt (1769-1859) hat als erster angedeutet, dass die Meteore in einem Schwarm aus demselben Ort am Himmel kommen könnten (Radiant). Im Jahre 1799 wurden Humboldt und sein Begleiter Bonpland während einer Reise nach Südamerika, als sie einmal früh aufstanden, um die frische Luft zu genießen, ganz überraschend Zeuge eines großartigen Schauspiels von hunderttausenden Meteoren, welches über zwei Stunden anhielt. Diese wurden später als die Leoniden identifiziert, die von einer scheinbaren Position in der Konstellation des Löwen ausgehen. Die Endsilbe ‚id' im Namen einer Konstellation, der einen Meteorregen bezeichnet, kommt aus dem Griechischen und meint hier ‚die Kinder des Löwen'.

Den größten bekannten Leoniden-Schwarm gab es am 12. November 1833, der von den Westindischen Inseln bis Kanada sichtbar war. Auf dem Höhepunkt des Schwarms fühlte sich ein Beobachter an einen Schneesturm erinnert und ‚man hätte 1000 Meteorblitze jede Minute zählen können'. Die Leoniden haben auch den größten jemals aufgezeichneten Meteorregen hervorgebracht. Dies geschah am Morgen des 17. Novembers 1966 und war auch in Amerika sichtbar. Mehr als 2000 Meteore pro Minute wurden für die Spitzenaktivität geschätzt. Solche spektakulären Erscheinungen der Leoniden neigen dazu in Perioden von 33 Jahren wiederzukehren und der Schwarm wurde mit einem Kometen von 1866 assoziiert, von Tempel und Tuttle entdeckt, welcher dieselbe periodische Wiederkehr hat (er soll 1998 wiederkommen). Ein weiterer Leoniden „Meteorsturm" wird für den 18. November 1999 erwartet, obwohl sein Erscheinen nicht sicher ist. Nur wenige wurden 1899 und 1933 gesehen. Zwischen den vorausgesagten besonderen Ereignissen gibt es die Leoniden jedes Jahr, obwohl in geringer Anzahl. Tatsächlich ist die Leonidenaktivität normalerweise schwach.

Die Leoniden sind die schnellsten Meteorphänomene auf ihrem Weg über den Himmel. Die Morgenstunden liefern die schnellsten Meteore bei jedem Schwarm und sie sind auch die Zeit, in der es die reichlichsten sichtbaren Meteore gibt. Das technische Maximum gibt es sechs Uhr früh (oft für das Auge früher wegen der Morgendämmerung), wenn ungefähr drei mal so viele wie am Abend auftreten. Zudem neigen die Meteore am Abend dazu die langsamsten zu sein. Losgelöst von den Schwärmen (vielleicht nur scheinbar) sind die sporadischen Meteore - die Außenseiter, die aus jeder Richtung, zu jeder Zeit erscheinen. Ein Durchschnitt von ungefähr sieben sporadischen Meteoren pro Stunde können jede Nacht gesehen werden.

Ein zusätzlicher Aspekt der Häufigkeit ist die Tatsache, dass im Verlauf eines Jahres die meisten Meteore an Herbstmorgen gesehen werden, wenn die Ekliptik steil gegen den Horizont steht. Darüber hinaus ist es so, dass es die meisten Radianten (Lichtursprünge) auf der nördlichen Hälfte der Himmelssphäre gibt, was die Beobachtungen dort begünstigt. Jedoch bleiben die Radianten nicht fest am Himmel stehen. Von Nacht zu Nacht verschieben sie sich um ein Grad ostwärts auf der Himmelssphäre auf Grund von Bahnelementen. Wenn nicht andere Störungen auftreten wird sich das Datum des Höhepunktes eines Schwarms ungefähr um einen Tag in 72 Jahren verschieben, wegen der Präzession der Wendepunkte. Ein Schwarm variiert auch in der Tageszeit seines Maximums, weil das Kalenderjahr keine ganze Zahl an Tagen aufweist.

Wenn ein Schwarm während des Tages auftritt, kann er heutzutage mit dem Radar entdeckt werden. Dieser kann auch Meteore aufspüren, die für das bloße Auge tagsüber oder nachts unsichtbar sind. Schwärme während der Tagesstunden treten am häufigsten im Juni auf und es wird geschätzt, dass tausende von Millionen Meteore jeden Tag auf die Atmosphäre treffen und dabei tausende Tonnen an Materie mitbringen. Dann gibt es noch die Mikrometeoriten, die keinen Blitz verursachen, aber langsam die Umwelt der Erde durchdringen, wobei sie zunächst als Staub in den äußersten Bereichen der Atmosphäre schweben bis sie auf den Meeresboden absinken.

Meteorphänomene bilden eine direkte Verbindung zwischen der Erde und der Region darüberhinaus, wenn sie in unserem Gesichtskreis aufblitzen und auf die Erde oder ins Meer in Form von festen Meteoriten stürzen oder durch die Atmosphäre und das Wasser in homöopathischen Dosen schweben. Die oberen Regionen durchdringen auf diese Weise die niederen. Wenn man in das Gesicht des Nachthimmels schaut, begleiten Überraschung und Staunen den Anblick eines Meteors, der still über den Nachthimmel gleitet. Man steht unwillkürlich still und richtet alle Aufmerksamkeit nach oben und wartet auf den nächsten Blitz, die Sinne in die Dunkelheit gerichtet, die so um ein Mysterium reicher geworden ist. Der Meteor ist eine Intuition, die über das Schädeldach des Himmels blitzt.

Meteore sind jene Neuerungen, die sich schnell zwischen den Sternen bewegen, Kometen sind diejenigen, die sich langsam bewegen und neue Sterne sind die, die sich gar nicht bewegen. Neue Sterne erscheinen stetig im Reich der anderen Fixsterne - Ankündigungen von Ereignissen im größten Maßstab.

Die moderne Astronomie unterscheidet zwei Typen von neuen Sternen - Novae und Supernovae. Für das bloße Auge können beide sehr wohl gleich erscheinen, aber die Radioastronomie hat nach dem 2. Weltkrieg die Supernova als ein einmaliges Ereignis identifiziert, dass das Ende des Lebens eines Sterns mit seinem explosiven Aufstrahlen markiert und die Nova als einen Ausbruch in geringerem Maßstab, der theoretisch wiederholt werden könnte. Novae sind die häufigeren Phänomene: in diesem Jahrhundert gab es sechs helle Vorkommnisse, die mit bloßem Auge zu sehen waren: 1901, 1918, 1925, 1934, 1942 und 1975. Der Terminus ‚Supernova‘ wurde 1937 geprägt und das letzte bekannte Phänomen dieser Art im sichtbaren Sternensystem (Galaxie) gab es 1604.

Es kommen neue Sterne in den chinesischen Aufzeichnungen vor, die bis vor die Zeit vor Christus zurückgehen. Nur wenige Berichte von solchen Ereignissen kommen in Europa und den arabischen Ländern vor. Eine Liste von 75 neuen Sternen aus insgesamt verläßlichen Quellen, von Richard Stevenson 1976 in Newcastle upon Tyne veröffentlicht, enthält nur drei solche Ereignisse, die im Westen beobachtet wurden: diejenigen von 1006, 1572 und 1604 n.Chr.. Die erste Sichtung ist eine chinesische im Frühling 532 v.Chr., gefolgt von sieben anderen in derselben Nation vor der Zeit Christi.

Die Chinesen nannten sie ‚Gaststerne‘ und sie hatten eine große Bedeutung in astrologischen Voraussagen bezüglich der Angelegenheiten und Persönlichkeiten des Staates. Die nachfolgende Beschreibung bezieht sich auf einen neuen Stern, der fünf Monate lang hoch am nördlichen Himmel im Jahre 369 v.Chr. leuchtete:

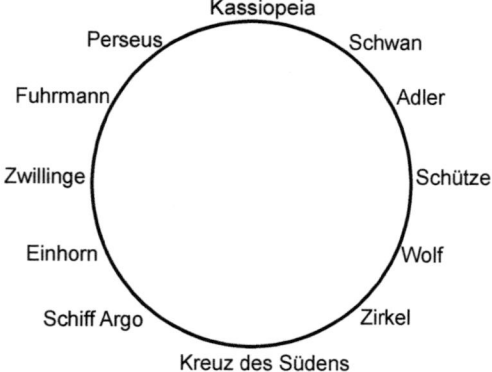

Figur 10.12

„Ein Gaststern wurde an der westlichen Wand der [Konstellation] Tzū-wei gesichtet... Die Deutung eines Gaststerns als Wache vor Tzū-wei ist: die Ermordung des Kaisers durch seine Untertanen. Im 6. Monat hat Huan-wei den Kaiser vom

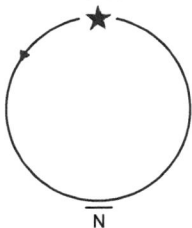

Figur 10.13

Thron gestürzt." Für die Chinesen spiegelten sich das irdische und das himmlische Königreich und Sternengruppen wurden Namen gegeben, wie: der Kaiser, Kronprinz, Sekretäre, Hofeunuchen, himmlisches Bett, Gasthäuser, innere Küche, etc.

Die drei schon vorher erwähnten neuen Sterne, die im Westen in den letzten 1000 Jahren beobachtet wurden, erschienen in oder neben der Milchstraße - dem reichsten Sternenfeld mit dem Gebiet in der Konstellation des Schützen, welches das dichteste ist. Heute wird dieses dichteste Gebiet als das Zentrum unserer Galaxie angesehen. Alle für das bloße Auge sichtbaren Sterne gehören zu dieser Galaxie - eine linsenförmige Vielzahl von Sternen von der Seite gesehen und in der Form einer Spirale von oben angeschaut. Unsere Sonne und Erde, wenn man sie in die mittlere Ebene dieser Linse setzt und etwas entfernt vom Zentrum, gestatten einen Anblick, der den Hauptteil der Linse als ein milchiges Band entfernten Sternenglühens zeigt, das den Himmel umschlingt. So wie der Tierkreis ist dieses Band geneigt zum Himmelsäquator der Erde und geht durch Bewegungen in Bezug auf den Horizont durch die Jahreszeiten hindurch, in ähnlicher Weise wie der Tierkreis. Die Figur 10.12 zeigt einige der Konstellationen, die in oder nahe der Milchstraße liegen. Dies bezieht Sterne der südlichen Hemisphäre mit ein, da die Milchstraße nicht weit von Nord- und Südpol vorüber zieht und zweimal den Tierkreis kreuzt (durchgängig werden in dem englischen Text übersetzte Namen für die Tierkreiskonstellationen

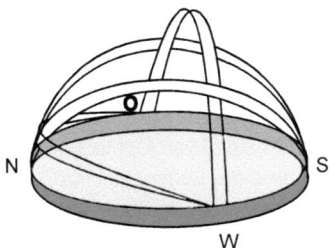

Figur 10.14

benutzt).

An Herbstabenden in mittleren nördlichen Breiten erstreckt sich die Milchstraße vom Osten über Kopf bis zum Westen, mit Kassiopeia in der über-Kopf-Position. An Frühlingsabenden liegt die Milchstraße entlang des nördlichen Horizonts von Ost nach West. An Sommer- und Winterabenden steht sie wieder hoch am Himmel, diesmal trifft sie im Norden und im Süden auf den Horizont. Dieser Zyklus von Positionen wird auch innerhalb von 24 Stunden durchwandert, aber anders als beim Tierkreis sehen wir nur Teile des kompletten Milchstraßenkreises, von dem sich ein Teil unter den Sternen der südlichen Hemisphäre befindet. Der Abschnitt, den wir sehen, hat einen Punkt bei dem Stern Deneb im Schwan, welcher die Bewegung, die in der Figur 10.13 auf 52 Grad nördlicher Breite gezeigt wird, ausführt. Die Figur 10.14 gibt ein Diagramm der oben genannten 4 Positionen. Es ist ein nebliger, nicht substantieller Typ von Tierkreis, der um den gesamten Horizont (im Azimut) und von höchster Höhe bis zum niedrigsten Stand (in der Höhe) webt.

Das Wort ‚Galaxie' kommt von dem griechischen Wort für ‚Milch'. Die Milchstraße war ihr ‚Kreis der Galaxis'. Es war die Milch, die von Junos Brüsten tropfte, als sie Herkules säugte. Die Griechen nannten sie auch ‚die Straße zum Palast des Himmels'. Viele Kulturen haben die Milchstraße mit der Idee eines Flusses oder einer Straße verknüpft. Die alten Akkadier nannten sie ‚den Fluss der Schäferhütte' und

Figur 10.15

‚den Fluss der göttlichen Dame'. Beide, Griechen und Römer, sahen sie als den Weg der abgeschiedenen Seelen an, die eintraten durch die Tür, an der Stelle, wo die Milchstraße den Tierkreis in den Zwillingen schneidet und sie verließen, um zurückzukehren zu den Göttern durch die Tür im Schützen.

Solcherart ist der Hintergrund vor welchem die beiden berühmtesten neuen Sterne (Supernova) der jüngsten Geschichte platziert waren, die weithin aus der Milchstraße in der phänomenal kurzen Zeit von 32 Jahren nacheinander aufleuchteten. Der erste erschien 1572 in der hoch aufsteigenden Konstellation Kassiopeia und der zweite im dem niedrig liegenden südlichen Zipfel von Ophiuchus (Schlangenträger). Jeder der beiden, glücklicherweise während der Lebenszeit von zweien der berühmtesten Astronomen, deren Beobachtungen dieser Erscheinungen den Weg für die moderne Astronomie der Sterne eröffneten. Die frühere Supernova ist bekannt als der neue Stern des Tycho Brahe und die letztere als der von Johannes Kepler. Was damit festgestellt wurde, war, dass die neuen Sterne aus der entfernten Region der anderen Fixsterne erschienen, was die alte griechische Ansicht überwand, dass dies eine unveränderliche Region (Firmament) sei.

Im November 1572 lebte Tycho Brahe, ein 25jähriger dänischer Adliger, mit seinem Onkel in der Lutherischen Abtei Heridsvad, ungefähr 20 Meilen östlich von Helsingborg. Brahe hatte ein Laboratorium in einem Außenhaus der Abtei eingerichtet und beschäftigte sich mit chemischen Experimenten, wobei die Chemie

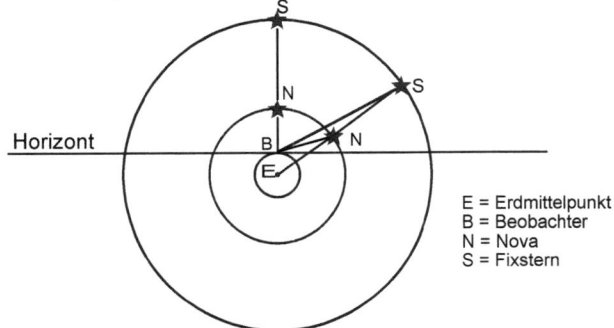

E = Erdmittelpunkt
B = Beobachter
N = Nova
S = Fixstern

Figur 10.16

oder Alchemie als eine Wissenschaft angesehen wurde, die einen integralen Bestandteil der kosmischen Ordnung der Dinge darstellte. Beim Studium der Metalle, war Silber dem Mond zugeordnet, Quecksilber dem Merkur, Kupfer der Venus, Gold der Sonne, Eisen dem Mars, Zinn dem Jupiter und Blei dem Saturn.

Am Abend des 11. November 1572 ging Brahe aus seinem Laboratorium zum Haupthaus, um Abendbrot zu essen, als er einen hellen Stern ganz hoch oben bemerkte, der aus seiner Kenntnis der Konstellationen nicht da sein sollte. Er war so erstaunt, kaum seinen Augen trauend, dass er sich umwendete zu einigen Bediensteten, die ihn begleiteten und fragte, ob sie ihn auch sähen. Selbst als sie antworteten, dass sie ihn sähen, rief er einige Landleute an, die vorbeifuhren und fragte auch sie. Sie gaben dieselbe Antwort und erst jetzt glaubte er seinen eigenen Sinnen. Der Stern hatte sich der Konstellation von Kassiopeia hinzugefügt, wie in Figur 10.15 gezeigt und war heller als alle anderen.

Brahe war gerade mit der Herstellung eines neuen Messinstrumentes für die Sterne fertiggeworden, ein Sextant, welcher größere Genauigkeit als sein vorheriger (ein Kreuzstab/ Gradstock) zuließ. In jener Nacht maß er die Entfernung des neuen Sterns zu den anderen im Sternbild Kassiopeia, dann wartete er auf das nächste Jahr, um zu sehen, ob er immer noch da wäre und wenn ja, ob seine Position dieselbe wäre. Seine Position veränderte sich nicht und tatsächlich blieb er ungefähr 18 Monate lang sichtbar.

Diese Konstellation ist zirkumpolar, also konnte er die Position des neuen Sterns

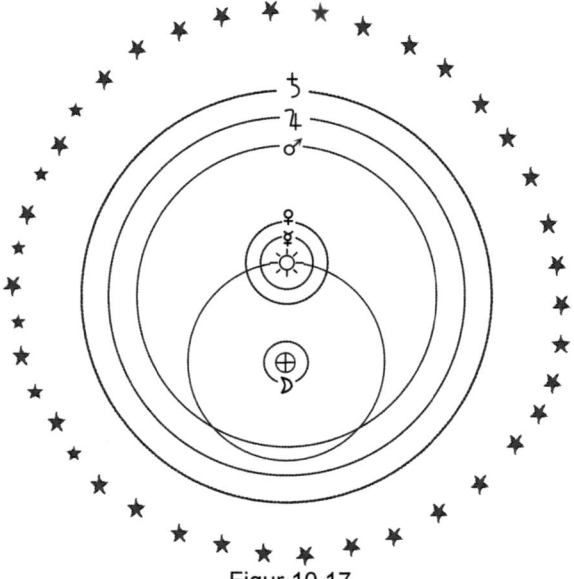

Figur 10.17

über längere Zeit hinweg auf einem Kreis um den Pol nachzeichnen. Wenn der Stern näher als die anderen an der Erde wäre (das hieße, unterhalb der unveränderlichen Himmelssphäre), dann würde sich dies durch die ‚Parallaxe' zeigen. Mit anderen Worten, die Position des neuen Sterns würde sich scheinbar vor dem entfernten Sternenhintergrund verschieben, während er sich um den Pol bewegte. Das war ein überaus wichtiger Gesichtspunkt, dessen Klarstellung die ganze Zukunft der Astronomie und ihre Verbindung zur Theologie betreffen würde.

Das Prinzip der Parallaxe kann wie folgt aus Brahes Perspektive vereinfacht werden. In der Figur 10.16 soll E das Zentrum der Erde sein, S ein Fixstern, N ein neuer Stern und B der Betrachter. Wenn der neue Stern näher an der Erde wäre, als der

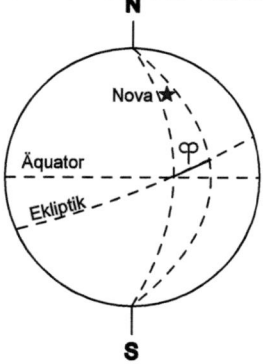

Figur 10.18

168

Fixstern, dann müsste der Winkel NBS am Horizont größer sein, als wenn er hoch darüber stünde und deshalb würden die Sterne nahe am Horizont weiter auseinander erscheinen. Dies drückt aus, was horizontale Parallaxe genannt wird.

Brahe maß den Winkel zwischen dem neuen Stern und dem Stern Schedar in der Konstellation Kassiopeia sehr sorgfältig, als beide in ihrer höchsten und niedrigsten Position waren (obere und untere Kulmination auf dem Meridian). Er fand in beiden Positionen keinen Unterschied in ihren Entfernungen. Die Abwesenheit der Parallaxe bei einem neuen Stern, zum ersten Mal in der Geschichte klar erwiesen, stellte fest, dass die '8. Sphäre' oder das Reich der Fixsterne der Veränderung unterliegt. Diese Entdeckung war mindestens von gleicher Wichtigkeit, wie die Theorie des Kopernikus bezüglich der menschlichen Idee vom Universum und sie eröffnete den Weg zur modernen Astrophysik. Dies trotz der Tatsache, dass der neue Stern des

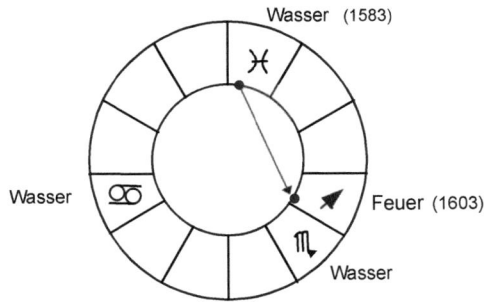

Figur 10.19

Jahres 1572 vor dem Gebrauch des Teleskops und all der ausgefeilten Instrumentationen, die später ein feines Schleppnetz über den Himmel auswarfen, um Himmelsobjekte in die Grenzen einer neuen Philosophie einzufangen, auftauchte.

Tycho Brahe war jedoch ein Denker, der seinen Glauben an eine stillstehende Erde beibehielt. In einem genialen Wurf entwickelte er ein kosmisches System, in welchem die Erde im Mittelpunkt stand, der Mond, die Sonne und die Sterne sich um die Erde bewegten und die Planeten um die Sonne kreisten - auf diese Weise vereinbarte er die Kopernikanische Theorie mit der geozentrischen Erfahrung (Figur 10.17). Berechnungen und Beobachtungen für das Tychonische System waren mit denen für das Kopernikanische identisch. Er ließ die Bahn vom Mars die von der Sonne schneiden, weil er fälschlicherweise glaubte, dass bei der Opposition der Mars näher an die Erde käme als die Sonne.

Zunächst wollte Brahe nichts über den neuen Stern veröffentlichen, teilweise, weil es nicht schicklich für einen Adligen war, Bücher zu schreiben. Aber er wurde von Freunden und durch extrem ungenaue deutsche Berichte über die Position des neuen Sterns, die ihn in einer Entfernung von nur 12 oder 15 Erddurchmessern ansiedelten, überredet, es doch zu tun. Seine Beschreibung war kombiniert mit einem astrologischen und meteorologischen Tagebuch, das er für 1573 vorbereitet hatte und gab ihm den Titel ‚De Nova Stella'. In diesem Buch sagte er, dass es nichts Vergleichbares zu dem neuen Stern gegeben habe, seit Hipparch von einem solchen Stern circa 125 v.Chr. berichtete und den viele für einen Kometen gehalten hatten. Kein ähnlicher Stern ist seitdem gesehen worden, sagte er, denn der Stern der Heiligen Drei Könige war kein Himmelsobjekt, sondern etwas, das nur zu ihnen einen Bezug hatte und nur von ihnen gesehen und verstanden wurde.

Der neue Stern, fuhr er fort, funkelte wie andere Sterne, während die Planeten nicht funkeln, was einen weiteren Beweis für die Zugehörigkeit zur 8. Sphäre darstelle (siehe Figur 12.18). Bezogen auf die Teilungslinien der Breitengrade durch die Pole gehörte der neue Stern zur Konstellation des Widders (dem astrologischen Zeichen, gemessen vom Frühlingswendepunkt, nicht die Sternenkonstellation des Widders - Figur 10.18). Er wies darauf hin, dass historisch gesprochen, der Stern fast zum Abschluss eines ‚wässrigen Trigons' in den Fischen erschien und zum Beginn eines ‚feurigen Trigons'. Dies hängt zusammen mit den Konjunktionen von Jupiter und Saturn, die im 9. Kapitel besprochen wurden. Eine Konjunktion am Ende eines Zyklus in den drei Wasserzeichen sollte im Jahre 1583 stattfinden und eine zum Beginn eines Feuerzeichenzyklus im Schützen im Jahre 1603 (Figur 10.19).

In einem späteren Buch, genannt 'Einführung in die Neue Astronomie', sagte Brahe, dass die Bewegung des Trigons von Wasser- zu Feuerzeichen (in welchem der Widder, das erste Zeichen des Tierkreises stand) eine 800 Jahresperiode begänne, in welcher eine friedliche Zeit eingeleitet würde, in der der Löwe wie der Ochse Stroh fressen würde, wie es vom Propheten Jesaiah vorausgesagt wurde (Kap. II,7). Er sagte, dass der Ort auf der Erde, von dem diese Veränderung ausgehen würde, derjenige wäre, der den Stern im Zenit (direkt über Kopf) hatte, als er zuerst

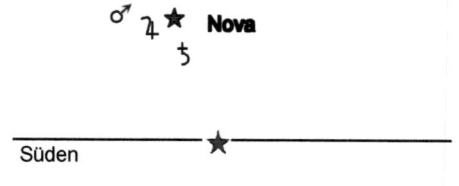

Figur 10.20

erschien, um das neue Zeitalter anzukündigen. Er vermutete, dass dies zum Zeitpunkt des Neumonds geschah, bevor er den neuen Stern zum ersten Mal sah, und berechnete den Punkt als ‚in Russland oder Moskovia, wo es an den nord-östlichen Teil von Finnland anschließt'.

Jedoch hatte der Stern, abgesehen vom Jupiter-Saturn Zyklus, seinen eigenen speziellen, wenn auch kürzeren, Einfluss, mit dem er die neue historische Periode einführte. Brahe schrieb, dass der Stern von Hipparchus die Auslöschung der griechischen Vorherrschaft und den Aufstieg des römischen Reiches ankündigte. Der Stern von 1572 sei der Vorläufer von großen Veränderungen, nicht nur in politischen, sondern auch in religiösen Angelegenheiten. Er leuchtete vom Frühlingsviertel des Himmels und verkündete deshalb, dass ein großes Licht bevorstünde und da er über fast die ganze Erde hin sichtbar war, würden seine Wirkungen auch auf dem größeren Teil des Globus spürbar sein.

Brahe überlegte, ob der neue Stern sichtbar wurde, weil er von der Sonne beleuchtet und aus der Substanz der Milchstraße gebildet wurde. In seinem früheren Buch ‚De Nova Stella' hatte Brahe gesagt, dass der neue Stern wie Venus und Jupiter schien und deshalb seine Wirkungen angenehm sein würden, aber als er dann rot wie der Mars wurde, käme als nächstes eine Zeit der Kriege: Aufruhr, Gefangenschaft, der Tod von Prinzen und die Zerstörung von Städten, zusammen mit Trockenheit und feurigen Meteoren in der Luft, Seuchen und giftigen Schlangen. Zuletzt schien der Stern wie Saturn und deshalb würde schließlich eine Zeit des Mangels, Tod, Gefangenschaft und alle Arten von traurigen Dingen folgen.

Aber eine zweite Neuerung am Himmel stand den Astronomen und Propheten bevor. Völlig überraschend, kurz nach Brahes Tod und ein Jahr nach der Konjunktion von Jupiter und Saturn im neuen Feuerzeichen, leuchtete ein neuer Stern (Supernova) am Himmel auf. Brahes Stern stand ‚hoch' in der Milchstraße, auf halber Höhe ihres sichtbaren Bogens und in jenem Teil, der über Kopf aufsteigt. Der nächste neue Stern stand im unteren Teil der Milchstraße zwischen den Sternen des Ophiuchus, in der Nähe der Tierkreiskonstellation des Schützen. Aber der überraschendste Aspekt war, dass der zweite neue Stern in derselben Region des Himmels erschien wie Jupiter und Saturn, die kürzlich in Konjunktion standen und in welche auch Mars gezogen war.

Die drei äußeren Planeten und ein neuer Stern standen zusammen. Brahe war gestorben, aber sein Nachfolger und früherer Mitarbeiter Kepler ging gerade auf sein 33. Lebensjahr zu. Der Stern von 1572 war ein Jahr nach seiner Geburt erschienen. Kepler war jetzt der kaiserliche Mathematiker von Rudolph II. in Prag. Am 9. Oktober 1604 stand der Mars in Konjunktion mit Jupiter und am folgenden Tag schaute ein Amateurastronom unter den Hofbeamten durch eine Lücke in den Wolken, um die Planeten zu beobachten. Zu seiner Überraschung schien ein neuer heller Stern knapp über ihnen. Bei Sonnenaufgang am nächsten Tag ging er zu Kepler mit der Neuigkeit, die Kepler nicht glauben wollte. Die Abendhimmel blieben bis zum 17. Oktober verhangen, dann sah Kepler das Schauspiel selbst (wie ungefähr in Figur 10.20 gezeigt). Der neue Stern wetteiferte mit Jupiter in Bezug auf die Helligkeit. Nachdem Kepler einen kurzen Bericht auf deutsch veröffentlichte, schrieb er zwei Jahre später eine lateinische Abhandlung ‚De Stella Nova in Pede Serpentanii', nachdem der Stern in den Morgenhimmel gezogen war, dann zurück in den Abendhimmel zog und schließlich abdunkelte bis zu seinem Verschwinden im Oktober 1605. In Italien beschrieb man den neuen Sterns ‚wie Mars' aussehend oder

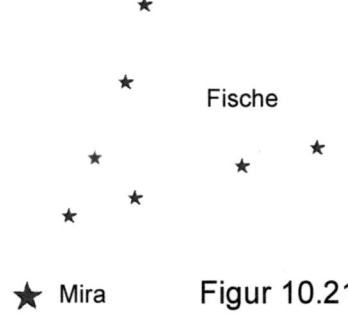

Fische

★ Mira   Figur 10.21

‚wie die Hälfte einer reifen Orange‘, während ein chinesischer Bericht feststellt: „Am Anfang der Nacht stieg im Südwesten ein fremder Stern so groß wie ein Armbrustbolzen auf. Sein Körper war von orangener Farbe. Er wurde ein Gaststern genannt." Ein chinesischer Bericht über Brahes Stern von 1572 beschrieb ihn auch ‚wie ein Armbrustbolzen‘, und fügte hinzu, dass der Kaiser Shên-tsung 'ihn in seinem Palast sah. Er war beunruhigt und hatte Angst und bei Nacht betete er unter freiem Himmel auf den zinnoberroten Stufen.'

Über die Erscheinung von 1604 beginnt Kepler in seinem lateinischen Text mit einer Diskussion der konventionellen Astrologie, die er eine Krankheit nennt. Jedoch verwirft er die Möglichkeit, dass der Stern zufällig zur selben Zeit und am selben Ort wie die große Konjunktion erschienen sei. Gott, sagte er, passt sich den Menschen an und gebraucht die Regeln der Astrologie, welche als solche fragwürdig sind, um

PERSEUS

★ Algol

Figur 10.22

sie über seine Meinung zu informieren. Was die Interpretation angeht, ist Kepler wie ein gezwungenes ‚Lasttier‘, das seinen ‚Fuß in diese Pfütze setzen muss‘. Er meinte, dass es am besten wäre, wenn, in der Gegenwart eines himmlischen Zeichens, die Menschen mit sich selbst zu Rate gingen, ihre Fehler und Untugenden einsähen und bereuten.

Es gab seit der Zeit von Kepler keine Wiedererscheinung einer für das bloße Auge sichtbaren Supernova. Die modernen Astronomen der Welt erwarten die nächste mit großen Hoffnungen, denn die Sterne von Brahe und Kepler erschienen vor der

Entdeckung des Teleskops auf dem historischen Feld und die Astronomen sind jetzt vorbereitet, mit extrem mächtigen und ausgefeilten Instrumenten. Wie Clark und Stephenson in ihrem Buch ‚The Historical Supernova' von einer neuen Supernova in unserer Galaxie ausführen:

„Der unmittelbare Effekt auf die moderne Astronomie wäre zweifellos beträchtlich - die längerfristige Wirkung auf die Zivilisation des Planeten Erde könnte extrem dramatisch sein ... die Astronomen und die Astrophysiker der Welt warten in der Hoffnung, dass sie während ihrer Lebenszeit privilegiert sein mögen, Zeugen eines der größten Schauspiele des Universums zu werden."

Die Philosophie des Menschen mag sich mit den Zeiten ändern, aber keine Philosophie kann es vermeiden, sich nach oben zu den Sternen zu wenden, in Anerkennung der Ereignisse, die die eigentliche Quelle und das Geheimnis des Lebens enthalten.

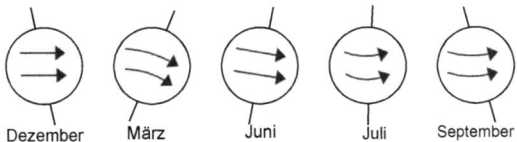

Dezember   März   Juni   Juli   September

Figur 10.23

Zwischen 1572 und 1604 gab es weitere Berichte von neuen Sternen, einer von David Fabricius in Friesland 1596, als er eine Hinzufügung zum Sternbild des Wales von August bis Oktober bemerkte. Ein neuer Stern im Wal wurde auch im Jahre 1638 von dem friesischen Astronomen Holwarda erwähnt, der einen Bericht über seine Entdeckung und sein schließliches Verschwinden schrieb. Aber nachdem er seinen Text zum Drucker geschickt hatte, kam der Stern zurück und so gab er in einem Anhang den ersten Bericht von einem fluktuierenden oder variablen Stern. Dies war auch der Stern von Fabricius und im August 1659 nannte Holwarda ihn ‚Mira' - den ‚wundervollen' Stern (Figur 10.21). Erst Ismael Bulliardus erkannte einige Jahre später, dass die Variationen in der Helligkeit regelmäßig waren und alle 11 Monate einen Höhepunkt erreichen.

Heute identifiziert der Astronom mit Hilfe des Teleskops ungefähr 25000 variable Sterne. Neben Mira, ist ein Beispiel von einem mit dem bloßen Auge sichtbaren Stern, Algol im Perseus (Figur 10.22), von Montanari im November 1670 bemerkt. Aber der Name soll von dem arabischen ‚El Ghoul' kommen, von dem Autoritäten behaupten, es bedeute, ‚veränderlicher Geist' oder ‚Störenfried'. Von daher ist er bekannt als der dämonische Stern, der flackernde Dämon und (nach Ptolomäus) ‚der helle von denen im Gorgonenhaupt'. Anders als Mira, verschwindet Algol nicht aus dem mit bloßem Auge sichtbaren Bereich, wenn er minimale Helligkeit aufweist. Sein Zyklus ist von knapp unter drei Tagen Länge. Die Intervalle zwischen maximaler

Helligkeit von Sternen können von Stunden bis zu Jahren in regelmäßiger, halb regelmäßiger oder unregelmäßiger Weise reichen. Tatsächlich versteht man alle Sterne als variabel. Ein neuer Stern ist ein ‚kataklysmischer Variabler (Veränderlicher)'.

Selbst die Sonne ist nicht ausgenommen, denn man hat realisiert, dass mit der Anwesenheit von Sonnenflecken auch die Helligkeit der Sonne fluktuiert.

Dies bringt uns zur letzten Betrachtung in dem Studium der Phänomene, die erscheinen und verschwinden - oder sich wenigstens im Grad ihrer Sichtbarkeit ändern, wobei ihre Erscheinungen, ihr Verschwinden und ihre Veränderungen sich hauptsächlich aus ihrer eigenen Natur ergeben.

Berichte von Sonnenflecken in China gehen bis auf das Jahr 28 v.Chr. zurück und in Griechenland kann eine Bezugnahme auf einen Sonnenfleck in der Mitte des 4. Jahrhunderts v.Chr. dem Theophrastus aus Athen zugeordnet werden, einem Schüler von Aristoteles. Von der nördlichen Hemisphäre aus gesehen rotieren diese schwarzen Flecken von links nach rechts über das Gesicht der Sonne. Ihre Bewegungslinie ist von Jahreszeit zu Jahreszeit verschieden, gemäß der sich verändernden Beziehung zwischen Sonne und Erde. Sie erscheinen normalerweise innerhalb von Bändern, die zwischen 10 und 30 Grad nördlich und südlich vom Äquator der Sonne verlaufen. Die Figur 10.23 zeigt die Wege der Sonnenflecken für einen Beobachter, der mittags an verschiedenen Tagen im Jahr genau nach Süden schaut. Man sollte dabei bemerken, dass der Sonnenäquator nicht in der Ebene der Ekliptik liegt.

Wenn ein Fleck länger als eine Rotation der Sonne überlebt, (große können monatelang verharren), dann zeigt sich eine merkwürdige Ähnlichkeit mit der Rotation des Mondes. Die Flecken bewegen sich über die Sonnenscheibe mit unterschiedlicher Geschwindigkeit, abhängig von ihrem Breitengrad auf der Sonne. Sie werden maximal knapp unter 14 Tagen gesehen und deuten damit auf eine Bewegung der äußeren Schicht der Sonne selbst. Dies bestätigt eine durchschnittliche synodische Rotationsperiode von 27,27 Tagen (von der Erde aus gesehen) - was der siderischen Periode des Mondes sehr nahe kommt. Die Flecken am nächsten vom Äquator der Sonne bewegen sich am schnellsten und bei ihren höchsten oder niedrigsten Breiten von 40 Grad haben sie eine synodische Periode von 29,65 Tagen - grob gesprochen die synodische Periode des Mondes.

Im Jahr 1843 entdeckte Heinrich Schwabe, dass die Häufigkeit der Sonnenflecken ungefähr alle 10 Jahre ein Maximum erreicht, was später bestätigt und auf einen Durchschnitt von ungefähr 11 Jahren korrigiert wurde, als man historische Quellen untersuchte. Dann berichtete im Jahr 1887 Spörer und später Maunder, dass es ein verlängertes Minimum gab, als der Sonnenflecken Zyklus zwischen 1645 und 1715 zu verschwinden schien, obwohl eine neuere Untersuchung von chinesischen

Berichten zu Zweifeln Anlass gab. Jedoch ist es deutlich, dass in den letzten 300 Jahren der Zyklus zwischen Extremen von 8 bis zu 15 Jahren variierte. In einem durchschnittlichen Zyklus nimmt die Sonnenfleckenaktivität 4 Jahre lang bis zu einem Maximum zu und verringert sich dann über 7 Jahre. Nach einem Minimum fangen die Flecken eines neuen Zyklus bei den höchsten und niedrigsten solaren Breitengraden an, um dann zum Äquator zu driften.

Es gab Versuche die Sonnenfleckenaktivität mit dem globalen Wetter zu verknüpfen, ebenso wie mit der siderischen Periode des Jupiter (11.86 Jahre). Es gibt einige Anhaltspunkte für eine mögliche Verbindung mit dem globalen Wetter. Jedoch muss man hinzufügen, dass die oft zitierte Studie der Baumringendicke mehr auf die Auswirkung auf lokale, als auf globale Sonnenwirkungen deutet. Was eine Verbindung der Sonnenflecken mit Jupiter angeht, gibt es dafür bisher keine wissenschaftlichen Beweise.

Große Sonnenflecken sind Phänomene für das bloße Auge und können durch ein dunkles Medium angeschaut werden. Zwei Sichtungen gab es im 14. Jahrhundert in Russland als der Rauch von Waldbränden die Sonne verdunkelte. Der Sinologe Joseph Needham stellte die These auf, dass im frühen China die Sonne durch halb durchsichtige Jade, Glimmer oder rauchigen Bergkristall betrachtet wurde. Aber die Möglichkeit einer Beschädigung der Retina des Auges verbietet heute jede Empfehlung, die Sonne direkt zu studieren, wenigstens nicht ohne professionelle Beratung. Eine sichere Methode ist es, ein Bild der Sonne in einen abgedunkelten Raum zu werfen, wo man die Flecken leicht betrachten kann, besonders, wenn man das Bild durch ein Teleskop oder eine Linse projiziert. Was wahrscheinlich die erste veröffentlichte Illustration einer Camera obscura war, findet sich in einem Buch von Reinerus Gemma-Frisius.** Eine Zeichnung zeigt das Bild der Sonne während der Finsternis vom 24. Januar 1544 in Louvain beobachtet durch ein kleines Loch in der Wand auf die gegenüberliegende Wand projiziert. Brahe, Kopernikus und Kepler beobachteten die Sonne auf ähnliche Weise.

Chinesische Beschreibungen der Sonnenflecken, wie auch immer sie sie beobachteten, sind hinreißend imaginativ, aber folgten wohl auch einem Code, was Größe und Form anging. Der erste überlieferte Bericht aus dem Jahre 28 v. Chr. beschreibt den Flecken als ‚so groß wie eine Münze' und andere werden später als ‚so groß wie eine Melone' beschrieben; ‚wie eine fliegende Elster';‚die Gestalt einer dreibeinigen Krähe'; ‚so groß wie ein Hühnerei'; ‚so groß wie ein Pfirsich', 'so groß wie eine Tasse'; ‚so groß wie eine Pflaume'; ‚so groß wie Kastanien', etc.

Eine interessante Entdeckung der modernen Wissenschaft ist, dass die schwarzen Flecken, die wir sehen tatsächlich Bereiche von Licht sind. Sie erscheinen schwarz, weil sie weniger Licht ausstrahlen als der Rest der Sonnenoberfläche und sie sind auch kühler. Zusätzlich sind sie mächtige Quellen von magnetischer Aktivität, die wiederum eine Verbindung zu anderen Sonnenaktivitäten und zu dem Auftreten von

Auroren oder ‚Nordlichtern' haben. Nordlichter, die in großen Höhen in der Atmosphäre der Erde auftreten sind häufiger während einer Abnahme der Sonnenfleckenaktivität, während Nordlichter in geringer Höhe dazu neigen, hauptsächlich nahe bei einem Sonnenflecken-Maximum aufzutreten.

Solcherart ist also ein Überblick der Phänomene, die nach ihren eigenen geheimnisvollen Gesetzen an unserem Himmel für unbestimmte Zeit aufscheinen und dann verschwinden. Wir kamen zum Ende mit Flecken und Gestalten, die auch Licht sind, aber dunkel aussehen. Dabei ist die Frage nach dem Licht relativ. Jedoch sind die beobachteten Phänomene dunkel und sie deuten auf eine Verdunkelung des Sonnenlichts, was die Sonne zu einem veränderlichen Stern macht. Weiterhin ist es nicht möglich, einen bestimmten Sonnenfleck vorauszusagen. Phänomene solcherart, wie Kometen bis zu Sonnenflecken, werfen uns aus dem gewöhnlichen, konventionellen Lauf der Dinge. Wir brauchen ‚Besensterne', ‚Gaststerne', ‚Kinder von Konstellationen' und ‚dreibeinige Krähen'.

* Einige Astronomen bezweifeln, dass er es tat, obwohl der Nukleus (Kern) (nicht beobachtbar) über das Gesicht der Sonne zog.
* * De Radio Astronomica et Geometrico (1545).

Kapitel 11

Licht und Himmel

Zwischen dem Beobachter und dem Drama der kreisenden Sterne gibt es ein Zwischenreich von farbigen Lichtern, die manchmal sanft, manchmal kräftig auf der himmlischen Bühne auftreten. Sie strahlen wie eine Aura in das Luftsystem der Erde und bringen Licht in ihren Atem.

Die hellsten Farben Gelb und Rot liegen zwischen den Polen von Tag und Nacht, Licht und Dunkelheit und sind am stärksten am Horizont, wo der Himmel und die Erde sich treffen. Dies sind die Farben des Sonnenaufgangs und -untergangs, den Herren des Horizontes, die sich zu der Stunde des Tages manifestieren, wenn ein Übergang zwischen innerem und äußerem Leben stattfindet. Rot und Gelb stehen im Osten und Westen in dramatischer Weise als keineswegs sanftmütige Wächter an diesen Schwellen. Dies sind die Farben, die am meisten sprechen, ja, ankündigen. Und an jedem Tag und in jeder Jahreszeit zeigt das farbige Gesicht des Himmels einen anderen Ausdruck und andere Gedanken in Bezug auf den Menschen, die Natur und den Himmel dahinter. Eine Theorie der Farbe muss ein poetisches Gefühl für jede flüchtige Stimmung einschließen. Hier ist der Ort, an dem die Wissenschaft und die Poesie sich in einer Totalität der menschlichen Erfahrung die Hände reichen können.

Es wurde oben erwähnt, dass der generelle Eindruck der Gestalt des Himmels die Hälfte eines gestauchten Ellipsoids - eine abgeflachte Kuppel ist. Dieser Eindruck wird im morgendlichen und abendlichen Zwielicht verstärkt, das dem auf- oder untergehenden Mond eine scheinbar gesteigerte Größe gibt. Das abgeflachte Ellipsoid des Himmels atmet unsere Erfahrung im Verlauf von 24 Stunden ein. Allgemein gesprochen, je mehr atmosphärische Effekte es gibt, desto abgeflachter erscheint der Himmel. Aber die Erde und der Himmel scheinen auf jeden Fall bei Sonnenaufgang und -untergang näher zusammen zu rücken, wenn die stärksten Farben die Szenerie überfluten. Mit diesen Farben erfüllt sich das Bewusstsein mit einem außergewöhnlichen Gefühl von Ruhe und Kontemplation. Aber Sonnenaufgang und -untergang entstehen auf gegensätzliche Weise und die freudige Ehrfurcht eines Sonnenaufgangs unterscheidet sich deutlich von dem ernüchternden Glanz eines Sonnenuntergangs. Turner hatte es nicht nötig, bei seinen Gemälden anzugeben, welche Stunde des Tages er auf poetische Weise einfing. Der Wissenschaftler, wenn er der Natur gerecht werden will, muss auch in der Lage sein, diese Schrift zu lesen und in seine Abhandlung über die Wirkungen des Lichtes einzuschließen.

Bei einem Sonnenaufgang oder -untergang ist es wichtig, das Ganze des Dramas am Himmel zu beobachten. Es ist leicht die subtileren Effekte neben Ost und West innerhalb der himmlischen Hirnschale zu ignorieren. Wenn der Himmel klar ist, zum Beispiel am Morgen, ist die Aufteilung zwischen Tag und Nacht eine mehr offensichtliche Beobachtung, wenn der abnehmende Mond auf einer Seite des Himmels zwischen den Sternen zu sehen sein könnte, wenn das Licht der Morgendämmerung die Sterne auf der anderen Seite schon in die Flucht geschlagen hat. Die sogenannte Himmelssphäre wölbt sich über uns und links und rechts (Ost und West) lösen sich in zwei ‚zerebrale' Hemisphären auf. Der Nord-Süd Meridian markiert die zerebrale ‚Längsfurche' und der Polarstern steht auf der Rückseite des Schädelgewölbes. Die vordere Fontanelle liegt im Zenit. Ost und West sind die Schläfen. Im Verlauf von 24 Stunden wird jede zerebrale Hemisphäre ein Ort der Horizontverfärbung - aber jede auf eine andere Art. Genauso, wie jede Gehirnhälfte bekanntermaßen der Sitz für verschiedene Fähigkeiten ist, haben die Morgen- und Abendseiten des Himmels ihre unterschiedlichen Charaktere. Die bildliche Darstellung bezieht sich hier auf Beobachtungen in nördlichen Breiten. Im Osten und auf der Linken sind die aufgehenden wachen Elemente des praktischen Denkens, während im Westen und zur Rechten die untergehenden innerlichen Elemente des Gefühls und der Imagination sind.

Von den Phänomenen der Mitte des Tages und der Nacht werden wir später sprechen. Im Moment ist es notwendig das Bild des erleuchteten Himmelsgewölbes, wenn es von Osten oder Westen beleuchtet wird, weiterzuführen. Es ist interessant, dass, wenn die Sonne sich anschickt im Westen unterzugehen, sich im Osten ein ‚Gegenzwielicht' entwickelt. Bei klaren Bedingungen am Himmel ungefähr 20 Minuten nach Sonnenuntergang nähern sich die westlichen und östlichen Horizontfarben jenen der Figuren 11.1 und 11.2 an. Das Grau-blau des Gegenzwielichts ist der aufsteigende Erdschatten. Diese östlichen Farben bei Sonnenuntergang haben eine subtile Transparenz, die sich in Mischung und Farbton während der Beobachtung verändern und in einer Phase ein zartes Pfirsichblüt zeigen. Die Stellungnahme der Sonne am Horizont wird auf der anderen Seite beantwortet. Das Purpur des Gegenlichts scheint am stärksten im Spätsommer und

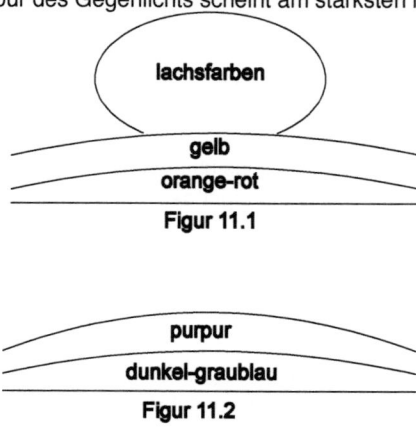

lachsfarben

gelb

orange-rot

Figur 11.1

purpur

dunkel-graublau

Figur 11.2

178

im Herbst.

Über der untergehenden oder aufgehenden Sonne kann man oft eine sich verjüngende Lichtsäule sehen, die sich senkrecht in den Himmel erhebt, die man die Sonnensäule nennt. Gelegentlich kann man vor dem Sonnenuntergang eine kurze Säule unterhalb der Sonne sehen. Die vertikale Position der Säule unterscheidet sie, in nicht äquatorialen Regionen, von dem selteneren Phänomen des Tierkreislichtes (Zodiakallicht). Wie der Name sagt, erstreckt sich dieses zarte Lichtband oberhalb der aufgehenden oder untergehenden Sonne entlang des Tierkreises, wie ein behutsamer hindeutender Finger. Die günstigsten Zeiten für die Beobachtung gibt es, wenn der Winkel zwischen Tierkreis und Horizont am größten ist - das heißt, bei Frühlingssonnenuntergängen und bei Herbstsonnenaufgängen. Die Bedingungen müssen dunkel sein und die Sonne deutlich unter dem Horizont, damit eine rundliche Pyramide von weichem glühendem Licht, nicht unähnlich der Milchstraße, sich in den Tierkreis erstreckt.

Im Sommer sinkt die Sonne in mittleren nördlichen Breiten nicht weit genug unter den Horizont, damit sich das Tierkreislicht zeigen kann, aber zu anderen Zeiten kann man es manchmal sehen, wie es sich dünn um den ganzen Bogen des Tierkreises dehnt, als ob es das besondere Leben dieses wichtigen Kreises von Sternen offenbaren wollte. Das Tierkreislicht ist seit dem Altertum bekannt und wird auch ‚falsche Dämmerung‘ genannt. An Oktobermorgen steht Regulus in der Pyramide des Lichtes im Osten.

In dunklen klaren Nächten kann man eine Gegensonne von Ost nach West mit dem Tierkreis in genau der gegenüberliegenden Position der Sonne ziehen sehen.

Ein vom genauen Punkt leicht abgewendetes Schauen zeigt diesen schwachen Lichtfleck, der ‚Gegenschein‘ oder ‚counter-glow‘ genannt wird und zuerst 1854 entdeckt wurde. Er ist an der Schwelle der Sichtbarkeit für das bloße Auge, jedoch kann er nicht mit dem Fernrohr oder dem Teleskop gesehen werden, da sie das Sichtfeld verengen und das Schauen von weiteren dunkleren Kontrasten trennen. Das Auge ist also im Vorteil im Vergleich zur Kamera, die das Licht nur unter Schwierigkeiten und möglichen Verzerrungen aufnehmen kann. Wenn das Tierkreislicht auch anwesend ist, liegt der ‚Gegenschein‘ in einem breiteren verstärkten Gebiet am Gegenpunkt zur Sonne. Eine gute Zeit, um den ‚Gegenschein‘ zu sehen, ist der Oktober, wenn er in dem dunklen Gebiet der Fische erscheint. Später im Winter vermischt er sich mit dem Licht der Milchstraße im Stier und in den Zwillingen.

Solche Phänomene, wie das Tierkreislicht und der ‚Gegenschein‘, sind im Grunde Ausweitungen der Sonne in die dunkle Hemisphäre des Himmels. Der nächtliche Tierkreis ist nicht ohne den feinen leuchtenden Einfluss der Sonne, in welchem der Mond und die Planeten wandern.

Wenn man den ganzen Nachthimmel in Betracht zieht, kann man überall von der subtilen Präsenz der Sonne sprechen. Nach mehreren Stunden in einer mondlosen Nacht unter den Sternen, ist es überraschend, wie gut man sieht. Sogar Zeitungsüberschriften kann man ohne Schwierigkeiten lesen. Die Sterne tragen 1/3 zur Beleuchtung eines solchen dunklen Himmels bei, das Tierkreislicht um ein weiteres Drittel und der Rest ist auf das, was man Nachtleuchten oder Erdlicht nennt, zurückzuführen. Dieser feine und durchsichtige Lichtschleier, der viele Meilen hoch in die Atmosphäre scheint, ist im Zenit am dünnsten (schwächsten) und am dichtesten (hellsten) ungefähr 15 Grad über dem Horizont. Selbst in den dunkelsten Stunden zeigt das Sonnenlicht noch seine Wirkung.

Unter klaren Bedingungen ist die Zeit, wenn der Himmel im tiefsten Blau erscheint, die Morgen- oder Abenddämmerung und in der über Kopf Richtung. Nachdem die Sonne aufgegangen ist, kann dieser blaueste und dunkelste Tageszeitpunkt zwischen 95 und 65 Grad von der Sonne entfernt (abhängig davon, wie hoch sie gestiegen ist) entlang einer Höhenlinie, gefunden werden. Wiederum unter klaren Bedingungen, ist die Bläue des Himmels im Zenit immer dunkler als entlang des Horizonts, wo sie eine weißliche Färbung annimmt. Die Ergänzung dazu ist, dass bei gleichmäßig bewölktem Himmel der Zenit heller als der Horizont wird.

Dies führt uns zu anderen Tageslichtphänomenen und ,Ausdehnungen' der Sonne während des Tages selbst. Das einfachste ist eine Corona (Lat. Krone) oder ein Ring um die Sonne (auch als Aureole bezeichnet). Solche Effekte sind häufig, aber unbemerkt, wegen der Helligkeit der Sonne. Newton machte seine wohlbekannte Beobachtung einer Corona, indem er die abgedunkelte Reflexion der Sonne auf einer ruhigen Wasseroberfläche betrachtete. Sie können auch gesehen werden, wenn die direkte Linie zwischen Auge und Sonne z. B. durch einen Teil eines Gebäudes oder Ähnliches abgeschirmt wird.

Der Durchmesser einer Corona beträgt nur einige Grad und ist viel kleiner als ein anderes Tageszeitenphänomen, ein Halo (griechisch: Dreschboden) um die Sonne. Hierbei erscheint das Sonnenlicht in der Atmosphäre (meist in Schleiern von Zirrhus Wolken), wo sich hexagonale prismatische Eiskristalle formen, ausgepresst und gebrochen zu einem Ring mit einem Radius, der vom Daumen bis zum kleinen Finger der ausgestreckten Hand reicht - ungefähr 22 Grad. Die Farben reichen von innen nach außen über rot, gelb, grün, weiß und blau. Der Himmel erscheint innerhalb des Rings oft dunkler als außerhalb. Der 22-Grad Halo wird am leichtesten im April und Mai gesehen.

Unter günstigen Bedingungen kann solch ein Halo von anderen, häufig komplizierteren geometrischen Auswirkungen des Sonnenlichts im Wasserelement in der Atmosphäre durch Brechung und Spiegelung an winzigen Kristallen begleitet sein. Die Figur 11.3 stammt von einer Zeichnung, die der Entdecker Sir William Parry auf seiner Reise auf der Suche nach einer Nordwest Passage angefertigt hat. Der

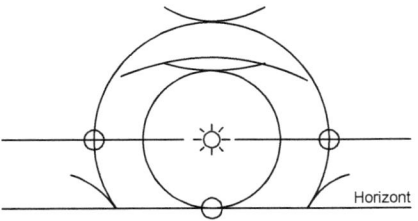

Figur 11.3

kleinere Lichtkreis um die Sonne ist der vorher beschriebene Halo und der äußere Kreis ist der 46-Grad Halo. Die horizontale Linie des Lichtes, die durch die Sonne läuft ist der parhelische Kreis und bei seinen Schnittpunkten mit dem Kreis gibt es zwei ‚Schein-Sonnen' oder ‚Sonnenhunde' oder Parhelia, die recht intensiv leuchten können - rot im Inneren und von da ins Gelb und bläuliches Weiß auslaufend.

Der umfassende Bogen über dem kleinen Halo wird der obere Parry Bogen genannt, nach dem Entdecker, und der tangentiale Bogen an der Spitze des großen Halos ist der Zirkumzenital-Halbogen, der Teil eines Kreises mit seinem Zentrum im Zenit.

Dies sind einige der Haupteigenschaften dieser Zeichnung, aber die Geometrie der Sonne, die in diesen Phänomenen gezeigt wird, kann noch viel komplizierter werden und manchmal optisch schwer erklärbar. Zudem können die gängigen Muster bei verschiedenen Erscheinungen variieren, abhängig von der Höhe der Sonne, etc. Die Forschungen dazu, basierend auf der Geometrie der hexagonalen Prismen und Reflektoren, sind noch nicht abgeschlossen. Ein Aspekt dieser Forschung ist der Gebrauch von Computern, um die notwendigen geometrischen und optischen Bedingungen zu simulieren, die sonst nicht berechnet werden könnten. Damit entdeckte man gewisse daran beteiligte geometrischen Prinzipien, ein Beispiel ist der Parry Bogen der Figur 11.3. Der obere Parry Bogen über dem 22 Grad Halo wird in der Figur 11.4 gezeigt. Die Simulationen der optischen Situation offenbaren einen unteren Parry Bogen, den man tatsächlich sehen kann, wenn die Sonne und der Halo höher über dem Horizont stehen oder wenn man von einem Flugzeug aus

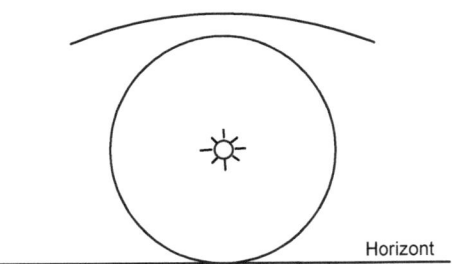

Figur 11.4

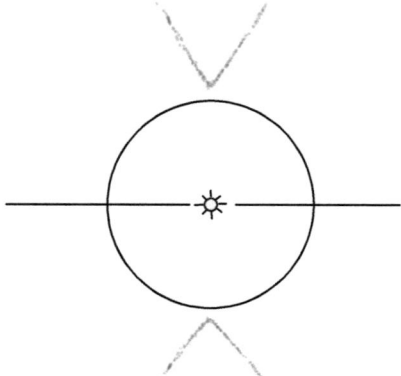

Figur 11.5

guckt. Die Figuren 11.5 und 11.6 zeigen die kalkulierten Metamorphosen der Parry Bögen von verschiedenen Höhen aus gesehen, wobei die horizontale Linie den Horizont repräsentiert. In der Figur 11.9 steht die Sonne 70 Grad über dem Horizont. Halos repräsentieren die Geometrie der Eiskristalle (Eltern der Schneeflocken) und der bis zu einem hohen Grad aufgegangenen Sonne. Der menschliche Einfallsreichtum kämpft noch mit der Lösung dieser herausgehobenen ‚Theoreme'.

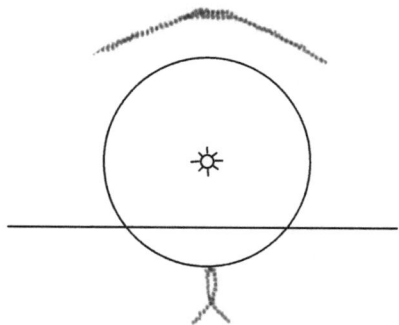

Figur 11.6

Als David Lynch eine geschickte technische Beschreibung der Halo Phänomene im April 1978 im Scientific American verfasste, endete er mit den Worten:

„Halos bewegen unseren Verstand und unsere Seele, da sie sowohl die physische Umgebung der Wolken und unsere Bewusstheit und Schätzung der natürlichen Welt ausloten."

Berühmte Darstellungen von komplexen Halo Phänomenen schließen ein Gemälde Olaus Petris von einem Auftreten über Stockholm am 20. April 1535, eine Zeichnung des dänischen Astronomen Hevelius, genannt ‚Sieben Sonnen', von einer Erscheinung, die er in Danzig am 20. Februar 1661 sah und eine Zeichnung von

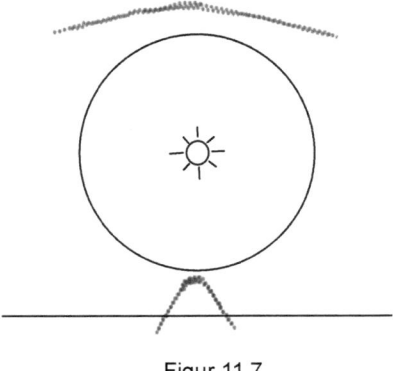

Figur 11.7

Tobias Lowitz, von einem Auftritt, den er über St. Petersburg am 18. Juni 1790 sah, ein.

Wenn sich bestimmte Effekte kombinieren, wie die Sonnensäule, der parhelische Kreis und der 22 Grad Halo, dann können Lichtkreuze zentriert in der Sonne oder zu beiden Seiten auftreten. Es können auch Säulen und Halo Effekte auf der der Sonne gegenüberliegenden Seite des Himmels auftreten, die auf dem Anthelion oder Gegensonnenpunkt zentriert sind, der an der Schnittstelle der Bögen auftritt. Dieser Anthelionpunkt kann sich auf Nebeln in der Nähe bilden, wenn die Sonne über dem Horizont ist und der Beobachter auf einem Hügel mit der Sonne hinter ihm steht. Gegen den Nebel wird der Schatten des Kopfes des Beobachters umgeben von einem farbigen Halo gesehen. Dies ist bekannt als die ,Glorie' oder ,das Gespenst des Brocken', wegen seines häufigen Auftretens auf dem Gipfel des Harzberges, Brocken genannt. Beugungsringe erscheinen im Nebel und können auch vom Flugzeug aus um den Schatten des Flugzeugs auf den Wolken gesehen werden. Das Gespenst vom Brocken um jemandes Kopf kann nur von der Person gesehen werden, zu der der Kopf gehört. Wenn man auf den Schatten eines anderen schaut, kann man ihn nicht sehen. Es war auf dem Brocken am 4. September 1784, dass

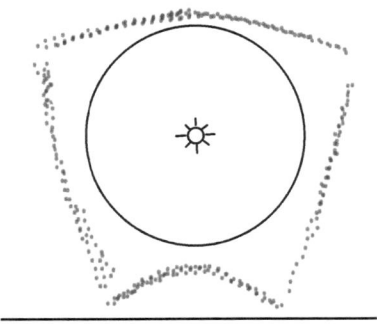

Figur 11.8

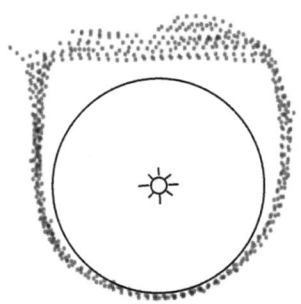

Figur 11.9

Goethe sich gedrängt fühlte die Worte von Manilius in das Gästebuch am Gipfel zu schreiben:

„Wer könnte den Himmel kennen, wenn nicht durch himmlische Gnade und Gott entdecken, außer durch jemanden, der selbst am Göttlichen teilhat?"

Verbunden mit all diesen Phänomenen ist die Majestät des Regenbogens, welche ein eigenes Kapitel erfordern würde, wenn man sie einigermaßen detailliert beschreiben wollte. Unnötig zu sagen, dass er viele Feinheiten manifestieren kann, wie weiße Regenbogen, rote, sekundäre, Reflektionsbögen, Interferenzbögen, etc.

Auf der Nachtseite des Himmels kann der Mond die Quelle von Säulen, Halos und Regenbogen sein. Selbst die Venus, Jupiter und helle Sterne können mit einer schwachen Corona erscheinen. Der Mond bietet die häufigsten Beobachtungen von Coronen und 22 Grad Halos, die sich bei dünnen Wolken und dunklem Himmel zeigen. Das Mondlicht, wie schon gesagt, kann Regenbogen verursachen, obwohl sie sehr schwach und gewöhnlich farblos sind.

Die Mond-Corona ist oft ein schmales Band mit einem bläulichen Licht an der Innenseite, das sich weiß und dann rötlich-braun färbt. Sie kann manchmal von einem bis zu drei farbigen Ringen umgeben sein, die sich bis zu einem maximalen Radius von 13 Grad vom Mond ausdehnen können. Das ist der Grund, warum man bei seltenen Gelegenheiten von einer ‚4-fachen Corona' spricht.

Ein spezielles, aber wohl bekanntes Phänomen in Verbindung mit der Sonne ist der grüne Blitz oder grüne Strahl. Wenn die Sonne untergeht und die obere Kante gerade verschwindet, schießt für einen Moment ein smaragdgrünes Licht auf. Die besten Bedingungen sind ein entfernter Horizont auf See und eine helle, nicht zu rote Sonne. Von dem bewegten Deck eines Schiffs kann es mehrmals nacheinander gesehen werden. Der holländische Wissenschaftler Minnaert konnte die Ansicht des Strahles auf 20 Sekunden verlängern, indem er einen 18 Fuß hohen Deich herauf lief. Er kann auch über einer aufgehenden Sonne gesehen werden und auf der Expedition von General Byrd in die Antarktis im Jahre 1929 wurde er 35 Minuten lang immer wieder gesehen als die Sonne an einem unebenen Horizont entlang strich, während des langsamen Sonnenaufgangs bei 78 Grad Süd. Aber normalerweise sind die Sichtungen häufiger in den Tropen als in den gemäßigten Zonen.

Bei einer Gelegenheit hat man gesehen, wie der Strahl sich von grün zu blau und violett in wenigen Sekunden verwandelte. Die grüne Farbe scheint zur oberen Kante der untergehenden Sonne zu gehören und zu dem oberen Abschnitt der gebrochenen verzerrten Scheibe, die sich in einem bestimmten Moment von dem Hauptkörper der Sonne zu lösen scheint. Der grüne Strahl selbst ist erfolgreich photographiert worden.

Hier haben wir eine Zwischenfarbe für ein genau umschriebenes Zwischenphänomen zwischen Tag und Nacht, wenn die ganze Reihe der anderen Farben sich an dem umgebenden Himmel manifestiert. Auf der ‚Isle of Man‘ wird sie ‚lebendiges Licht‘ genannt. Eine alte schottische Legende (schreibt Jules Verne) besagt, dass jeder, der den grünen Strahl gesehen hat, nie wieder in Gefühlsdingen irren wird. Vielleicht ein Strahl reinen Denkens.

Der grüne Blitz erscheint oft über den Wüstenhorizonten in Ägypten, wo die Menschen in alten Zeiten scheinbar geglaubt haben, dass die Sonne grün ist, wenn sie nachts unter die Erde wandert. Eine Steinsäule aus dem Jahr 2500 v.Chr. stellt die auf- oder untergehende Sonne als einen Halbkreis, der unten grün und oben blau gefärbt ist, dar. Das Interesse an dem Phänomen wurde stark angefacht als Jules Verne 1882 einen Science Fiction Roman ‚Le Rayon Vert‘ veröffentlichte, welcher die Suche nach dem mysteriösen grünen Strahl der Sonne beschreibt. Phänomene von grünen Strahlen sind bei seltenen Gelegenheiten in Verbindung mit dem Mond, der Venus und dem Jupiter beobachtet worden. Es gibt zusätzlich einen selten beobachteten roten Strahl, der an der Unterseite der Sonne gesehen wurde, wenn sie gerade über dem Horizont steht. Aber das helle smaragdgrüne Licht über der Sonne ist das zentrale Phänomen, dass dauernd in unsere atmosphärische Umgebung blitzt und von dem vor kurzem gezeigt wurde, dass es keine Aktivität des Auges oder ein Nachbildeffekt ist. Es ist ein Erweis von Goethes Theorie der Farben, indem die Atmosphäre als ein Prisma fungiert und das Bild der Sonne aufwärts verschiebt, so dass das Sonnenlicht und die Farben des Himmels überlappen und grün produzieren.

Wenn wir unsere Aufmerksamkeit dem Sternenlicht zuwenden, können wir Wirkungen bemerken, die die Aktivität des Auges betreffen. Zum Beispiel werden rote Sterne, wenn man sie direkt anschaut, heller. Dagegen werden weißliche bis leicht rötliche heller, wenn man den Blick leicht abwendet, als wenn sie direkt angeschaut werden. Die Farbe verleiht dem Stern für das Auge ‚ein Spektrum an Verhalten‘, das von kühn bis schüchtern reicht. Rote Sterne scheinen auch mehr zu flimmern als weiße. Wenn man direkt auf schwache Sterne schaut, können sie für den Beobachter ganz verschwinden und wiederkehren, wenn man den Blick etwas abwendet. Dies demonstriert, dass verschiedene Teile des Auges auch verschiedene Aufnahmefähigkeit haben und dass es wichtig ist, sie alle ins Spiel zu bringen. Einige der subtileren Effekte des Himmels und der Farben werden durch peripheres Sehen erreicht.

In nördlichen Ländern und auch ganz im Süden in Richtung der Pole sind die Einwohner privilegiert, denn sie können die weiträumigsten und farbigsten Schauspiele der Natur im Theater des Himmels wahrnehmen - die Auroren oder Nordlichter. Diese großartigen Oberflächen von schimmerndem Licht können wie große Vorhänge am Himmel hängen oder wie die Schilde von riesigen nordischen Göttern in heldenhaften Schlachten vorwärts drängen. Unter solchen Phänomenen zu leben, muss wohl bedeuten, dass man ganz intim die Präsenz von mächtigen Kräften in den oberen Regionen fühlt.

Das Wort ‚Aurora' kommt aus dem Lateinischen und heißt die Göttin der Morgenröte. Die Metapher einer Aurora borealis (ihre nördliche Manifestation) wurde von Gregory von Tours (538-594 n.Chr.) vorgeschlagen und von Galileo und dem französischen Wissenschaftler Gassendi fest etabliert. Der erste Bericht einer ‚Aurora borealis' (in der Antarktis) stammt von Kapitän James Cook vom 20. Februar 1773.

Die Auroren sollen durch eine Interaktion zwischen der Aktivität der Sonne und dem Magnetfeld der Erde entstehen. Wie im letzten Kapitel erwähnt, gibt es eine rhythmische Verbindung zwischen der Häufigkeit von Auroren und dem Zyklus der Sonnenflecken. Eines der herausragendsten Schaustellungen der Nordlichter in jüngster Zeit fand am 11. Februar 1958 statt, nach einer intensiven Sonneneruption auf der Oberfläche der Sonne zwei Tage vorher. Über dem geomagnetischen Pol der Erde formt sich die Aurora als ein glühender Ring, der sich während der höchsten

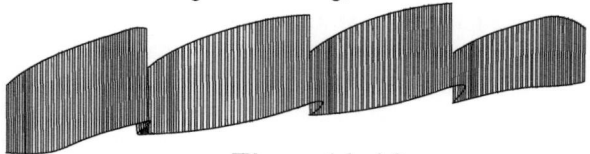

Figur 11.10

Aktivität vergrößert und sich in niedrigere Breiten absenkt. In diesen Zeiten ist die Radiokommunikation auf der Erde gestört. Technisch gesehen ist die Aurora ein fluoreszierendes Leuchten, das von Wissenschaftlern als ähnlich einem Neonlicht in der Natur beschrieben wird (‚ein elektrisches Entladungsphänomen in wenig dichten Luftschichten') oder ähnlich dem Fernsehbild, mit der oberen Atmosphäre als Bildschirm und die Magnetosphäre als eine Kathodenstrahl Röhre.

Wie dem auch sei, das Naturschauspiel ist unübertroffen. Es bilden sich zwei grundlegende Formen heraus, Bänder oder Vorhänge und wolkenähnliche Flecken. Zu den Zeiten hoher Aktivität gibt es eine Entwicklung von den ersteren zu letzteren. Die Bänder beginnen mit einem ‚homogenen Bogen' von sanftem Leuchten, das

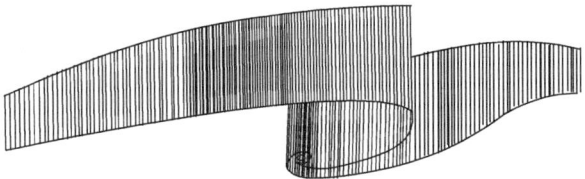

Figur 11.11

unten am hellsten ist und sich oben in den Nachthimmel verliert. Dann erscheinen Falten (Figuren 11.10 und 11.11), die sich majestätisch über den ganzen Himmel wickeln wie riesige Vorhänge oder Schriftrollen. Diese lösen sich dann auf und werden von einzelnen Flecken ersetzt. Solche Flecken erscheinen am häufigsten nach Mitternacht. Bei den Bänderformen, die sich soweit entfalten, wie die Bühne in der Figur 11.11 reicht, erscheint am unteren Rand ein rosa Schein. Die meisten Auroren sind grün oder blau-grün mit gelegentlichen Verstärkungen von Rosa und Rot. Jedoch wurden hier die für gewöhnlich beobachteten Formen und Farben beschrieben, aber es gibt andere, seltenere Formen. Bei seltenen Gelegenheiten gibt es spektakuläre rosenfarbige Typen.

So ist es nur angemessen, unser Thema für dieses Kapitel mit der beeindruckenden Schönheit eines der umwerfendsten Anblicke der Natur zu beschließen - durch welche zudem die Sterne und Planeten immer noch scheinen und nur den Reichtum vergrößern. Vieles von dem Licht am Himmel ist aber nicht so offensichtlich und dramatisch. Aber wenn der Betrachter davon weiß, beginnt er auch, es zu sehen. Subtile unirdische Beleuchtungen in einem bis dahin unbewusstem Reich werden plötzlich sichtbar.

Solcherart sind also einige der Effekte des Lichtes am Himmel - atmosphärisches Bühnenlicht für die himmlische Szene. Ohne dies wäre die Astronomie eine schlichte Angelegenheit.

188

Kapitel 12

Das Teleskopbild und darüber hinaus

Dieses Buch begann mit einer Unterstützung einer geozentrischen Astronomie, bei der die Erscheinung oder die unmittelbare Erfahrung des normalen Menschen, ohne die Intervention von ausgefeilten Instrumenten, wieder zu Ehren gebracht wird, um mit einem frischen Blick auf unsere Kenntnis des Himmels zu beginnen. Denn der Laie, der unter den Sternen steht, nur mit seinen Augen und einer Karte mit den Konstellationen ausgestattet, wird natürlicherweise zu einem nicht-Kopernikanischen System geführt. Das hier verwendete ist in weiten Teilen Tychonisch (Kapitel 10), mit der Erde als Zentrum der Himmelssphäre und der Sonne als Zentrum für die Planeten. Da nun eine Beobachter-zentrierte Astronomie vorliegt, ist es vielleicht angebracht, sie mit anderen Gesichtspunkten zu verbinden.

Oft ist die erste Frage an einen Amateurastronomen von jemanden, der an der Kunde des Nachthimmels interessiert ist: „Hast du ein Teleskop?", die Antwort ist natürlich „Ja." Dann kommt die zweite unausweichliche Frage: „Kann ich mal durchschauen?" Die Antwort ist wieder „Ja.", aber vielleicht mit der unerwarteten Einschränkung, dass die Sterne dann sogar als noch kleinere Lichtpunkte erscheinen werden und, dass es zunächst viel interessanter ist, mit dem bloßen Auge zu schauen. Wie der berühmte Amateurastronom Leslie Peltier, der ein Dutzend Kometen mit seinem Teleskop entdeckt hat, sagte: „glücklich ist derjenige, der seine Einführung in den Sternenhimmel allein mit dem bloßen Auge erfuhr und nicht durch das Teleskop" und dezidiert feststellte:

„ein Teleskop ist nicht wesentlich für die Freude an den Sternen; ... selbst ohne jedwede optische Hilfe kann man ein wohl bewanderter Himmelskundiger werden. Niemand hat bis jetzt auch nur annähernd alle Möglichkeiten der Beobachtung mit dem bloßen Auge erschöpft."

Aber das Teleskop ist inzwischen gleichbedeutend mit ‚Astronomie' und erlangte im öffentlichen Bewusstsein den Hauch von Magie. Es ist tatsächlich magisch durch die Röhre zu spähen und zu sehen, wie sich im Glas das dahingleitende Bild des Jupiter und seiner Monde, Saturn und seiner Ringe und die Sichel der Venus bewegen. Dies sind unglaublich schöne Bilder, die moderne Erfindungen dem Auge des Menschen gebracht haben. Sie erweitern das Bewusstsein hinaus in den Raum, um andere Welten anzustaunen. Die Röhre schiebt sich gegen die Himmelssphäre und zerschmettert sie.

In dem Moment, wo man durch ein Teleskop schaut, weichen die gewöhnlichen Sinne zurück und das Bewusstsein ergeht sich in Theorien und Spekulationen. Die Himmelsphänomene sind nicht länger umfasst von reiner Beobachtung, sondern erstrecken sich für immer darüber hinaus und verlangen mit den rationalen Begriffen interpretiert zu werden, die den optischen Instrumenten zu Grunde liegen. Es ist der Eintritt in eine andere Welt. Das Universum wird gänzlich physisch. Die Schauspieler und Schauspielerinnen auf der Himmelsbühne werden in Einheiten von Atomen und Molekülen analysiert. Warum hat jene Darstellerin plötzlich ihren Arm gehoben und aufgeschrien? Weil bestimmte Muskeln sich zusammenzogen, andere sich ausdehnten und es gab Vibrationen, verursacht durch komprimierte Luft in der Gegend des Kehlkopfs. Das Stück ist ein vergessener Mythos. Die Schatten tanzen aufgeregter auf der Hinterwand von Platos Höhle in seiner Allegorie (Republik, Buch 7).

Immerhin, die Bilder im Teleskop sind eine faszinierende und wunderbare Welt, so wie der Kehlkopf ein wunderbares Organ ist, von dem viele seiner Eigenschaften sich dem Mikroskop erschließen. Das wesentliche ist, dass der Forscher nicht sein Staunenkönnen und seinen Sinn für das Ganze verliert. Aber die Versuchungen der optischen Röhre in die andere Richtung sind groß.

Das Wort ‚Teleskop‘ kommt aus dem Griechischen und bedeutet ‚der weite Blick‘ und man nimmt an, dass es von dem griechischen Dichter und Theologen John Demisiani erdacht wurde und öffentlich dem Gerät, in der Gegenwart von Galileo, von Prinz Frederick Cesi am 14. April 1611 auf einem Bankett in Rom zu Ehren Galileos dem Instrument verliehen wurde, bei dem Demisiani auch anwesend war. Für Galileo war es einfach ein ‚occhiale‘ oder Augenglas, manchmal auch ‚spy-glass‘, als Fernglas wiedergegeben. Milton nannte es eine glasierte optische Röhre.

Im Mai 1609, als Galileo 45 Jahre alt und Professor für Mathematik an der Universität in Padua war, hörte er auf einem Besuch in Venedig, dass ein Holländer ein solches Instrument konstruiert hatte. Er kehrte nach Padua zurück und hatte binnen 24 Stunden nach seiner Ankunft sein eigenes konstruiert ‚einfach durch reines Nachdenken‘ und durch ‚ein gründliches Studium der Theorie der Lichtbrechung‘.

Nach dem Wissenschaftler Sir Oliver Lodge, nahm Galileo eine alte Orgelpfeife und passte Brillengläser an jedem Ende ein, um sein erstes Teleskop zu konstruieren. Es vergrößerte Objekte auf das 3fache ihres Durchmessers. In das eine Ende der Röhre, die wahrscheinlich zwei Fuß lang war und von Galileo als aus Blei bestehend beschrieben wurde, platzierte er eine Linse von weniger als zwei Zoll im Durchmesser, die auf der einen Seite konvex war und in das andere Ende ein

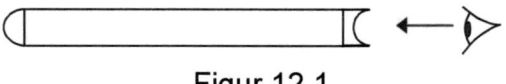

Figur 12.1

Brillenglas, das auf der einen Seite konkav war (Figur 12.1). Das Bild, das er sah, war richtig herum, anders als spätere astronomische Teleskope, die anders konstruiert werden. Seine erste Idee für seine Verwendung war militärischer Art, wie auch die der Holländer, die mit Philipp II. von Spanien im Krieg lagen und die versuchten, die Erfindung geheim zu halten. Galileo kehrte nach Venedig mit einer zweiten Version seines Instruments zurück. Adlige und Senatoren erklommen die Stufen der höchsten Kirchtürme in Venedig, um die Schiffe, die in den Hafen einliefen zwei Stunden früher zu sehen.

Zurück in Padua schliff er sehr gewissenhaft seine eigenen Linsen und baute überlegene Modelle. Das nächste vergrößerte auf acht Durchmesser und das nachfolgende auf 20. Mit dem letzteren beobachtete er, dass der Mond Berge auf seiner Oberfläche hatte. Sein nächstes Teleskop (5.) vergrößerte auf 30 Durchmesser und er nannte es später zärtlich seinen ‚alten Entdecker'. Am 7. Januar 1610 richtete er es auf Jupiter, der hoch im Osten bei Sonnenuntergang aufging. Der Mond war abnehmend und stand nicht am Abendhimmel, sodass er die Sternensichtbarkeit nicht mit seinen helleren Strahlen beeinträchtigte. Er sah drei kleine Lichtpunkte nahe bei Jupiter und hielt sie für Sterne (Figur 12.2). In der folgenden Nacht beobachtete er, wie er sagte, rein zufällig, Jupiter wieder und zu seiner Überraschung hatten „die Sterne" in der Nähe sich bewegt (Figur 12.3). Während weiterer Beobachtungen, sah er vier Lichtpunkte (z.B. am 13. Januar, wie in Figur 12.4) und später verkündete er seine Entdeckung von vier Jupitermonden.

Das Teleskop, das er damals benutzte (sein ‚alter Entdecker') war 5½ Fuß lang mit einer konvexen Linse von 2¼ Zoll im Durchmesser am gegenüberliegenden Ende des Okulars (der effektive Durchmesser dieser konvexen oder Objektlinse war nur 1½ Zoll). Diese Linse, die später zerbrach, wird jetzt im Museum der Physik in

Figur 12.2

Figur 12.3

Figur 12.4

Florenz aufbewahrt. Diese würde die Monde des Jupiter größer aber weniger deutlich als ein modernes Fernglas zeigen. Zwei von Galileos Teleskopen, plus das gerade erwähnte zerbrochene, wurden später in einem italienischen Observatorium getestet, als die Jupitermonde wieder durch sie beobachtet wurden. Sie waren auf einen Teleskopständer aufgebracht, um sie still zu halten und bewegten sich in derselben Richtung und mit derselben Geschwindigkeit, wie die Himmelssphäre. Aber Galileo hatte keines dieser Hilfsmittel, als er seine Beobachtungen anstellte, entweder, wie man annimmt, aus dem Blumen- und Gemüsegarten oder von einem Fenster eines großen Mietshauses in Padua. Es gibt keine Erwähnung einer Teleskopstütze und in seinen Schriften erwähnt er nur, dass er die Röhre ‚an einem festen Platz stabilisierte, um das Zittern der Hand zu vermeiden, das von dem Pulsieren der Arterien und vom Atmen kommt'. Die modernen italienischen Astronomen, nachdem sie durch seine originalen Instrumente geschaut hatten, konnten nur die Schärfe seiner Augen bewundern. Die Monde (oder Satelliten) um Jupiter kreisen zu sehen, während er selbst sich auch durch den Raum bewegt, unterstützte den Gedanken, dass die Erde und ihr Mond dies auch tun könnten und das würde Kopernikus Recht geben - obwohl keine der Beobachtungen von Galileo bewies, dass die Erde sich bewegt. Eine weitere Unterstützung kam mit Galileos Entdeckung vom Herbst 1610, dass die Venus Phasen hat und um die Sonne kreist, was die Variationen ihrer Helligkeit erklärte. Er hatte im Sommer 1610 auch beobachtet, dass der Saturn ‚drei Körper' hat, einen ‚Stern' auf jeder Seite, welche aber im Lauf der nächsten 2½ Jahre allmählich verschwanden. In einem Brief an einen Gönner schrieb er:

„Nun, was kann man über diese seltsame Metamorphose sagen? ... Hat der Saturn seine Kinder verschlungen? Oder war es tatsächlich eine Illusion und ein Betrug?" Aber die ‚Kinder' kamen zurück und Galileo berichtete weiter, dass er 1616 den Saturn mit zwei ‚Gehrungen' oder ‚Ohren' auf beiden Seiten statt runder Sterne sah. Es dauerte bis 1656 als der holländische Astronom Christiaan Huygens mit einem langen Teleskop, das auf 100 Durchmesser vergrößerte, das Geheimnis entdeckte, dass ‚der Saturn von einem flachen Ring umgeben ist, der ihn an keiner Stelle berührt und schief zur Ekliptik steht'. Dies erklärte den 15jährigen Zyklus von Aufhellen und Abdunkeln, da die Helligkeit des Planeten sich steigert, wenn die Ringe ‚offen' unter einem Winkel gesehen werden und so mehr Licht reflektieren und sich verringert, wenn von der Seite gesehen.

Galileos Entdeckungen riefen Unterstützung und Bewunderung hervor, aber, wie die Geschichte weiß, auch mächtigen Widerstand. Der traditionelle Kosmos war bedroht. Ein Gegner sagte, „Die Satelliten des Jupiter sind für das bloße Auge unsichtbar und können deshalb keinen Einfluß auf die Erde haben und wären deshalb nutzlos und können deshalb nicht existieren." Clavius in Rom sagte über die Satelliten des Jupiter: „Man muss ein Teleskop konstruieren, dass sie zuerst hervorbringt und dann vorzeigt." Einige Andersdenkende lehnten es überhaupt ab, durch das Teleskop zu schauen.

Wenn sie durchgeschaut hätten, hätten sie jene kleinen Lichtpunkte gesehen, die seinen Entdecker erstaunten und heute den Novizen in der Astronomie begeistern mit ihrer seltsamen und heiteren Schönheit gegen einen Himmel ausgestanzt, der durch die Teleskoplinsen zu schwarzem Samt verdunkelt wird. Es ist einer der bewegendsten der modernen Anblicke - und doch so einfach. Er beeindruckt, weil er von stillen Räumen flüstert, von Leben, gleich unserem, draußen im Universum. Wichtig für ernsthafte Gegner der Offenbarungen des Teleskops war das Unwohlsein, dass die himmlische Welt in die Physik der Erde eingeschlossen würde.

Das Sehrohr eines Teleskops liefert eine ‚peepshow' in eine Vielzahl von Welten. Wenn man fragte, würden die meisten Menschen wahrscheinlich sagen, dass sie glauben, dass es intelligentes Leben außerhalb unseres Sonnensystems gibt. Obwohl viele von den gleichen Leuten nicht durch ein Teleskop geschaut haben und obwohl die Idee von anderen Welten aus der Zeit vor dem Gebrauch des Teleskops stammt; die Arbeit dieses wunderbaren Instruments hat nichtsdestoweniger durch seine eigene Natur das Konzept eines bewohnten Universums bestärkt. Diese Tendenz wird durch das Spektroskop weiter gebracht, das das Licht und die Farbeigenschaften von Sternen als Indikatoren für ihre physischen Eigenschaften analysiert und durch Radioempfänger, die entfernte Quellen aufspüren können, die selbst für das Teleskop unsichtbar sind.

Während ich schreibe, hat eine Zeitungsüberschrift gerade verkündet: ‚Das Teleskop lüftet den Schleier des Himmels'. Die Geschichte ist die, dass ein kreisender Satellit (IRAS) mit einem Infrarot Teleskop ausgestattet, das empfindlich für Hitze ist und den interstellaren Staub durchdringen kann, ‚kleine Partikel in einer riesigen Muschel zusammengesammelt' rund um den Stern Vega entdeckt hat, Partikel, die ‚eines Tages in einen Planeten zusammenschmelzen könnten'. Bis heute ist noch kein Planet als Begleiter irgendeines Sterns außer der Sonne entdeckt worden, obwohl es „binäre" Systeme von Doppelsternen. [*] Kein ‚optisches' Teleskop kann das Bild eines Planeten an einem entfernten Stern auflösen, jedoch besteht die Hoffnung, dass die Astronomie eines Tages auf irgendeine Weise einen entdecken könnte. Es könnte gelingen, obwohl es immer noch ein weiter Weg bis zur Auffindung außerirdischen Lebens wäre.

Tatsächlich schwingt das Pendel unter Astronomen gerade weg vom Optimismus und zum Skeptizismus, was intelligentes Leben im Universum jenseits der Erde angeht. Das ist ein neuerer Trend. Vor nur 30 Jahren schrieb der königliche Astronom Sir Harold Spencer Jones ein Buch, ‚Life on Other Worlds', in welchem er sagt, dass auf dem Mars ‚es scheint als gäbe es direkte Beweise von Leben' und ‚es sei beinahe sicher, dass es eine Form von Vegetation auf dem Mars gäbe', wobei die ‚Frage hierbei nicht ist, ob die Kanäle existieren oder nicht. Es kann keinen Zweifel geben, dass mindestens die auffälligsten existieren.'

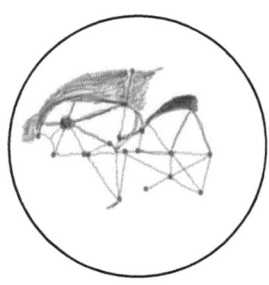

Figur 12.5

Wir wissen jetzt, dass der königliche Astronom und viele andere mit ihm einer Illusion aufgesessen sind. Die Illusion wurde durch das Bild des Teleskops und die fruchtbare Einbildungskraft des Menschen geschaffen. Es begann im letzten Jahrhundert, im September 1877, als der italienische Astronom Giovanni Schiaparelli Beobachtungen vom Mars durch das Teleskop bei einer günstigen Opposition machte und zwischen den ‚Kontinenten' dunkle Streifen bemerkte, die er ‚canali' (italienisch für Kanäle oder Furchen) nannte. Jedoch wurde das Wort als Kanäle, ein Ausdruck für künstliche Wasserwege, übersetzt und ging so in die astronomische Literatur über, was zu intensiven Diskussionen und Spekulationen führte. Schiaparelli beschrieb später die Kanäle als sich verdoppelnd, die in den Monaten vor und nach dem Abschmelzen der Polarkappen auf dem Mars zwei praktisch parallele Linien bildeten, die im Teleskop als saisonal sich ausdehnende und sich zusammenziehende weiße Gebiete erscheinen. Die Idee künstlicher Kanäle wurde in Amerika verstärkt aufgenommen von dem Astronomen Percival Lowell, der die geradlinigen geometrischen Kanalmuster (als Diagramm in der Figur 12.5) sah und schloss, dass sie von intelligenten Wesen gemacht sein müssten, im Kampf um den Erhalt des Lebens auf dem austrocknenden Planeten, indem sie ein Pumpsystem benutzten, das in seiner Größe alle Projekte des Menschen übersteige, was wiederum eine fortgeschrittene Form von Intelligenz voraussetze.

Spencer Jones verwarf die geraden Linien als optische Effekte, aber behielt die Idee von Vegetation auf dem Planeten bei. Schiaparelli selbst, obwohl er die Linien sah, hatte nicht direkt auf die Anwesenheit von Marsianern geschlossen, aber kommentierte:

‚Ich bin insofern vorsichtig, als ich diese Annahme nicht bekämpfe, die nichts Unmögliches enthält.'

Im Jahre 1902 hat der britische Astronom Walter Maunder ein Marskanal Experiment mit einer Gruppe von Jungen an der Greenwich Hospital Schule durchgeführt. Er hängte vorne in der Klasse ein kleines Diagramm vom Mars auf, mit den Eigenschaften der Oberfläche, aber ohne die Kanäle. Er bat die Kinder zu zeichnen, was sie sahen und die Schüler, die hinten saßen, verbanden einige der kleineren

Objekte mit Linien, so dass sie wie die mysteriösen Kanäle aussahen. Der französische Astronom Flammarion, der die Idee von Marsbewohnern unterstützte, hörte von dem Experiment und wiederholte es mit französischen Schuljungen, von denen keiner die Linien zeichnete. Vielleicht hatten die französischen Kinder ein besseres Augenlicht. Vielleicht hatten die englischen Kinder mehr Einbildungskraft. Wie auch immer, als ein Raumschiff den Mars Ende der 60iger Jahre umkreiste und Karten vom Mars erstellte, verschwanden die Kanäle.

Spencer Jones war vorsichtiger, was die Möglichkeit von Leben außerhalb des Sonnensystems angeht. In einer sorgfältig argumentierenden Schlussfolgerung seines Buchs ‚Life on Other Worlds' sagte er:

„Wir sind sicherlich nicht gerechtfertigt, anzunehmen, dass das Sonnensystem einzigartig ist. Es ist auf irgendeine Weise entstanden und es ist nicht logisch anzunehmen, dass nicht andere Systeme auf ähnliche Weise entstehen könnten ... die Anzahl der planetarischen Systeme im ganzen Universum könnte beträchtlich sein, denn die Anzahl der Sterne in jedem der verschiedenen Sternenwelten und die Anzahl dieser Sternenwelten sind beide sehr groß."

Spencer Jones fällt dann nicht in die Falle, zu sagen, dass intelligentes Leben woanders im Universum existieren müsse. Solch ein Gedankengang wird heute sehr oft aufgenommen, aber das ist fast gleichbedeutend damit, zu sagen, dass, wenn man einer Gruppe Affen beibrächte Maschine zu schreiben und das 100 Jahre lang betriebe, (oder irgend eine beträchtliche Zeitspanne), dann würde einer von ihnen ein Shakespeare Stück produzieren. Statt dessen sagt Spencer Jones:

„In jedwedem planetarischen System scheint alles gegen die Möglichkeit der Existenz von Leben zu sprechen ... Leben anderswo im Universum ist deshalb die Ausnahme und nicht die Regel ... Wir können nicht hoffen, jemals direkte Informationen von diesen entfernten Welten zu haben."

Die Astronomen Jeans und Eddington stellten beide die Existenz von intelligentem Leben anderswo im Universum in Frage und erst kürzlich hat Sir Bernard Lovell, Professor der Radioastronomie, weitere Unterstützung dieser Richtung angedeutet. In seinem Buch ‚Im Zentrum der Unermesslichkeiten' weist er darauf hin, dass selbst wenn die Theorie von anderen planetarischen Systemen richtig wäre, das Entstehen von bewohnbaren Atmosphären sehr spezielle Bedingungen erfordern würde, wie durch Proben von Mars und Venus erwiesen und weiterhin, wie im Fall der Erde, gäbe es ‚fast null Wahrscheinlichkeit', dass sich anschließend organisches Leben entwickeln würde. Josif Shklovsky, ein führender sowjetischer Astronom, schrieb 1980 im Jahrbuch für Astronomie:

„Wenn es keine sichtbaren Anzeichen von hoch entwickelten Intelligenzen anderswo im Universum gibt, müssen wir annehmen, dass solche Intelligenzen nicht existieren

... Keine super intelligenten Wesen werden zu Besuch kommen und uns helfen, unsere Probleme auf der Erde zu lösen. Die Verantwortung ist ganz allein unsere ... Die Einsicht, dass die Menschheit ein einsames und einzigartiges Phänomen im Universum ist, zusammen mit dem Bewusstsein der riesigen Größe des Kosmos und der Verletzlichkeit und Winzigkeit unseres schönen Planeten Erde, sollte ein hauptsächlicher moralischer und ethischer Faktor in unserem Denken werden."

Jedoch besteht das moderne Bewusstsein darauf, das Universum in Entfernungen jenseits des Auflösungsvermögens des Teleskops zu bevölkern, sich dabei eher auf eine Idee als auf die Phänomene stützend, eine Idee, die nicht weniger fix ist, als die von Galileos Kritikern.

Sir Harold Spencer Jones gibt auch einer weitreichenden und allgemeinen Annahme eine Stimme, welche seit Galileos erstem Schauen durch seine Röhre in seinem italienischen Garten verfolgt wurde. Er sagt unzweideutig dass, „überall im ganzen Universum gibt es eine wesentliche Uniformität der Struktur der Materie ... Materie, die denselben Gesetzen durchgängig im Universum folgt." Dies könnte gut eine Feststellung auf dem Niveau seiner Mars Beobachtungen sein. Das Spektroskop offenbart nur, was es offenbaren kann und der menschliche Verstand kann damit nur soweit etwas anfangen, als er Erfahrungen auf der Erde gemacht hat. Aber das Universum könnte wunderbarer sein, als die gegenwärtigen Instrumente und unser Verstand zulassen wollen. Anzunehmen, dass das Universum genauso wie wir ist, nur größer, konditioniert uns zu dem, was wir zu sehen glauben und erinnert in diesem Sinne auf seltsame Weise an die Astrologie, die eigentlich ideologisch am gegenüberliegenden Pol liegt. Die traditionelle Astrologie und die Astrophysik sind die Extreme. Was nötig ist, ist ein gedankenklares, aber innerlich bewegliches Gleichgewicht zwischen beiden.

An der Schwelle unserer äußeren Wahrnehmung beginnt das Reich der Imagination. Schwache Teleskope haben uns immaterielle Kanäle auf dem Mars und, selbst in diesem Jahrhundert, Vegetation auf dem Mond gegeben. Diese imaginative Sphäre

Figur 12.6

Figur 12.7

um uns wird nie soweit zurückgedrängt werden, dass sie ganz aufgelöst wird. Sie wird immer ein Teil unseres Kosmos sein, ob wir es möchten oder nicht. Sie lädt uns ein, das Universum mit intelligenten Wesen zu bevölkern. Alte religiöse Mythologie setzte höhere Intelligenzen unter die Sterne. Die moderne wissenschaftliche Mythologie setzt höhere Intelligenzen unter die Sterne. Die Götter sind zu außerirdischen Zivilisationen geworden.

Es gibt einen weiteren erwähnenswerten Punkt bezüglich des Teleskops, der für gewöhnlich nicht als wichtig angesehen wird. Nicht nur verengt das astronomische Teleskop den Gesichtskreis und den Teil des Auges, der gebraucht wird, ihn auf diese Weise vom Ganzen trennend; es kehrt auch die Phänomene um. Die Anzahl der verwendeten Linsen wird reduziert, um die Lichtstärke zu erhöhen, was dazu führt das das Abbild umgekehrt erscheint, sodass, wenn man auf den Mars schaut, Norden Süden ist und Osten Westen. Optisch ist das natürlich trivial, aber der ganze Sinn für normale Orientierung wird aufgelöst und rechts-links und oben-unten verlieren an Bedeutung. Es ist interessant, dass Galileo die normale Orientierung mit seiner Anordnung der Linsen beibehielt und wenn er auf Jupiters Monde schaute, sah er sie so, wie das bloße Auge sie sehen würde, wenn es könnte - wie in Figur 12.6 und nicht wie das moderne astronomische Teleskop dasselbe Phänomen zeigen würde, wie in der Figur 12.7.

Galileos Teleskop zeigte ein Gebiet des Himmels von einem halben Monddurchmesser. Seine Zeichnungen der Mondoberfläche zeigen den Mond richtig herum, so wie er mit bloßem Auge gesehen wird, mit der Nordrichtung oben und

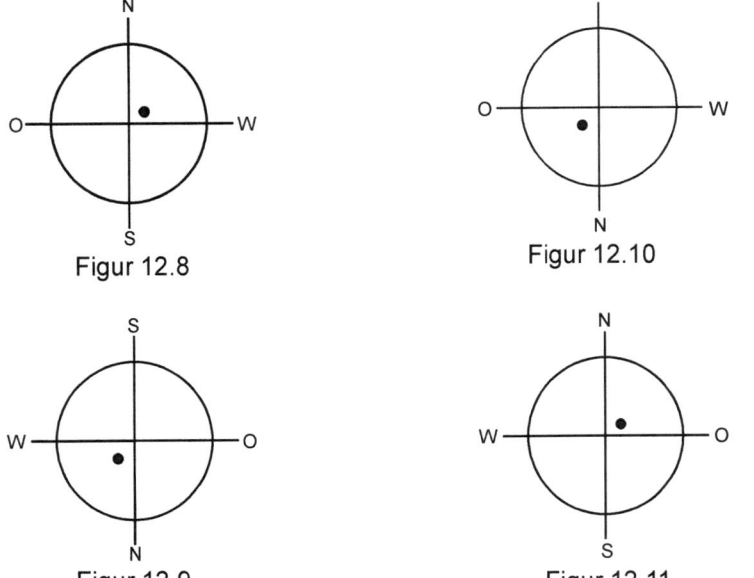

Figur 12.8

Figur 12.10

Figur 12.9

Figur 12.11

197

Osten in der Richtung des Sonnenaufgangs auf der Erde (Figur 12.8). Aber spätere Darstellungen, die mit dem umkehrenden Teleskop gemacht wurden, drehten sie auf vielen Karten und Büchern um (Figur 12.9). Andere Karten mischen die beiden Orientierungsachsen (Figuren 12.10 und 12.11).

Dies führte zu Verwirrungen und es ist manchmal schwierig bei der Betrachtung einer Mondkarte, zu wissen, wie die Richtungen sind. Zum Beispiel das Gebiet, das ‚Mare Serenitatis‘ benannt wurde, (mit einem Punkt in unserem Diagramm markiert) kann im Osten oder Westen erscheinen. Die Logik der Orientierung in der Figur 12.11 ist, dass die Ansicht von der Erde aus mit Norden oben, auch geografisch korrekt ist für jemanden auf dem Mond in Bezug auf einen östlichen Sonnenaufgang, so wurde diese Darstellung auch von den Astronauten bevorzugt. Im Jahre 1961 hat die internationale astronomische Union die letztere Orientierung als die offizielle angenommen. Eine ungelöste Komplikation ist, dass das ‚Mare Orientale‘ (Ostsee) jetzt am westlichen Rand des Mondes von der Erde aus gesehen, steht. Der Terminus ‚See‘ ist ein Relikt aus der Zeit, als die Astronomen glaubten die dunklen Flecken auf der Oberfläche des Mondes seien Wasser.

Als Galileo sein Teleskop auf die Fixsterne richtete, fand er heraus, dass sie nicht als runde Scheiben, wie die Planeten erscheinen, sondern als helle Lichtpunkte, die, wie er sagte, durch das Teleskop ihrer funkelnden äußeren Strahlen, die das bloße Auge sieht, entkleidet werden. Sein Fernrohr durchdrang, was er für unnatürliche Lichteffekte hielt und bestätigte auch, dass die Milchstraße aus Myriaden von Sternen, die ganz dicht zusammengedrängt sind, besteht, ‚die auf diese Weise ihre eigene Natur den Sinnen und dem Verstand offenbaren‘. Es drang auch, ohne sein Wissen, bis zum Reich der unentdeckten Planeten jenseits des Saturn. Ungefähr um 3.45 morgens am 28. Dezember 1612, zeichnete er die Positionen des Jupiter und seiner Trabanten und fügte einen nahen ‚Fixstern‘ hinzu, der in Wahrheit, nach neuerer Forschung, der Planet Neptun war. Kein anderer Stern, der mit seinem Teleskop zu sehen war, stand zu der Zeit an dieser Stelle. Jupiter bedeckte Neptun am 4. Januar 1613, aber Galileo sah ihn am 27. und 28. Januar wieder und bemerkte unten auf seiner Zeichnung, dass ein Stern in der vorherigen Nacht ‚weiter entfernt‘ von einem anderen Stern schien. Neptun hatte gerade seinen östlichen stationären Punkt passiert und begann langsam seine retrograde Bewegung nach Westen auf einen anderen Stern zu (SAO 119234) in der heutigen Konstellation der Jungfrau (Figur 12.12).

Mit ein paar weiteren Beobachtungen des beweglichen Sterns, wenn er seinem ersten Eindruck, dass er sich tatsächlich bewege, vertraut hätte, wäre Galileo der erste Astronom der Geschichte gewesen, der einen Planeten jenseits des Saturn entdeckt hätte. Tatsächlich bewegte sich Neptun dann ganz um den Tierkreis herum, in die Konstellation des Wassermann, bevor er schließlich von Johann Galle im Berliner Observatorium in der Nacht vom 23. September 1846 gesehen und als Planet identifiziert wurde. Er benutzte für die Positionsbestimmung des Planeten

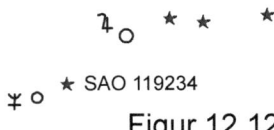

★ SAO 119234

Figur 12.12

Kalkulationen des französischen Astronomen Le Verrier. Sie vermuteten die Existenz des Planeten wegen einer Gravitationsstörung in der Bahn des Uranus. Am 13. März 1781 entdeckte Sir William Herschel Uranus mit einem Teleskop in seinem Garten hinter dem Haus in Bath (obwohl der Planet im besten Fall gerade eben auch mit bloßem Auge gesehen werden kann) und Pluto wurde (mit der Hilfe der Photographie) in derselben Konstellation der Zwillinge in den frühen 1930igern von Clyde Tombaugh an dem Lowell Observatorium in den USA (Figur 12.14) entdeckt. Das Teleskop hat auch kleinere Körper im Sonnensystem 'herausgekitzelt', der erste mindere Planet oder Asteroid zwischen Mars und Jupiter wurde von dem italienischen Astronomen Piazzi am 1. Januar 1801 entdeckt. Dieser Asteroid wurde Ceres genannt und seit seiner Entdeckung sind Tausende weitere aufgespürt worden, die einen Gürtel von Asteroiden nahe der Ebene der Ekliptik bilden und durch den Tierkreis in derselben Richtung wie die anderen Planeten ziehen. Nur einer, nämlich Vesta, erreicht Sichtbarkeit für das bloße Auge.

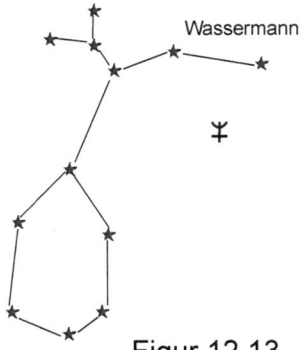

Wassermann

Figur 12.13

Das Teleskop hat auch seinen Anteil an Fehlwahrnehmungen und Rätseln gehabt. Ein französischer Landarzt und Amateurastronom mit Namen Lescarbault, der nahe Orleans lebte, berichtete, dass er etwas, was wie ein Planet aussah, vor der Sonne am 26. März 1859 vorüberziehen sah. Der Astronom Le Verrier verwendete dies als

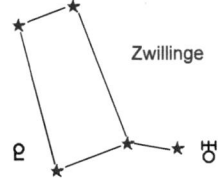

Zwillinge

Figur 12.14

Teil des Beweises für einen Planeten, der innerhalb der Bahn des Merkur die Sonne umkreise und nannte ihn Vulkan, nach dem römischen Gott des Feuers. Kaiser Napoleon III. verlieh Lescarbault den Orden der Ehrenlegion. Le Verrier gab Vulkan eine Umlaufzeit von 33 Tagen und sagte voraus, dass er am 22. März wieder vor der

Sonne vorbeiziehen würde. Die Astronomen in aller Welt beobachteten die Sonne an jenem Tag, aber kein Planet erschien und ward auch nie wieder gesehen. Es gibt andere Erklärungen für das, was Lescarbault sah. Zum Beispiel, weiß man heute, dass einige wenige Asteroiden Umlaufbahnen haben, die sie zwischen Erde und Sonne tragen können.

Untersuchungen mit dem Teleskop von tatsächlichen Planeten haben gezeigt, dass sie Phasen haben, wie der Mond. Merkur und Venus gehen durch alle Phasen, von der Erde aus gesehen, wie in Figur 12.15 in einer Ebenendarstellung gezeigt. Von der Seite von der Erde aus, ist das Bild so, wie in Figur 12.16, mit der Halbphase am Punkt der weitesten Elongation, bei der eine Sichtlinie von der Erde eine Tangente zur Bahn des Planeten ist. Der scheinbare Durchmesser der Venus ist acht mal größer bei der unteren Konjunktion als bei der oberen, deshalb zeigt sie da eine maximale beleuchtete Fläche und ist am hellsten in der Sichelphase. Merkur ist bei

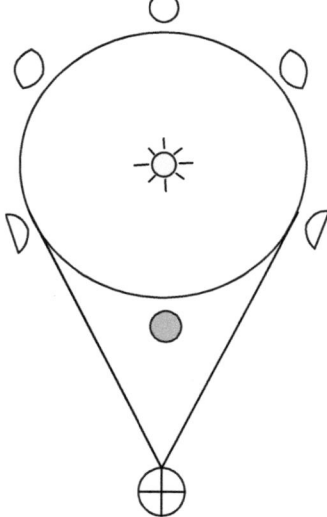

Figur 12.15

der unteren Konjunktion viel weiter von der Erde entfernt, wobei seine Zunahme im Durchmesser im Vergleich zur oberen nicht sehr groß ist und daher die maximale beleuchtete Fläche und der hellste Moment bei der ¾- und Vollphase auftreten. Wenn wir die äußeren Planeten so platzieren, dass ihr Zentrum eher die Sonne als

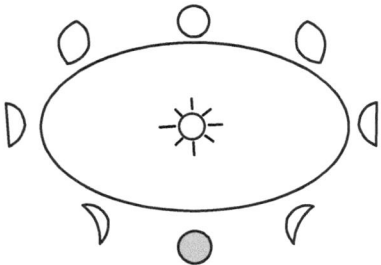

Figur 12.16

die Erde ist, (obwohl das Teleskop den Unterschied nicht befriedigend ausmachen kann, was die Phasen angeht), kann man in der Figur 12.17 sehen, dass sie nie weniger als ¾ Phasen haben. Ihre geringste Phase gibt es bei der Quadratur und in beiden Fällen, oberer Konjunktion und Opposition, sind sie voll. Selbst durch das Teleskop zeigen die inneren und äußeren Planeten sehr unterschiedliche Charakteristiken. Das Bild im Teleskop muss genau wie der Eindruck des bloßen

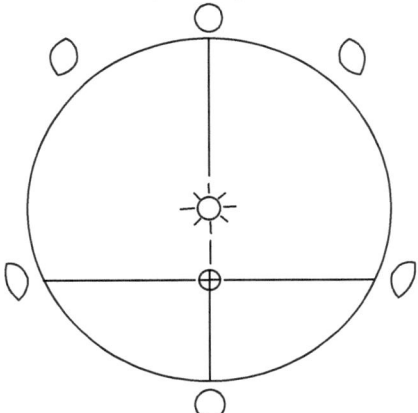

Figur 12.17

Auges qualitativ erlebt werden. Die inneren Planeten haben keine Monde, Trabanten sind das Vorrecht der äußeren Planeten. Jupiter und Saturn haben Monde, die in einer rückläufigen Richtung kreisen, im Gegensatz zu ihren anderen Monden. Alle diese Phänomene deuten auf besondere Eigenschaften dieser Himmelskörper.

Wie in Kapitel acht erwähnt, zieht der Merkur vor der Sonnenscheibe vorüber, aber es braucht ein Teleskop, um dies zu beobachten. Es wurde zum ersten Mal am 7. November 1631 von Pierre Gassendi, dem Domherrn der Gemeindekirche von Digne in Frankreich, beobachtet, der dabei einer Voraussage des Ereignisses von Kepler folgte. Die Transite des Merkur finden im November oder Mai statt und die November Ereignisse sind doppelt so häufig wie die im Mai. Jedoch sind die Mai Transite in der

Regel langsamer, da der Planet nahe seinem Aphelion ist und sich langsamer bewegt als im November, wenn er nahe seinem Perihelion ist. Obwohl es keine Transite der Venus im 20. Jahrhundert gibt, gibt es in dieser Zeit 14 vom Merkur. Die letzten 3 in diesem Jahrhundert sind am 13. November 1986, 6. November 1993 und am 15. November 1999. Wiederholungen von Merkur Transiten innerhalb von 46 Jahresperioden sind fast sicher, obwohl man manchmal die Schaltjahre berücksichtigen muss.

Die Betrachtung des Merkur durch das Teleskop führte zu einer bemerkenswerten modernen Illusion in Bezug auf seine Rotation um die eigene Achse. Weil der Merkur am besten zu beobachten ist, wenn die Ekliptik an Herbstmorgen und Frühlingsmorgen in einem steilen Winkel zum Horizont steht, beobachteten die Astronomen den Planeten zu diesen Zeiten. Das bedeutete, dass 3 synodische Perioden des Merkur (jede um 116 Tage) zwischen 2 günstigen Abenderscheinungen lagen. Bei diesen Erscheinungen zeigte der Planet mehr oder weniger die gleichen Markierungen, so dass angenommen wurde, dass er, wie der Mond, immer die gleiche Seite der Sonne zuwendet. Das wurde 1891 von Schiaparelli in Italien bekannt gegeben und in Frankreich von Antoniadi unterstützt. Erst 1945 entdeckte die Radioastronomie von Puerto Rico aus, dass die Situation anders ist. Radarechos des Planeten ergaben eine Achsendrehung von 58,6 Tagen. Das bedeutet, dass 6 Achsendrehungen in 3 synodischen Perioden vollendet werden, was zu der Täuschung führte. Der überraschende Aspekt dabei ist, dass es keinen gewöhnlichen Grund für die Koinzidenz der Drehbewegung eines Planeten und der Beziehung seiner Bahn zu einem anderen gibt. Zudem ist ein Tag auf dem Merkur (176 Erdentage) länger als ein Merkurjahr - tatsächlich ist der Tag genau 2 Jahre lang.

Eine unerwartete Entdeckung in Bezug auf die Venus durch das Radar, war, dass die feste Oberfläche unter der Wolkendecke im Uhrzeigersinn rotiert von ihrem Nordpol aus gesehen - entgegen der normalen Art. Sie tut dies in Bezug auf die Sterne in knapp über acht Erdmonaten. Das Venusjahr ist 7,6 Erdmonate lang in welcher Zeit der Planet durch zwei seiner ‚Tage' geht - eine zum Merkur gegensätzliche Situation. Es ist bemerkenswert, dass, während der Merkur alle drei synodischen Perioden der Erde dasselbe Gesicht zuwendet, die Venus dies nach jeder synodischen Periode zeigt.

Jenseits der Planeten gibt das Teleskop uns Bilder vom Weltraum, jedoch teilen die Sterne den forschenden Linsen ihre physische Natur nicht mit. Sie bleiben Lichtpunkte, wenn auch schärfer und kleiner (i.e. ohne Strahlen) als für das bloße Auge. Für den Anblick erreichen uns die Sterne nicht als physische Dinge, sondern als Qualitäten konzentrierten Lichts. [**]

1610 entdeckte Nicholas Pieresc einen nebligen Schein um einen Stern im Schwert des Orion, mit einem Teleskop, das ihm sein Freund Galileo gegeben hatte. Er ist jetzt als der große Orionnebel bekannt, der in unserer eigenen Galaxie liegt und von dem man annimmt, dass er aus gasförmiger Substanz und Sternen besteht. Am 15. Dezember 1612 war das Teleskop von Simon Marius von Kulmbach auf einen nebligen, mit dem bloßen Auge sichtbaren, Lichtfleck in der Konstellation der Andromeda gerichtet und er beschrieb ihn wie „das Licht einer Kerze, die durch durchsichtiges Horn scheint, wenn man sie in der Nacht von weitem sieht." Das optische Rohr erkundete, was jetzt als eine ganze Galaxie von Sternen außerhalb unser eigenen erscheint: eine andere Welt. Der Kerzenschein des Marius wird heute die Spiralgalaxie in der Andromeda genannt.

In diesem Stadium bringt die Unermesslichkeit, die man durch das Teleskop erspäht, das Bewusstsein an die Grenzen des Glaubhaften. Nicht länger kann das Ganze ehrlicherweise umfasst werden. Die Einzelheit ist überwältigend. Man kann es als einen Segen ansehen, dass das unbewaffnete Auge solche Dinge nicht wahrnehmen kann, andernfalls würde das Himmelreich sich dem Betrachter gnadenlos von allen Seiten aufdrängen und ihn gefangennehmen. So wie es ist, können wir diese Dinge jeweils nur durch einen schmalen Schacht des Schauens auf einmal wahrnehmen und wenn wir unseren Orientierungssinn und unser Selbst bewahren, scheinen wir in die inneren Organe unseres Kosmos zu schauen, wenn wir die glühenden Formen der Galaxien und Nebel erblicken.

Das Teleskop hat uns diese entfernten Welten nicht näher gebracht, aber es hat das Bild, das wir schon in der Lage sind zu sehen, erweitert, in dem es uns erlaubt mehr Details zu entdecken. Es ist das Auge, das entscheidet was und wieviel wir im Teleskop sehen. Das teleskopische Universum lebt in diesem Sinne schon in dem Auge. Weiterhin, wenn das Auge durch die irdische Existenz konditioniert ist, dann sieht es, was ihm angemessen ist. Dasselbe gilt auch für die anderen Methoden der Entdeckung jenseits des Teleskops, die aufspüren, was in ihrem Bereich liegt. In derselben Weise können wir nicht dazu kommen, die Musik von Beethoven zu schätzen, wenn nicht etwas von dem Geist der Musik schon in uns liegt. Das Auge lebt im Universum, aber das Universum lebt im Auge.

Wenn wir das Teleskop, das zusammen mit dem Mikroskop, eines der wichtigsten Instrumente der modernen Wissenschaft ist, benutzen, müssen wir unseren Sinn für die Menschlichkeit und die Verhältnismäßigkeit angesichts seiner faszinierenden Offenbarungen erhalten. Wir dürfen nicht wie die Laboranten werden, die ein Bild von Raphael nur nach Pigmenten, Farbabstufungen, chemischen Formeln etc. analysieren und das Gemälde und den Maler gar nicht sehen. Das Teleskop untersucht die Buchstaben der Sternenschrift. Das unbewaffnete Auge sieht die Schrift. Die Imagination liest sie.

Eine Wahrnehmung in ein Bild aufzulösen ist so aktiv und imaginativ, wie das Bilden eines mythologischen Bildes. Beide sind ein Teil der Aktivität, die das Auge mit Bewusstsein durchdringt. Dies führt uns zurück zu der Besprechung der Optik, zum

Anfang des Buches (Kapitel 2), die ein integraler Bestandteil der Astronomie ist. Die Erfahrung des Sehens findet in einem Raum, einer lebendigen Einheit von Bild, Objekt und aus sich herausgehendem Denken statt. In seinem Buch ‚Visual Thinking‘ sagt Rudolf Arnheim:

„Wenn wir ein Objekt anschauen, strecken wir uns zu ihm hin. Mit einem unsichtbaren Finger bewegen wir uns durch den uns umgebenden Raum, gehen zu den entfernten Orten, wo die Dinge gefunden werden, berühren sie, fangen sie ein, überstreichen ihre Oberflächen, fahren ihre Grenzen ab, erforschen ihre Beschaffenheit. Es ist eine immens aktive Beschäftigung.“

Die Astronomie muss, zusätzlich eher als im Gegensatz zur modernen Technologie, eine ‚immens aktive Beschäftigung‘ in Bezug auf die Beobachtung, das Denken und die Imagination werden, wenn sie irgendeine reale Verbindung mit dem Menschen beibehalten und entwickeln will. Viel Zeit ist vergangen, seit die Babylonier das Sternenzeichen * für einen Gott oder Herrscher in ihren Schriften benutzten oder seit Theaterbesucher Lorenzos Worte an Jessica, als sie in einem vom Mondlicht erhellten Garten zusammen saßen, voll verstanden (Der Kaufmann von Venedig; Akt V, Szene 1):

„Nicht die kleinste Kugel, die du siehst,

die nicht in ihrem Lauf wie ein Engel singt,

Immer noch den Cherubimen mit den jungen Augen nacheifernd ...“

Hier verbindet Shakespeare die Cherubim mit der Sphäre der Fixsterne, eine Tradition der Ordnung und Benennung der Himmelssphären, die von Dionysius dem Areopagiten und dem heiligen Paulus weitergegeben wurde. Neun Hierarchien jenseits der Erde wurden beschrieben, von den Engeln bis zu den Seraphim, im Einklang mit den neun Sphären vom Mond bis zum ‚ersten Beweger‘, der jenseits der Fixsterne stand (Figur 12.18). Jede Sphäre hatte ihre spezifische Qualität und Bewegung und das System erscheint dem heutigen Beobachter des Himmels seltsam. Jedoch ist dem Beobachter mit dem bloßen Auge eine qualitative Differenzierung zwischen den Planeten und den Sternen geläufig. Ein sorgfältiges und methodisches Studium offenbart ein deutliches Muster der Himmelskunde, das nicht oft realisiert wird und das auf eine rein phänomenologische Weise ein vielstufiges Bild der unmittelbaren Wirkung auf unsere Erfahrung der Himmelsbewegungen und Erscheinungen ergibt. Das Verhalten des Mars und seiner Trabanten kann sicherlich, wie aus diesem Buch ersichtlich, mit dem griechischen Wort ‚Dynameis‘ (Figur 12.18) charakterisiert werden.

Was also liegt jenseits des Bildes im Teleskop und seiner technischen Nachfahren? Das menschliche Denken, die Imagination und ihr Vehikel, das Auge. Heute braucht es ein Aufraffen, um aktiv und ohne Hilfsmittel wahrzunehmen, wie in den Tagen vor

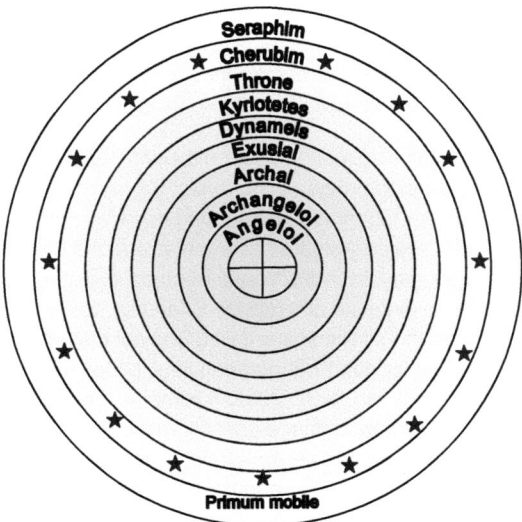

Figur 12.18

den großen Entdeckungen von Galileo. Wir sollten das Teleskop mit diesem Bewusstsein verwenden und das Auge mit weiten Ausblicken in den Umkreis erfrischen und uns so intensiv wie möglich mit dem Anblick des ganzen Sternenhimmels bekannt machen. Das Auge hat drei Bereiche des Sehens - zentrales, mittleres und peripheres - wie die Vernunft in ihrem Verstehen.

Aber seit Galileo empfindet man kein Bedürfnis nach einer weiteren Revolution des Sehens oder einer Erweiterung des Zugangs mit dem Fernrohr. Die Situation wird von Jung in seinem Buch ‚Synchronicity: An Acausal Connecting Principle' ausgezeichnet formuliert:

„Als Galileo [sagt er] die Monde des Jupiter mit seinem Teleskop entdeckte, kam er sogleich in einen Kopf an Kopf Konflikt mit den Vorurteilen seiner gebildeten Zeitgenossen. Niemand wußte, was ein Teleskop war und was es leistete. Niemals zuvor hatte jemand von den Monden des Jupiter gesprochen. Natürlich denken alle Zeitalter, dass alle vorherigen voller Vorurteile waren und heute denken wir das mehr als je zuvor und liegen genauso falsch, wie alle vorherigen Zeitalter, die so dachten. Wie oft sahen wir nicht die Wahrheit verurteilt! Es ist traurig, aber wahr, dass der Mensch nichts aus der Geschichte lernt. Dieses melancholische Faktum wird uns die größten Schwierigkeiten machen, sobald wir anfangen werden, empirisches Material zu sammeln, das ein wenig Licht auf dieses dunkle Thema werfen könnte, denn wir werden es sicherlich da finden, wo alle Autoritäten uns versichert haben, dass dort nichts zu finden ist."

Es gibt viel zu finden, wenn wir Augen haben, es zu sehen. Da Sehen etwas Aktives ist, ist das, was wir sehen, gleichermaßen eine Spiegelung des Menschen als auch der Natur. Dies wird heute zunehmend anerkannt und das Galileische Pendel schwingt sozusagen zurück.

Ich hoffe, dass die vorherigen Kapitel den Leser mit einer Beschreibung der beobachtenden Astronomie bekannt gemacht haben, die von selbst zu weiteren präzisen Untersuchungen der lebendigen Beziehung des Menschen mit dem Kosmos führt. Es war nicht meine Aufgabe, eine fantasiereiche Beschreibung zu geben oder ‚Verbindungen' auf künstliche Weise herauszuarbeiten. Statt dessen wurde einige Mühe auf eine einfache und direkte Erfahrung der Natur verwandt - eine Erfahrung, die im besten Fall transparent wird und auf diese Weise ein Sinnesorgan für das, was hinter den Phänomenen liegt, bildet. Wenn dieses Buch es schafft, einige Augen zu ermutigen, sich neu dem Himmel zuzuwenden, ohne Vorurteile und zu staunen und etwas über die Phänomene der Sterne und Planeten, wie wir sie sehen, zu lernen, dann hat es viel erreicht. Denn was die Dinge sind, wenn sie direkt erlebt werden, ist die wirkliche Umwelt und enthält den ganzen Umfang des Lebens - eine Schrift, die darauf wartet, gelesen zu werden. Vielleicht ist es angemessen, damit zu enden, Lorenzos Satz zu vervollständigen, den er zu Jessica sprach (wie vorher erwähnt) und seine abschließenden Gedanken über die gewöhnliche Situation des Menschen in Bezug auf die Stimmen der Sterne:

„Sieh wie der Boden des Himmels

Reich mit Einlagen von hellem Gold belegt ist;

Nicht die kleinste Scheibe, die du siehst,

die nicht in ihrem Lauf wie ein Engel singt,

Immer noch den Cherubimen mit den jungen Augen nacheifernd;

Solche Harmonie lebt in unsterblichen Seelen,

Aber solange dieses erdige Kleid des Zerfalls

Sie grob umhüllt, können wir es nicht hören."

[*] Mit Hilfe der spektroskopischen Messung von Radialgeschwindigkeiten ist es gelungen für das Teleskop unsichtbare Exoplaneten aufzuspüren. Im Jahre 2019 erhielten die Entdecker von '51 Pegasi b' den Nobelpreis für Physik.

Eine andere Strategie für das Auffinden von Planeten außerhalb des Sonnensystems ist die Transitmethode, bei der das mindestens dreimalige Vorüberziehen mit gleichem zeitlichen Abstand des Planeten vor seinem Stern beobachtet werden muß und zwar durch Messung der regelmäßigen Abdunkelung des Sterns.

Die Bewohnbarkeit eines habitablen Exoplaneten ist bis heute bei keinem festgestellt worden. Die habitable Zone ist der Abstandsbereich eines Gesteinsplaneten zum Zentralgestirn, bei dem Wasser dauerhaft flüssig bleiben würde (goldilocks zone).

[**] Nur einzelne Sterne können auf Teleskopdarstellungen Zacken haben, wenn sie aus einem Spiegelteleskop stammen, das durch den Sekundärspiegel strichförmige Beugungsmuster der Lichtwellen erzeugt.

Anhang 1

‚Die Erde bewegt sich nicht' - Auszüge aus einem Text von dem Philosophen Edmund Husserl

Die folgenden Auszüge sind aus einem kurzen fragmentarischen Text des deutschen Philosophen Edmund Husserl (1859-1938) entnommen. Auf den Umschlag, der das Manuskript enthielt, stand - ‚Überwindung des Kopernikanischen Systems in seiner üblichen ideologischen Interpretation. Die ursprüngliche Arche Erde bewegt sich nicht.'

Die Auszüge werden wegen ihrer Relevanz für das Thema des Geozentrismus wiedergegeben und weil sie aus der Feder eines modernen Denkers stammen; nicht wegen einer besonderen Anhängerschaft zu Husserls Philosophie oder irgendeines Versuchs, sein ganzes Denken über das vorliegende Thema wiederzugeben. Ich überlasse die aphoristischen Sätze dem Leser als Material für eigene Überlegungen, da man annehmen darf, dass sie für unser Thema auf dem Gebiet, wo sich Philosophie und Wissenschaft begegnen, von Wichtigkeit sind. Zum Beispiel provozieren sie die Frage, was Bewegung wirklich ist und die Notwendigkeit, zwischen verschiedenen Bewegungsarten und der Ruhe zu unterscheiden.

Husserls Sprache ist seine speziell eigene und der Leser wird auf das deutsche Original mit dem Titel ‚Grundlegende Untersuchungen zum Phänomenologischen Ursprung der Räumlichkeit der Natur' in ‚Philosophical Essays in Memory of Edmund Husserl, herausgegeben von Marvin Faber (Harvard University Press, 1940) hingewiesen. Eine englische Übersetzung wurde 1981 mit herausgegeben von der Universität Notre Dame Presse in dem Buch ‚Husserl: Shorter Works' unter dem Titel ‚Foundational Investigations of the Phenomenological Origin of the Speciality of Nature'. In seiner Einführung in das letztere erklärt der Übersetzer Fred Kersten, dass solch eine Arbeit Teil dessen war, was Husserl seine ‚Meditationen' nannte. Er zitiert Alfred Schutz, ein Herausgeber von Husserls Werken, der zu diesen Meditationen sagte: „Diese Manuskripte Husserls sollten nicht als Papiere, noch nicht einmal als rohe Entwürfe von zukünftigen literarischen Werken, sondern eher als ein philosophisches Tagebuch, eine Art Notizensammlung, angesehen werden."

Kersten zitiert auch Husserl selbst in diesem Zusammenhang: „Meine Arbeit besteht nicht im Bauen sondern im Graben, graben in das, was am dunkelsten ist und Probleme aufzudecken, die noch nicht gesehen wurden, oder wenn, noch nicht gelöst sind."

In Husserls Fragmenten über die Unbeweglichkeit der Erde entdeckte ich die Samen für einen neuen Gedanken, der darum kämpft, eine Wahrheit der menschlichen Erfahrung zu realisieren, trotz des überwältigenden Gewichts der gängigen wissenschaftlichen Lehre in Bezug auf den bloß rational gefassten Platz der Erde im Kosmos. Husserls Überlegungen erscheinen zunächst dunkel und eigenartig. Aber bei genauerer Betrachtung schließen sie sich zu einer organischen Gedankenform zusammen und können sich zu der Blume entwickeln, die im Dunklen aufwärts strebt und schließlich den Ziegelstein aufbricht. Aus Mangel an einem passenderen Beispiel moderner Philosophie werden sie hier zitiert, um ihrer praktischen Konsequenz zu dienen - einer phänomenologischen Astronomie; und vielleicht tragen sie zu einem Verständnis von Rudolf Steiners Bemerkung* bei, dass eine Zeit kommen wird, in der das Ptolemäische System wieder richtig sein wird.

Auszüge aus dem oben genannten Text von Edmund Husserl

Die Erde selbst, in der ursprünglichen Idee ihrer Form, bewegt sich nicht und ist auch nicht in Ruhe; nur in Bezug auf sie haben Ruhe und Bewegung zu allererst eine Bedeutung.

Aber, da die Erde ein Weltkörper in der unbegrenzten Vielfalt der umgebenden Körper geworden ist, verlieren Ruhe und Bewegung ihre Absolutheit. Bewegung und Ruhe werden notwendig relativ. Und wenn es eine Kontroverse darüber geben könnte, dann nur deshalb, weil die moderne Apperzeption der Welt als eine Welt des unendlichen Kopernikanischen Horizontes nicht durch eine wirklich durchgeführte Weltsicht eine verifizierte wahrgenommene Welt wurde.

Der Wahrnehmungsprozeß hat in gewisser Weise stattgefunden, aber er blieb nur ein Hinweis eines verifizierenden Zugangs, statt selbst als endgültiger Beweis konstruiert zu werden.

.... aller Beweis hat einen subjektiven Ausgangspunkt und letztendlichen Ankerpunkt im Ego, dem beweisführenden Ego. Der Beweis der neuen ‚Weltidee', der durch eine Modifikation der Interpretationen hervorgebracht wird, hat seine Grundlage und sein Wesen in meinem Feld der Wahrnehmung und der eingebetteten Repräsentation jenes Teils der Welt, der meinen Körper als den zentralen Körper unter anderen enthält ....

Eine Bewegung ist notwendigerweise relativ, wenn sie in Bezug auf einen ‚Boden-Körper' gesehen wird, der als ruhend erlebt wird und mit dem mein Körper in Einheit ist.

Der relative Bodenkörper ist selbst relativ in Ruhe und relativ in Bewegung in Bezug auf die Oberfläche der Erde, die nicht erlebt wird, nicht wirklich originär als ein Körper erlebt wird.

Solange ich keinen Begriff eines neuen Bodens habe, einen, von dem aus die Erde, in kohärenter Bewegung, Bedeutung als ein in sich abgeschlossener Körper in Bewegung und Ruhe haben kann und solange ich keinen Begriff von einem Austausch der Böden erreichen kann und dadurch einen Begriff davon, dass beide Böden Körper werden, ist die Erde ein Boden und kein Körper. Die Erde bewegt sich nicht - ich sage immer noch, dass sie vielleicht in Ruhe ist, aber das kann nur heißen, dass jeder Teil der Erde, von dem ich oder andere sich trennen, oder sich selbst trennt, der in Ruhe ist oder sich bewegt, ein Körper ist. Die Erde ist eine Totalität, deren Teile - wenn sie als selbstständig gedacht werden, wie man es kann, als separat oder doch trennbar - sind Körper, aber als ‚Totalität' ist sie kein Körper.

Aber wie kann sie (die Erde) sich als ‚ganze' bewegen, wie ist das denkbar? Nicht, dass das sicher erfasst werden könnte - dafür fehlt der ‚Boden'. Hat Bewegung, also Körperlosigkeit, eine Bedeutung dafür? Ist sein Platz im universellen Raum ein ‚Ort' dafür?

Mein Körper: in ursprünglicher Erfahrung hat er keine äußere Bewegung und keine Ruhe, nur innere Bewegung und innere Ruhe, im Unterschied zu äußeren Körpern.

Ich habe keine Bewegung; ob ich still stehe oder mich bewege, ich habe meinen Körper als Zentrum und um mich herum Körper in Ruhe oder Bewegung und einen unbeweglichen Boden.

Aber auch der Boden, auf welchem mein Körper sich bewegt oder nicht bewegt, wird nicht wie ein Körper erlebt, der sich als ganzer bewegen oder nicht bewegen kann.

Aber für uns alle ist die Erde ein Boden und kein Körper im vollen Sinn.

‚Ich könnte so hoch fliegen, dass die Erde als eine Kugel erscheinen würde.' Die Erde könnte auch so klein sein, dass ich alles davon erforschen könnte und indirekt auf die Idee käme, dass sie eine Kugel sei. Auf diese Weise entdeckte ich, dass sie ein großer sphärischer Körper ist. Aber es ist die Frage, ob und wie ich zu der Idee der Körperlosigkeit käme, in dem Sinne, dass die Erde astronomisch ein Körper unter anderen, unter den Himmelskörpern wäre.

Die Schwierigkeit wiederholt sich in Bezug auf die Sterne. Damit ich sie indirekt als ‚erfahrbare' Körper erfassen kann, muss ich schon ein Mensch auf der Erde als

Boden sein, von woher meine Erfahrung stammt. Vielleicht könnte man sagen, die Schwierigkeit würde nicht aufkommen, wenn ich und wir fliegen könnten und zwei Erden als Bodenkörper hätten und wir uns zwischen beiden fliegend bewegen könnten. Auf diese Weise wäre ein Körper der Boden für den anderen. Aber was heißt das, zwei Erden? Zwei Teile einer Erde mit einer Menschheit. Aber zusammen würden sie ein Boden und jede wäre zur gleichen Zeit ein Körper für die andere. Sie hätten um sich einen gemeinsamen Raum, in welchem jede eine möglicherweise bewegliche Position hätte, aber die Bewegung wäre immer relativ, eine zur anderen, und nicht relativ zu dem synthetischen Boden ihres Miteinander. Die Positionen aller Körper würden ihre Relativität haben, welche, in Bezug auf Ruhe und Bewegung, zu der Frage führen würde: in Bezug auf welchen der beiden Grundkörper?

Die Sterne sind hypothetische Körper in einem als-ob Sinn und so ist die Hypothese, dass sie Wohnstätten sind im dem Sinne, dass sie erreichbar sind, von besonderer Bedeutung.

Vielleicht ist das auf der Ebene der Phänomenologie so, dass die Berechnungen und mathematischen Theorien der Kopernikanischen Astrophysik und damit die ganze Physik, in ihren Grenzen Bestand haben - aber, es ist auch die Frage, ob eine rein physische Biologie - was Biologie auf Grund des Faktums des Physischseins ist - Sinn und Bestand haben kann.

Alle Tiere, alle lebenden Wesen, alles, was überhaupt lebt, hat Bestand, nur aus der Perspektive meiner konstituierenden Entstehungsgeschichte und diese ‚irdische' Entstehung ist am Beginn von allem.

Es gibt nur eine Menschheit und eine Erde - alle Fragmente, die sich abgetrennt haben oder jemals trennten, gehören dazu. Aber wenn das wahr ist, müssen wir dann mit Galileo sagen: „Par si muove?" Und nicht das Gegenteil, dass sie sich nicht bewegt? Sicherlich nicht in dem Sinne, dass sie im Raum in Ruhe ist, obwohl sie sich bewegen könnte, sondern, wie wir oben versucht haben, zu zeigen: sie ist die Arche, die zuerst die Bedeutung aller Bewegung und aller Ruhe, als einer Form von Bewegung, ermöglicht. Ihre Ruhe ist aber keine Form der Bewegung.

Zur weiteren Klärung füge ich eine Fußnote aus Vincent Descombes Buch ‚Modern French Philosophy' hinzu, die Husserls Text kommentiert, indem sie darauf als ‚Die Erde dreht sich nicht' Bezug nimmt.

Es ist sicherlich eine beeindruckende Illustration des phänomenologischen Schrittes, der die Rückkehr zur ‚Lebenswelt' markiert, dass am Ursprung von allem, was wir kennen und sogar der Ursprung selbst ‚die Ur-Arche' ist. Auf den ersten Blick neigen wir dazu zu denken, dass die Frage nach der Bewegung der Erde von der Astronomie entschieden werden muss, d.h. durch die Wissenschaft, die den

Planeten als ein Himmels*objekt* unter anderen behandelt. Seit die Astronomen die Kopernikanische Lösung angenommen haben, *,leben'* wir in einer Welt, in der wir sehen und sagen, dass ,die Sonne aufgeht', und wir *,denken'* in einer anderen, in der wir wissen, dass die Erde sich um die Sonne dreht. Es besteht ein Konflikt zwischen der gelebten Welt (*Lebenswelt*) und der gewussten Welt, zwischen der *percipio* und dem *cogito*.

Die Phänomenologie lädt uns ein, diesen Konflikt zu lösen, indem wir aufhören, das reale mit dem objektiven und das erlebte mit dem scheinbaren zu identifizieren. Es unternimmt zu zeigen, wie die gelebte Welt am Ursprung der gewussten oder der objektiven Welt liegt. Und wenn die gelebte Welt am Ursprung der *,wahren Welt'* liegt, muss sie in ihrer Art wahrer sein, als die wahre.

Die Wissenschaft handelt von der Erde als Objekt und schreibt ihr eine Bewegung im Raum zu. Aber diese Wissenschaft wurde *auf der Erde* geboren und es war *hier* auf dieser Erde, wo sie ,objektive' Definitionen von Bewegung, Ruhe, Raum und der Objektivität allgemein geliefert hat. Die Aussagen der Wissenschaftler, zum Beispiel die Kopernikanische Feststellung, beziehen ihre Bedeutung von den Erfahrungen, die hier erworben wurden. Das *hier,* welches der Ort dieser ersten Erfahrung ist, ist deshalb kein Ort im Raum, da es der Ursprung der eigentlichen Bedeutung von Raum ist.

* Seite 77, 6. Vortrag des Zyklus ,Die geistigen Hierarchien und ihre Widerspiegelung in der physischen Welt', Düsseldorf, 12. - 18. April 1909 (Anthroposophische Presse, New York, 1970).

Literaturverzeichnis

Abetti, G., The History of Astronomy, London, Sidgwick & Jackson, 1954.

Akasofu, S., 'The Aurora: New Light on an Old Subject', Sky and Telescope, 1982, Vol. 64, No. 6, pp. 534-7.

Allen, R. H., Star Nantes: Their Lore and Meaning, New York, Dover, 1963.

Antoniadi, E. M., The Planet Mercury, Shaldon, Devon, Keith Reid, 1974.

Aquinas, T., The Division and Methods of the Sciences, Toronto, Pontifical Institute of Medieval Studies, 1963.

Aratus, The Phaenomena, Cambridge, Mass., Harvard University Press, 1977.

Arnheim, R., Visual Thinking, London, Faber & Faber, 1970.

Asimov, I,. The Tragedy of the Moon, London, Abelard-Schumann, 1974.

Barfield, O., Saving the Appearances, London, Faber & Faber, 1957.

Barlow C. W. C. and Bryan, G. H., Elementary Mathematical Astronomy, Slough, University Tutorial Press, 1956.

Bergh, G. van den, The Universe in Space and Time, London, Scientific Book Club, undated.

Brandt, J. C. (ed.), 'Comets', Readings from Scientific American, San Francisco, California, Freeman, 1981.

Brewer, B., Eclipse, Seattle, Earth View, 1979

Brown, P. L., Comets, Meteorites and Men, London, Robert Haie, 1973.

Carson, R., The Sea Around Us, London, Readers Union, 1953.

Chambers, G., The Story of Eclipses, Sevenoaks, Kent, Hodder & Stoughton, 1902.

Clark, D. H. and Stephenson, F. R., The Historical Supernovae, Oxford, Pergamon Press, 1977.

Coleridge, S. T., Biographia Literaria, London, Dent, 1971.

Copernicus, N., On the Revolutions of the Heavenly Spheres, Newton Abbot, Devon,

David & Charles, 1976.

Cumont, F., Astrology and Religion among the Greeks and Romans, New York, Dover, 1960.

Daetwyler, J. J., 'Nautilus and the Dynamics of the Moon', Journal of Anthroposophie Medicine, 1981, No. 1.

Davidson, N., 'The Mysterious Inner Planets', Anthroposophical Quarterly, London, 1975, Vol. 20, No. 4.

Descombes, V.. Modern French Philosophy, Cambridge, Cambridge University Press, 1980.

Dingle, H., Science at the Crossroads, London, Martin Brian O'Keeffe, 1972.

Drake, S., Discoveries and Opinions of Galileo, New York, Doubleday Anchor, 1957.

Drake, S. and Kowal, C. T., 'Galileo's Sighting of Neptune', Scientific American, 1980, Vol. 243, No. 6, pp. 52-9.

Dreyer, J. L. E., A History of Astronomy from Thales to Kepler, New York, Dover, 1953.

Dreyer, J. L. E., Tycho Brahe: A Picture of Scientific Life and Work in the Sixteenth Century, Gloucester, Mass., Peter Smith, 1977.

Eather, R.H., Majestic Lights - The Aurora in Science, History, and the Arts, Washington D.C., American Geophysical Union, 1980.

Edwards, O., A New Chronology of the Gospels, London, Floris Books, 1972.

Fagan, C., Zodiacs Old and New, London, Anscombe, 1951.

Fahie, J. J., Galileo: His Life and Work, London, John Murray, 1903

Farber, M. (ed.), Philosophical Essays in Memory of Edmund Husserl, Cambridge, Mass., Harvard University Press, 1940.

Firsoff, V. A., The Interior Planets, Edinburgh, Oliver & Boyd, 1968

Firsoff, V. A., The Old Moon and the New, London, Sidgwick & Jackson, 1969.

Francis, P., The Planets, Harmondsworth, Pelican, 1981.

French, B., The Moon Book, Harmondsworth, Penguin, 1977.

Fyfe, A., Moon and Plant, Arlesheim, Switzerland, Society for Cancer Research,

1967.

Fyfe, A., 'The Signature of the Planet Mercury in Plants', British Homeopathic Journal, Oct. 1973, Jan. 1974, April 1974.

Goethe, J. W., 'Nature - An Essay in Aphorisms', Readings in Goethean Science, Wyoming, Rhode Island, Bio-Dynamic Literature, 1978.

Goethe, J. W., Theory of Colours, Cambridge, Mass., MIT Press, 1980.

Greenler, R., Rainbows, Halos and Glories, Cambridge, Cambridge University Press, 1980.

Heath, Sir T., Aristarchus of Samos: The Ancient Copernicus, New York, Dover, 1960.

Heide, F., Meteorites, Chicago, University of Chicago Press, 1964.

Herbert, A. P., A Better Sky, London, Methuen, 1944.

Hodson, F. R. (ed.), The Place of Astronomy in the Ancient World, Oxford, Oxford University Press, 1974.

Hoskin, M., Stellar Astronomy, Chalfont St Giles, Science History Publications, 1982.

Humphreys, C. J. and Waddington, W. G., 'Dating the Crucifixion', Nature, December 1983, vol. 306, no. 5945, pp. 743-6.

James, M. R., The Apocryphal New Testament, Oxford, Clarendon, 1953.

Jones, K.G., The Search for the Nebulae, Chalfont St Giles, Alpha Academic, Science History Publications, 1975.

Julian, 'Hymn to King Helios Dedicated to Sallust', in The Works of the Emperor Julian, Harvard University Press, 1954.

Jung, C. G., The Interpretation of Nature and the Psyche, London, Routledge & Kegan Paul, 1955.

Jung, C. G., Synchronicity: An Acausal Connecting Principle, London, Routledge & Kegan Paul, 1972.

Kahn, P. G. K. and Pompea, S. M., 'Nautiloid Growth Rhythms and Dynamical Evolution of the Earth-Moon System', Nature, 1978, vol. 275, no. 5681, pp. 606-11.

Kaufman, L. and Rock, I., 'The Moon Illusion', Scientific American, 1962, vol. 207, no. 1, pp. 120-30.

Kepler, J., Kepler's Somnium: The Dream or Posthumous Work on Lunar Astronomy, Madison, Wisconsin, Univeristy of Wisconsin Press, 1967.

King, H., The History of the Telescope, New York, Dover, 1979.

Kolisko, L., Workings of the Stars in Earthly Substances, Stuttgart, Orient-Occident Verlag, 1928.

Konnen, G. P. and Meeus, J., 'Triple Conjunctions: Twins and Triplets', Journal of the British Astronomical Association, 1982, vol. 93, no. 1, pp. 20-4.

Lehrs, E.. Man or Matter, London, Faber & Faber, 1958.

Levitt, I.M., 'Moon Illusion', Sky and Telescope, 1952, vol. 11, no. 6, pp. 135-6.

Levitt, I.M., 'Mars Clock and Calendar', Sky and Telescope, 1954, vol. 13, no. 7, pp. 216-17.

Ley, W., Watchers of the Skies, London, Sidgwick & Jackson, 1964.

Lockyer, N., The Dawn of Astronomy, Cambridge, Mass., MIT Press, 1973.

Lodge, Sir O., Pioneers of Science, London, Macmillan, 1926.

Lovell, B., In the Centre of Immensities, St Albans, Granada, 1980.

Lowell, P., Mars, USA, History of Astronomy Reprints, 1978.

Ludovici, L. J., Seeing Near and Seeing Far, London, John Baker, 1966

Lum, P., The Stars in our Heaven: Myths and Fahles, London, Thames & Hudson, undated.

Mcdonnell, J. A. M., 'The ESA Giotto Comet Halley Mission', Yearbook of Astronomy, London, Sidgwick & Jackson, 1983.

Mackenzie, D., Myths of Babylonia and Assyria, London, Gresham, undated.

Maloney, T., The Sky at Night, London, New English Library, 1963

Manilius, M., The Astronomica, Cambridge, Mass., Harvard University Press, 1977.

Mann, I. and Pirie, A., The Science of Seeing, Harmondsworth, Pelle.in, 1946.

Martin, M. E., and Menzel, D. H., The Friendly Stars, New York, Dover, 1964.

Meeus, J., 'Compact Planetary Groupings', Sky and Telescope, 1961, vol. 22, no. 6, pp. 320-1.

Meeus, J., 'Extreme Perigees and Apogees of the Moon', Sky and Telescope, 1981, vol. 62, no. 2, pp. 110-11.

Meeus, J., 'The Frequency of Total and Annular Solar Eclipses for a Given Place', Journal of the British Astronomical Association, 1982, vol. 92, no. 3, pp. 124-6.

Meeus, J., Astronomical Tables of the Sun, Moon, and Planets, Richmond, Virginia, Willman-Bell, 1983.

Meeus, J., and Mucke, H., Canon of Lunar Eclipses - 2002 to +2526, Vienna, Astronomical Büro, 1979.

Meeus, J., Grosjean, C., and Vanderleen, W., Canon of Solar Eclipses, Oxford, Pergamon Press, 1966.

Meeus, J. and Goffin, E., 'Transits of Earth as seen from Mars', Journal of the British Astronomical Association, 1983, vol. 93, no. 3, pp. 120-3.

Minnaert, M., The Nature of Light and Colour in the Open Air, New York, Dover, 1954.

Needleman, J., A Sense of the Cosmos, New York, Doubleday, 1975.

Neugebauer, O., The Exact Sciences in Antiquity, New York, Dover, 1969.

Neugebauer, O., Astronomy and History - Selected Essays, New York, Springer-Verlag, 1983.

Norton's Star Atlas, Edinburgh, Gail & Inglis, 1978.

Oberg, J., 'The New Case Against Extraterrestrial Civilizations', Yearbook of Astronomy, London, Sidgwick & Jackson, 1981.

Olcott, W. T., Star Lore of All Ages, London, Putnam's, 1911.

Olson, R., 'Giotto's Portrait of Halley's Comet', Scientific American, 1979, vol. 240, no. 5, pp. 160-70.

O'neil, W. M., Time and the Calendars, Sydney, Sydney University Press, 1975.

Ottewell, G., The Astronomical Companion, Greenville, South Carolina, Furman University, 1979.

Pannekoek, A., Periodicities in Lunar Eclipses, Astronomical Institute of Amsterdam University, 1951, Circular no. 2.

Pannekoek, A., A History of Astronomy, London, Allen & Unwin, 1961.

Peltier, L., Starlight Nights, Cambridge, Mass., Sky Publishing Corporation, 1965.

Perelman, Y., Astronomy for Entertainment, Moscow, Foreign Languages Publishing House, 1958.

Pickering, W. H., 'The Time Relations of Astronomy and Geology', Popular Astronomy, 1919, vol. 27, no. 8.

Pirenne, M. H., Optics, Painting and Photography, Cambridge, Cambridge University Press, 1970.

Pirenne, M. H., Vision and the Eye, London, Chapman & Hall, 1971

Plato, Timaeus and Critias, Harmondsworth, Penguin, 1971.

Plato, Republic, London, Macmillan, 1907.

Plutarch, 'On the Face in the Round of the Moon', in The Origins of Scientific Thought by Giorgio de Santillana, Mentor, New York, 1961.

Powell, R., and Treadgold, P., The Sidereal Zodiac, London, Anthroposophical Publications, Temple Lodge Press, 1979.

Ptolemy, Tetrabiblos, Slough, Foulsham, 1917.

Rosen, E., The Naming of the Telescope, New York, Henry Schuman, 1947.

Santillana, G., Hamlet's Mill, London, Macmillan, 1970.

Sardar, Z., 'The Astronomy of Ramadan', New Scientist, 1982, vol 94, no. 1311.

Sarton, G., Ancient Science and Modern Civilisation, Lincoln, Universily of Nebraska Press, 1954.

Scharn, R., 'Extraterrestrial Beings Don't Exist', Sky and Telescope, 1981, vol. 62, no. 3, p. 207.

Sears, D. W., The Nature and Origin of Meteorites, Bristol, Adam Hilger 1978.

Shklovsky, I., 'Is Life on Earth Unique?' A Yearbook of Astronomy, London, Sidgwick & Jackson, 1980.

Smart, W. M., Some Famous Stars, London, Longmans, Green, 1950

Smith, A., The Seasons, Harmondsworth, Pelican, 1973.

Spencer Jones, H., General Astronomy, London, Edward Arnold, 1931

Spencer Jones, H., Life on Other Worlds, London, English University. Press, 1952.

Steiner, R., Truth and Knowledge, Blauvelt, New York 10913, Steiner books, 1981.

Steiner, R., Goethe the Scientist, New York, Anthroposophie Press, 1950.

Steiner, R., A Theory of Knowledge Implicit in Goethe's World Conception New York, Anthroposophie Press, 1978.

Stephenson, R., 'Historical Eclipses', Scientific American, 1982, vol 247, no. 4, pp. 154-63.

Stephenson, F. R., and Clark, D. H., Applications of Early Astronomical Records, Bristol, Adam Hilger, 1978.

Thorndike, L., The Sphere of Sacrobosco and its Commentators, Chicago, University of Chicago Press, 1949.

Tricker, R. A. R., The Paths of the Planets, London, Mills & Boon, 1967.

Turner D. and Hazelett, R., The Einstein Myth and the Ives Papers - A Counter-revolution in Physics, Old Greenwich, Connecticut,

Devin Adair, 1979.

Unger, G., 'Ueber die Sogenannte Vertauschung von Merkur und Venus', Goetheanum, Dornach, Switzerland, Mathematisch-Physikalische Korrespondenz, 1979, no. 114.

Waerden, B. L. van der, Science Awakening II - The Birth of Astronomy, Leyden, Noordhoff International Publishing, 1974.

Walker, J. (ed.), 'Light from the Sky', Readings from Scientific American, San Francisco, California, Freeman, 1980.

Warner, D. J., The Sky Explored - Celestial Cartography 1500-1800, New York, Alan R. Liss, 1979; Amsterdam, Theatrum Orbis Terrarum, 1979.

Washburn, M., Mars at Last!, London, Sphere Books, 1979.

Waterfield, R., The Revolving Heavens, London, Duckworth, 1944.

White, J., The Birth and Rebirth of Pictorial Space, London, Faber & Faber, 1972.

Whitmell, C. T., 'The Moons of Mars', Journal and Transactions, Leeds Astronomical Society, 1903, no. 11.

Yeomans, C., The Comet Halley Handbook, Pasadena, California, National Aeronautics and Space Admin., 1981.

Indices

P

Planeten

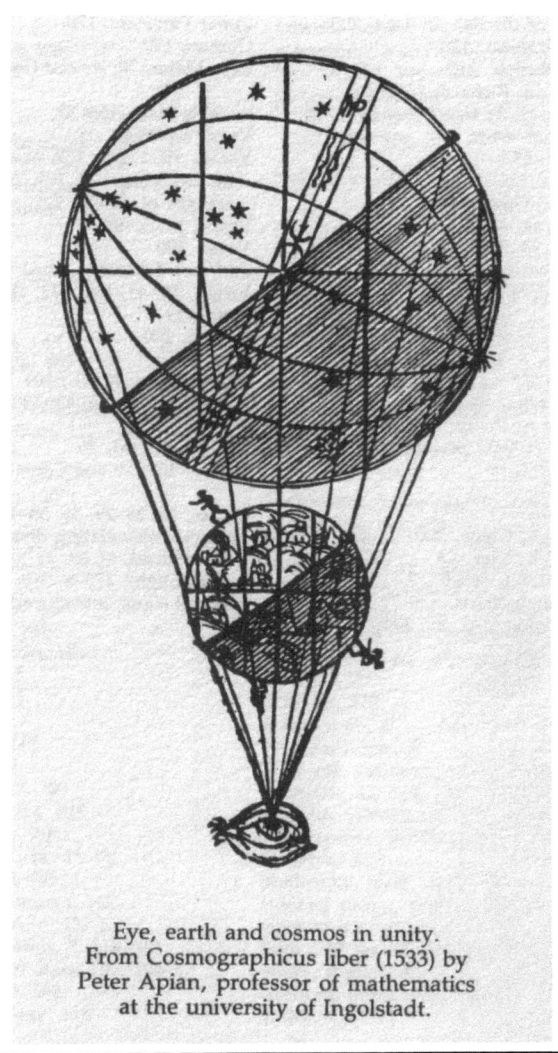

Eye, earth and cosmos in unity.
From Cosmographicus liber (1533) by
Peter Apian, professor of mathematics
at the university of Ingolstadt.

Auge, Erde und Kosmos in Einheit.

Aus Cosmographicus Liber (1533) von Peter